本丛书获介休市人民政府资助出版

“黄土文明·介休范例”丛书

主编 乔健 王怀民

介休历史
乡土地理研究

安介生 李 嘎 姜建国◎著

中国社会科学出版社

图书在版编目(CIP)数据

介休历史乡土地理研究/安介生，李嘎等著. —北京：中国社会科学出版社，2016.5

(黄土文明·介休范例)

ISBN 978-7-5161-7982-6

Ⅰ.①介…　Ⅱ.①安…②李…　Ⅲ.①历史地理—乡村地理—研究—介休市　Ⅳ.①K922.54

中国版本图书馆CIP数据核字(2016)第074842号

出 版 人　赵剑英
责任编辑　郭晓鸿
特约编辑　席建海
责任校对　刘　娟
责任印制　戴　宽

出　　版　中国社会科学出版社
社　　址　北京鼓楼西大街甲158号
邮　　编　100720
网　　址　http://www.csspw.cn
发 行 部　010-84083685
门 市 部　010-84029450
经　　销　新华书店及其他书店

印　　刷　北京君升印刷有限公司
装　　订　廊坊市广阳区广增装订厂
版　　次　2016年5月第1版
印　　次　2016年5月第1次印刷

开　　本　710×1000　1/16
印　　张　15.75
插　　页　2
字　　数　238千字
定　　价　59.00元

凡购买中国社会科学出版社图书，如有质量问题请与本社营销中心联系调换
电话：010-84083683

“黄土文明·介休范例”丛书
编审委员会

主　编

乔　健（台北世新大学荣誉教授）

王怀民（介休市人民政府市长）

副主编　（排名不分先后）

彭兆荣（厦门大学）　周大鸣（中山大学）

徐新建（四川大学）　安介生（复旦大学）

郝继文（介休市政协）

总　序

乔　健[①]

笔者祖籍是山西省介休市洪山镇，出生于省会太原市。唯幼小时适逢抗日战争初起，不及随父亲撤退至后方，只能先与姐、妹及弟随母亲投靠文水县南武度村的外祖家。三年后才搬回介休祖家，但 1942 年便逃往陕西省宜川县秋林镇与父亲相聚。抗日战争胜利后，1946 年，返回了太原市，却因内战，没能再回介休。在介休虽然只住了两年多，不过在童年的记忆中，却是最鲜明的一页。

1985 年得费孝通教授举荐，民盟中央安排，笔者应邀在山西社会科学院作学术讲座。讲座后次日，便由山西民盟人员陪同访问了介休。承当地领导热忱接待，特别是县委副书记张培荣、副县长段景勤、王融亮等都亲身陪同笔者到了洪山村。当地的源神庙、水磨、槐树院都残缺了不少，但对笔者而言却仍是那么熟悉而亲切，更可喜的是，源神池的泉水依旧涓涓涌出。

2011 年秋，应山西凯嘉古堡文化研究院路斗恒院长之邀，笔者偕妻李洁予女士及子乔立博士，全家回到了介休市，详细参观了正在保护修建中的张壁古堡、祆神楼、后土庙、城隍庙以及汾河湿地公园。这次有幸与修复这些文化遗产、发展城市文化的介休市王怀民市长见了面，作了数次访谈，且承其安排在介休一中新建成的报告厅做了一场学术讲座。

---

① 乔健，美国康奈尔大学人类学博士、香港中文大学人类学系创系主任，人类学高级论坛学术委员会主席、世新大学荣誉教授。

在笔者所接触过的众多中国内地的地方首长中，王市长是对地方建设最有定见、最具热忱的一位，对学者们的意见更能充分理解与接受。他委托笔者推荐一批学者为介休的遗迹保护与文化建设提供建言与方案，笔者所识主要是同行人类学家，于是在内地五所大学各选了一位，日本民族学博物馆选了一位，连同笔者共集聚了七位人类学者来研究介休这样一个中型城市，绝对是史无前例的事。其意义，稍后再讨论。为了补强在实践上可能的不足，笔者特别邀请了台大最具声望的城乡规划专家夏铸九教授，另外也邀请了两位世新大学同人，一位传媒专家、一位历史学者。介休市政府也邀请了八位专家，包括复旦大学的历史地理学家安介生教授。

这群学者专家于 2012 年 9 月 1 日齐集介休市，参访之后于 9 月 3 日举行圆桌论坛，就有关如何维护当地文化遗产、发展城市文化各抒卓见，记录成文，集为专书，已在台北出版。[①]

论坛后，议定五位学者就不同的领域在介休进行深入而较长时期的实地调查研究，如下表所示。

领域	负责人	职称
历史	周大鸣	中山大学社会与人类学教授
地理	安介生	复旦大学历史地理研究中心教授
民族	徐新建	四川大学文学与人类学研究所教授
文化	彭兆荣	厦门大学人类学研究所教授
总设计	乔健	世新大学荣誉教授

上列五人中，四位是人类学家，所以人类学显然是总研究的领导学科。人类学是西方产物，其哲学基础全在西方，面对现实中国社会，其理论与方法，自有一定隔阂。这个问题在别的社会科学学科，如社会学、心理学等中，都普遍存在，相关学者也都积极促成其学科的中华本土化。费孝通先生一直都在思考这个问题，到了晚年终于想到一个具体主张——“文化自觉”。这是他在 1997 年于北京大学开办的第二届社会文化人类

① 乔健、王怀民主编：《黄土文明一亮点：介休市保护文化遗产与发展城市文化论述》，华艺学术出版社 2014 年版。

学高级研讨班上演讲中提出的：

> 文化自觉只是指生活在一定文化中的人对其文化有“自知之明”，明白它的来历、形成过程、所具的特色和它发展的趋向，不带任何“文化回归”的意思。不是要“复旧”，同时也不主张“全盘西化”“全盘他化”。自知之明是为了加强对文化转型的自主能力，取得决定适应新环境、新时代文化选择的自主地位。①

以上这段话，还有一个背景必须说明。1990 年 12 月为了庆贺费老八十岁诞辰，日本的中根千枝教授与笔者特别在东京举办了“东亚社会研讨会”（Studies in East Asian Society）。广邀中国、日本、英国、美国、韩国、中国台湾、中国香港等地与费老相熟的学者逾十五位出席，同为费老贺寿。费老作了主题演讲，题目是《人的研究在中国》（*Study of Man in China*）。早在此会前，当代英国人类学大师之一的 Sir Edmund Leach 曾送了笔者一本他的新作《社会人类学》（*Social Anthropology*，1985）。书中评论了许烺光、林耀华、杨懋春与费老对中国社会的研究。由于欧美人类学家的传统是不赞成研究自己的社会，所以对于前三位的研究都持贬义，唯独赞成费老的研究《江村经济》。所以笔者特地买给费老一本。他看了之后大为欣喜，激发了他在主题演讲中提出的论点。

费老与 Leach 同时是 Malinowski 的学生，同修其“席明纳”（Seminar）。那本书使他忆起 Leach 在课堂上的能言善辩、意气风发的神采。费老把这次的主题演讲当作是与 Leach 的另一场辩论。可惜 Leach 在此会之前不幸逝世，只能是一场一方缺席的辩论。

主题演讲之后，费老特别慎重地用毛笔写了四句后来广为流传的四字真言作为结论。他在上引 1997 年有关“文化自觉”的演讲里，也不忘把这四句真言作为结语：

---

① 费孝通：《反思·对话·文化自觉》，《北京大学学报》1997 年第 3 期。

> 七年前在我80岁生日那天在东京和老朋友欢叙会上，曾瞻望人类学的前途，说了下面这一句话："各美其美，美人之美，美美与共，天下大同。"这句话我想也就是今天我提出的文化自觉历程的概括。①

可见费老的"文化自觉"概念是在思考如何与Leach论辩时激发的。由于有了这四句真言，"文化自觉"便不会突出任何民族中心论的意味。因为研究者不只是对自己的文化有充足了解与喜爱，对接触以及研究过的他族文化也要有充足了解与喜爱。各美其美之外，还要美人之美。这样美美与共，方能达致天下大同。

不过从人类学的观点，两人辩论的重点乃是对人类学价值问题的看法。对此，费老有清楚的解释：

> 我与Edmund可以说是Malinowski门下的同门弟子，可是Edmund坚持认为人类学是纯粹的智慧演习，而我则觉得人类学如果不从实际出发，没有真正参与到所研究的人民的生活中去，没有具有一定程度的实践雄心，就难以获得自身应有的价值。
>
> 我学人类学，简单地说，是想学习一些认识中国社会的观点与方法，用我所得到的知识去推动中国社会的进步，所以是有所为而为的。②

费老晚年，常喜题写"志在富民"四字，来表达对自己所学的人类学能早日达到"学以致用"的急切愿望。

对于人类学学科中华本土化的问题，费老到了耄耋之年，才想到文化自觉以及人类学的终极致用与价值这两个课题，其余课题与细节仍待后人集思广益。笔者不自量力，谨先提出一个构想，且名之曰"自觉发展"。

---

① 费孝通：《反思·对话·文化自觉》，《北京大学学报》1997年第3期。

② Fei Xiaotong, Study of Man in China, In Home Bound, *Studies of East Asian Society*, Chie Nakane and Chien Chiao, eds., Tokyo: The Center for East Asian Cultural Studies, Tokyo Bunko, 1992.

自觉发展是文化自觉必然的后续步骤，两者是不能分割的。一个人对其文化有了自知之明也即自觉之后必须有一切实可行的方案，可以让他能主动而自觉地推动其文化或其中某些项目向着他期待的方向发展，获得他所期待的成果，这样他的文化自觉才会有一个圆满的实现。

文化自觉的完成主要靠自身的努力，自觉发展的实现却同时需要相关单位、地区、族群的掌权人，如地方首长或族群领导充分配合才行。进行介休市调查研究的笔者等五人何其幸运，能遇到王怀民市长这样全心、全力、热忱、积极配合的地方首长。王市长不单对介休市的文化、社会、经济等有全面与彻底的认知，对研究调查所涉及概念与学理也充分理解。所以全体参与人对介休市的研究与发展所涉及的从文化自觉到自觉发展这一过程，从现在的情况看来确实十分令人满意。现在首期调查研究报告已按时完成，即将依前列四个领域编辑出版为四部专书。然后全体参与人员会仔细、深入、认真进行检讨与反思。希望通过这次对介休市的实证研究，能把人类学中华本土文化的特点体现出来，并记录下来。同时把归纳与推论出来的可能成为自觉发展的重点成果也尽量列出供行政部门参考。也就是说，我们希望可以依据首期对介休市实证研究的心得与介休市政府实施我们建议的情况，建构一种人类学中华本土化的初期模型，重复这种运作或选择介休市以外地区作同类运作，可以更完善这种模型，这是我们在学术上的理想。在实践方面，便是希望通过文化自觉与自觉发展这一过程的运作能使介休或其他地区的人民更富裕，生活更美满。

“黄土文明·介休范例”首期工程能顺利如期圆满完成，端赖王怀民市长暨介休市政府全体领导及行政人员，特别是郝继文与张志东两位先生全心全力的协助与精诚无私的配合。对此，我们谨致上最高的谢忱。

2015 年 10 月 25 日

目　录

寒食节文化篇

政区与地名篇

——介休政区沿革与村落地名的地理学考察

聚落地理篇

灾害篇

寒食节文化篇

2008年，介休市被命名为“中国寒食清明文化之乡”，对于寒食节起源问题似乎已没有重复探讨之必要[①]。然而，不能否认，关于寒食节、介子推与介休之间的关系，争议很早就出现了，迄今为止，学术界并没有取得较为一致的认识。辩亦有道，真理愈辩愈明，如完全无视这种争议的存在，对于深入研究介休乡土历史地理相关问题以及地方政府大力推广寒食清明文化，都会产生十分不利的影响。

关于寒食节、介子推与介休的关系问题，在相当长的时间里是中外学术界，特别是民俗学界研究的一大热点问题，其中包括一些重要学者都参加了讨论[②]。据笔者所知，在古代学者中，北魏的郦道元（《水经注》作者），宋朝的洪迈（《容斋随笔》作者），明代的谢肇淛（《五杂组》作者），都曾经对介子推故事、介山位置以及寒食节风俗等发表过重要观点。而明末清初的大思想家、大学问家顾炎武的反对，恐怕是其中最有分量的了。在现当代学者中，包括李宗侗（李玄伯）[③]、卫聚贤[④]、张颔[⑤]、裘锡圭[⑥]、庞朴[⑦]等著名学者在内，都发表过关于介子推与寒食节关系问题的研究论述，他们大多赞同顾炎武的结论，质疑乃至否认寒食节与介子推、介休之间的关联性。这些学者往往以科学与严谨的态度，对寒食节相关史料进

---

① 参见侯清柏、张培荣《介子推与寒食清明节》（山西人民出版社2009年版）相关内容。

② 近来的相关研究论著，参见陈泳超《寒食节起因新探》，《晋阳学刊》1991年第5期；《寒食缘起：从地方性到普泛化》，《民俗研究》2008年第2期；张勃《论官方与民间合力对寒食习俗的影响》，《齐鲁学刊》2004年第2期；《寒食节起源新论》，《西北民族研究》2004年第3期；《唐代以前寒食节的传播与变迁——主要基于移民角度的思考》，《温州大学学报》（社会科学版）2012年第6期；《介子推传说的演变及其文化意义》，《管子学刊》2002年第2期；刘杰《寒食火禁与介子推故事关系考论》，《晋阳学刊》2012年第5期。

③ 《中国古代社会新研》，中华书局2010年版，第19页。

④ 《汉汾阴后土祠遗址的发现——附发掘计画》，《东方杂志》1929年第26卷第19号；《介子推隐地考》，《说文月刊》1940年第2卷第6—7期。

⑤ 《对顾炎武关于介子推考证的补说——兼谈新修地方志中的一个原则》，《晋阳学刊》1983年第5期。

⑥ 《寒食与改火——介子推焚死传说研究》，载《中国文化》1990年第1期。

⑦ 《寒食考》，《民俗研究》1990年第4期。

行了详尽的说明与分析。当然，也有一些学者提出了不同的看法，但反击的力量似乎是很有限的[①]。对于那些持反对意见的、颇具分量的研究成果，完全回避显然是不妥当的，确实有全面说明与解释的必要。

① 参见李晨光《寒食节考》，《文史月刊》2003年第4期；李道和《前人对寒食习俗的解说及其内在矛盾》，《民族艺术研究》2002年第5期。

第一章　寒食节、介子推与介休关系问题之争论与思考

在笔者看来，寒食节与介子推、介休的关系问题相当复杂，简单肯定与简单否定，都是不可取的。迄今为止，研究者往往将多个问题混淆在一起讨论，结果常常是一个问题的否定结论，直接影响到对其他问题的分析。如寒食节如何起源，如何形成，是一个问题；而后世人如何选择，如何传承寒食节文化，则是另外一个问题。两者之间确有紧密联系，但是并非可以混为一谈。而就寒食节起源问题而言，各种原因是否可以兼容，则又是一个问题。如果将多个问题混淆在一起，一个问题没有得到合理解释，直接影响到其他问题的合理解决；学者们否认一种联系之后，就不加辨析地否定另外一种联系。这样一来，争执就迷失了方向，最终导致全盘否认寒食节与介子推、介休之间的关系。这显然是不明智的。虽然也有一些学者进行其他角度的解释，但是并没有针对一些关键论据进行切合实际的反驳，因而也就无法得到真正有价值的结论。这种状况，显然是我们所无法接受的。因此，在进行分析与论辩之前，我们需要好好搞清楚究竟存在多少有价值的问题。关于寒食节与介子推、介休之间的关系研究，我们真正需要厘清一个又一个不同的问题，然后再针对一个又一个的不同问题，分别进行合乎情理的分析与认知。

例如，在古代学者中，对寒食节、介子推故事与介休、介山之间关系提出尖锐质疑与强烈反驳的代表性人物，无疑是清代大学者顾炎武。现当代的一些学者的主张，大多不过是将顾氏的观点进一步解释或扩展罢了。顾炎武在中国学术史上的地位备受推崇，其《日知录》开一代风气，影响巨大。而就在《日知录》中，顾炎武对寒食节与介子推、介休

之间的关系，基本上持全盘否定的态度。如在《日知录》卷二五“介子推”条中，顾炎武指出，“……今当以《左氏》为据，（介子推）割股、燔山，理之所无，皆不可信。”[①]他明确提出，寒食之俗，应源于上古“改火”与“断火”之俗，与介子推无关。

顾炎武又在《日知录》卷三一“绵上”条中，引述《汉书》、郦道元《水经注》等多种旁证资料，进一步分辨“介山”的方位并不一定在介休境内，这就从另一个侧面否定了介子推与绵山（介山）、介休之间的关系：

《左传》僖（公）二十四年：“晋侯赏从亡者，介之推不言禄，禄亦弗及，遂隐而死。晋侯求之不获，以绵上为之田。”杜氏曰：“西河界休县南有地名绵上。”《水经注》：“石桐水即绵水，出介休县之绵山，北流，径石桐寺西，即介子推之祠也。袁崧《郡国志》曰：‘界休县有介山，有绵上聚、子推庙。’”今其山南跨灵石，东跨沁源，世以为之推所隐。而汉魏以来，传有焚山之事，太原、上党、西河、雁门之民至寒食不敢举火。石勒禁之，而雹起西河介山，大如鸡子，平地三尺。前史载之，无异辞也。然考之于《传》，襄公十三年，“晋悼公搜于绵上，以治兵，使士匄将中军，让于荀偃”。此必在近国都之地。又定公六年，“赵简子逆宋乐祁，饮之酒于绵上”。自宋如晋，其路岂出于西河界休乎？况文公之时，霍山以北，大抵皆狄地，与晋都远不相及。今翼城县西，亦有绵山，俗谓之小绵山，近曲沃，当必是简子逆乐祁之地。今万泉县南二里，有介山。《汉书·武帝纪》：“诏曰：朕用事介山，祭后土，皆有光应。”《地理志》：“汾阴，介山在南。”《扬雄传》：“其三月，将祭后土，上乃帅群臣，横大河，凑汾阴。既祭，行游介山，回安邑，顾龙门，览盐池，登历观，陟西岳以望八荒。雄作《河东赋》曰：‘灵舆安步，周流容与，以览于介山！嗟文公而愍推兮，勤

① （清）顾炎武撰，黄汝成集释：《日知录集释》卷二五，上海古籍出版社2006年版，第1411页。

大禹于龙门。'"《水经注》亦引此，谓《晋太康记》及《地道记》与《永初记》并言子推隐于是山，而辨之以为非然。可见，汉时已有二说矣。①

顾氏本人对于先秦历史与典籍进行了长期而深入的研究，我们可以从《日知录》中丰富的先秦时期的条目内容窥见一斑。而对于晋国发展历程之考订与疆域开拓过程的认知，又可以说是顾炎武所取得的一个重要成果，对此，顾炎武在其他多种论著中反复加以强调，如对于"介山""绵上"方位的考订，他还在其他著述中有讨论。如《左传杜解补正》卷上载云：

晋侯求之不获，以緜（绵）上为之田。之推既隐，求之不得，未几而死，乃以田禄其子尔。《楚辞·九章》云："思久故之亲身兮，因缟素而哭之。"明文公在时，之推已死，《史记》则云："闻其入绵上山中，于是环绵上山中而封之，以为介推田，号曰介山。"然则受此田者何人乎？于义有所不通矣！杜解：西河界休县有地，名绵上。今按緜上，又见襄（公）十三年，定（公）六年，疑是近绛之地。②

笔者以为，首先，针对寒食节而言，起源自然是一个首要问题。其中主要的疑问就是，寒食节的起源，是否完全由于纪念介子推一个人而兴起？关于起源问题的解析，笔者同意多重因素起源论，不能同意简单对接论，对于学者们关于这一问题主张的出发点并无异议。一种民俗节日的出现、定型与普及，决定于大众群体心理共识、积极响应以及长久坚持，是一个漫长而复杂的演化过程，完全归因于某一个人的作用，显然是很难成立的。况且，最早记载介子推事迹的史学典籍，如《左传》

① 《日知录集释》卷三一，第1769—1770页。

② 《左传杜解补正》卷上，清文渊阁《四库全书》本。笔者按，先秦时"绛"地有两处，一为故绛，在今山西翼城县东；一为新绛，或称为新田，在今山西曲沃县西南。

《史记》等，根本就没有提到介子推与寒食节之间的直接关联，这从一个方面反映出作者的取舍态度。将寒食节的源起，追记为对介子推焚死之纪念，应该是一种后起的民俗文化现象，对于这种客观存在的后世追本溯源或民间信仰之类的大众文化现象，进行历史事实考据式的批驳，显然是不合适的。我们看到，伴随着寒食节风俗传承的同时，存在着一个介子推由人变成神的过程，即由一位真实存在的晋国大夫，成为一尊民间信仰的神圣。这种情况在中国民间信仰历史上并不少见。学者以反对造神、反对附会为由来否认寒食节文化的客观演化过程，恐怕也是不应该的。

其次，介子推是否到过介休，以及“绵上”或“介山”是否在介休境内，则是另外一个关键性问题。顾炎武等学者对此同样加以否定。顾氏提出的反对理由中最强有力的一条，便是晋国疆域拓展过程有着明确的次第关系及相应地理范围：“况文公之时，霍山以北，大抵皆狄地，与晋都远不相及。”顾炎武对于先秦时期的晋国历史作过相当深入而系统的研究，对于“绵上”“介山”的考订，也可以说是顾炎武在先秦史地研究中所取得的一系列研究成果之一。因此，对于这一论据，不少研究者深表赞同。

粗看之下，顾氏之言甚有理据，既然霍山以北（包括今天晋中地区在内）都是“狄人”所居之地，越出了当时晋国的地域范围，那么，介子推逃隐所在，应不至其地。当时晋国的北界就是霍山一线，那么，介子推隐居之地“介山”，也就不可能在霍山以北的今天介休市境内了。然而，恰恰就这一点，笔者不敢苟同。笔者以为，顾炎武等学者在此处出现了一个很大的认识上的盲区或误区。从晋国疆界扩展历史状况与地理方位来判断介子推没有到达或退隐于介山（绵山），并不存在必然的逻辑关系。笔者以为，无论从当时的晋狄关系而言，还是就先秦时代民族地理格局及交通状况而言，介子推当时到达介休及灵石一带，并隐居于绵山之中，不仅是可能的，而且有着较为充分的理据，完全否认是不可取的。

再次，寒食节文化的传承与普及，是否与今天介休市所在区域有关，这一问题的答案无疑也是肯定的。这种状况已与寒食节的起源问题，或介子推故事的真伪问题，并无直接的因果关系。因为无论介子推故事如何，寒食节风俗却自东汉开始在并州地区实实在在地施行了，而且影响越来越大。寒食节漫长的传承历史，实际上已成为中国民俗文化史的一个重要组成部分，并非凭借纯粹的学术之争可以解释，如普通百姓传承寒食节文化，借以寄托对介子推等前贤的追思，已超出了所谓学术真伪的问题了。同时，介山（绵山）一带成为传承寒食节文化最典型的区域，也早已成为人们的共识。

最后，与普通节庆风俗不同，“寒食”意味着一种生活方式的变化。寒食节风俗的出现、普及，以及延续千年之久，是否有着更为明确的物质生活史以及生态环境史意义与价值，同样也是值得学者们来深入研究的。笔者恰恰以为，在这个方面确有进一步深入探索的必要。此外，寒食节在千百年的传承过程中，加入了相当丰富的文化习俗内容，凝结着中国传统节庆文化、孝义文化以及大众娱乐文化的精华，其重要意义与价值确实值得广大研究者持续关注、研究与发扬光大。

综而言之，寒食节文化诸问题之争，涉及较为复杂的先秦时代历史地理问题，其中也包括介休历史乡土地理与地域文化内容，既然存在诸多争议之处，确有深入分析与重新理解的必要。在本书中，笔者试图在古今研究者讨论的基础上，从历史乡土地理的研究角度对介子推故事与寒食节风俗出现的历史地理背景进行一番深入的分析与说明，以就教于学术同人。

第一节　介子推、介山地理方位与介休的关系

首先，历史时期对于寒食节风俗、介子推事迹以及与介山、介休的关系等诸多问题，都经历了一个相当漫长的认知过程，存在明显的时代差异。重现与分析、理解这一认知过程，对于我们今天的讨论十分重要。即使像顾炎武这样的大学者，出于资料等多重因素限制，其关于这些问题的论点并不十分确切，而后继的研究者也没有对于这段认知历史进行客观的、分时段的细致分析。简单地否定或认同，都无法解决问

题。笔者发现，对于介子推事迹与介山、介休之间的关系的认知，与寒食节风俗的传播历程息息相关。甚至可以说，寒食节风俗的演变与推广史，直接或间接地影响到当时研究者的思考与观点。自东汉以来，多数研究者（特别是地理学家）逐渐倾向于将介子推所归隐的介山，定位于今天介休、灵石、沁源三县市交界之地的绵山，而对于这种难以逆转的倾向，顾炎武等学者似乎有些故意忽略了，缺乏必要的尊重与考量。

文自《左传》开始，介子推的事迹广为流传，为世人所熟知。《左传》的相关记述，是介子推事迹最原始的依据。据《春秋左传注疏》卷十四载云：

> （僖公二十四年，即晋文公元年，公元前 636 年）晋侯赏从亡者。介之推不言禄，禄亦弗及。（注：介推，文公微臣。之，语助……）推曰："献公之子九人，唯君在矣，惠、怀无亲，外内弃之。天未绝晋，必将有主。主晋祀者，非君而谁？天实置之，而二三子以为己力，不亦诬乎？窃人之财犹谓之盗，况贪天之功，以为己力乎？下义其罪，上赏其奸，上下相蒙，（注：蒙，欺也。）难与处矣！"……其母曰："盍亦求之，以死谁怼？"对曰："尤而效之，罪又甚焉。且出怨言，不食其食。"（注：怨言，谓上下相蒙，难与处。）……其母曰："亦使知之，若何？"（注：既不求之，且欲令推达言于文公）……对曰："言，身之文也。身将隐，焉用文之？是求显也。"其母曰："能如是乎！与女偕隐。"（注：偕，俱也。）……遂隐而死。晋侯求之，不获，以绵上为之田，曰："以志吾过，且旌善人。"（注：旌，表也。西河界休县南有地名绵上。）①

文中的注文，为西晋学者杜预所撰，即通常所称"杜注"。应该注意的是，在《左传》的这段原始文献中，只提到"绵上"与"绵上之田"，并没有提到"介山"。杜预所云"绵上"在"西河界休县"，即指

① 《春秋左传注疏》卷十四，清文渊阁《四库全书》本。又参见（清）阮元校刻《十三经注疏》之《春秋左传正义》卷十五，中华书局 1980 年重印版，第 1817 页。

当时西河国界休县，同样也没有注释“介山”之所在。

据笔者检索，最早将介子推故事与“介山”联系起来的典籍，是《楚辞》。如《九章·惜往日》云：“介子忠而立枯兮，文君寤而追求。封介山为之禁兮，报大德之优游。”①司马迁所撰《史记·晋世家》是关于介子推事迹的另一部重要文献，对于《左传》所记介子推归隐事迹只是略加补充。其中，司马迁采纳了《楚辞》关于“介山”的内容。如《史记·晋世家》记云：

> ……（晋文公）使人召之（即介子推），则亡，遂求所在，闻其入绵上山中，于是文公环绵上山中而封之，以为介推田，号曰介山，“以记吾过，且旌善人”。②

不过，我们还是发现，在时隔数百年之后，司马迁确实在《史记》里对《左传》相关记述内容进行了新的补充与阐释，如从“绵上”变为“绵上山中”，从“绵上之田”又变为“介推田”，而“绵上山中”最终也被改称为“介山”，从此，“介山”就与介子推联系起来。而正是这个由《楚辞》作者与司马迁提出的“介山”，启发了顾炎武等学者的灵感，并将“介山”方位的考订作为关联研究的重点。正如《日知录》所述，无法否认，西汉时期，确实在河东郡汾阴县已有一个相当著名的“介山”，位于今天的山西省万荣县境内。如《汉书》卷六《武帝纪》载云：

> （太初二年，公元前103年）夏四月，诏曰：“朕用事介山，祭后土，皆有光应。其赦汾阴、安邑殊死以下。”③

西汉时期，位于河东汾阴县的后土祠，号称天下“三大祠”之

① （宋）洪兴祖补注：《楚辞补注》，凤凰出版社2007年版，第133页。

② 《史记》卷三九《晋世家》，中华书局1997年版《二十四史》合订本，第1662页。

③ 《汉书》卷六《武帝纪》，第200页。

一，是汉朝官方最为重要的祭祀场所之一，具有崇高的地位，汉朝君臣经常在这里举行祭祀仪式。而同在汾阴县境内的“介山”，也由此得到了朝廷的关注与尊崇。[①]《汉书》注引文颖曰：“介山在河东皮氏县（治今山西河津县西）东南，其山特立，周七十里，高三十里。”与此相印证，《汉书·扬雄传》也特别提到了后土祠祭祀活动与“介山”：“（元延二年，公元前11年）其三月，将祭后土，上乃帅群臣横大河，凑汾阴。既祭，行游介山，回安邑，顾龙门，览盐池，登历观，陟西岳以望八荒，迹殷周之虚，眇然以思唐虞之风……”[②] 颜师古在此注云：“介山在汾阴东北。”之后，扬雄在《河东赋》中不仅描述了介山的景色，而且还特别提到了晋文公与介子推的故事，由此暗示介山与介子推事迹的直接关联：“……于是灵舆安步，周流容与，以览虖介山。嗟文公而愍推兮，勤大禹于龙门……”[③] 据此可知，汉武帝时期，河东地区已有一个名闻天下的“介山”，而且不少士人已认定与介子推故事有关，即介子推归隐之处。

与此相印证，《汉书·地理志》载“河东郡”下有“汾阴县”，注文曰：“介山在南。”[④] 西汉的汾阴县，即战国时期的汾阴邑，治于今天山西万荣县西南古城。而同在《汉书·地理志》中，“太原郡”下的“界休县”下却没有“介山”的记载，也就是说，当时在今天的介休市境内并没有所谓“介山”，自然也就没有与介子推及寒食节相关的线索了。实际上，我们检索《史记》《汉书》这两部关于西汉历史最重要的史籍资料时，没有发现与任何“寒食节”的直接证据，虽然不能断定寒食节风俗在西汉时期根本还没有出现，这也可以从一个侧面证实在当时寒食节风俗的影响还十分有限，所以并没有引起司马迁、班固等这些史家的关注。

---

① 关于汾阴后土祠信仰问题，参见李零、唐晓峰《汾阴后土祠的调查研究》，载《九州》第四辑，商务印书馆2007年版，第1—107页。

② 《汉书》卷八七上《扬雄传上》，第3535页。引文中“览虖介山”，前文《日知录集释》引为“览于介山”，不知何本。

③ 《汉书》卷八七上《扬雄传上》，第3538页。

④ 《汉书》卷二八上《地理志上》，第1550页。

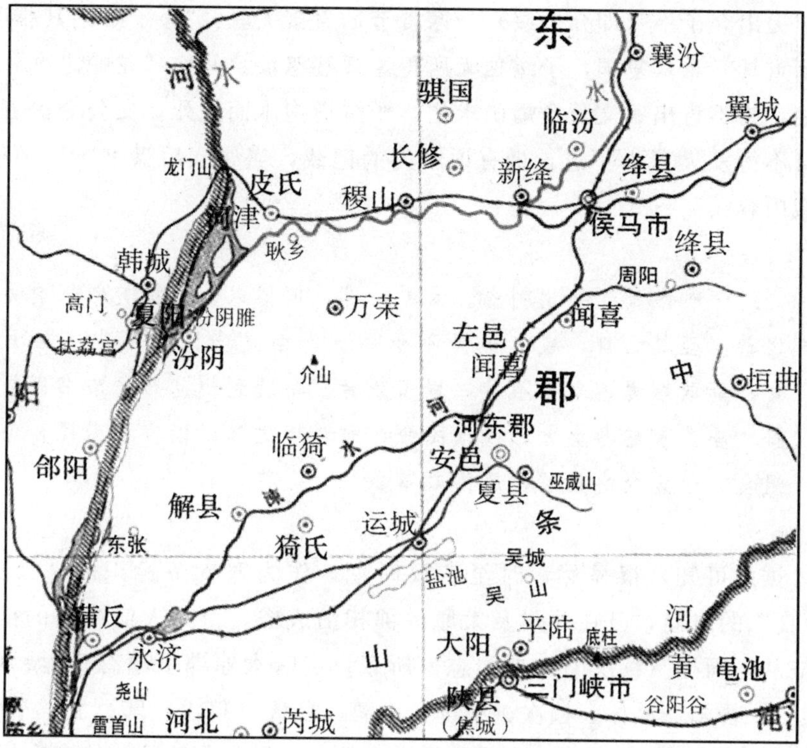

图 1-1 西汉汾阴“介山”位置示意图[①]

然而，从东汉时期开始，情况发生了重大变化。“寒食节”不仅已成为并州及太原郡地区的一个重要风俗节日，引发了人们的广泛关注，与此同时，学者们对于“介山”方位的认定也发生了重大转变。如最早记录介子推与寒食节起源关联的著作之一，当属东汉人桓谭所著《新论》：“太原郡民以隆冬不火食五日，虽有疾病缓急，犹不敢犯，为介子推故也。王者宜应改易。”[②] 又如传为桓谭或蔡邕所作的《琴操》一书，

① 选自谭其骧主编《中国历史地图集》第二册第15—16页西汉“司隶部”，地图出版社1982年版。

② 参见朱谦之校辑《新辑本桓谭新论》，中华书局2009年版，第56页。又见（唐）欧阳询撰《艺文类聚》卷三《岁时上》“冬”字条下，上海古籍出版社1965年版，第55页。又见（元）陶宗仪辑《说郛》卷五九上与《玉芝堂谈荟》卷二一“寒食断火”条。而《太平御览》卷八四九所录文字稍有不同：“桓谭《新论》曰：太原郡隆冬不火食五日，虽病不敢触犯，王者宜应改易。”清文渊阁《四库全书》本。

同样提出介子推（即介子绥）与寒食节的直接关联："介子绥割其腓股，以啖重耳。重耳复国，子绥独无所得。绥甚怨恨，乃作《龙蛇之歌》以感之，终不肯出。文公令燔山求之，子绥遂抱木而烧死，文公令民五月五日不得发火。"① 不过，最有说服力的记载，当属《后汉书·周举传》所载内容：

……举稍迁并州刺史。太原一郡，旧俗以介子推焚骸，有龙忌之禁。至其亡月，咸言神灵不乐举火，由是士民每冬中辄一月寒食，莫敢烟爨，老小不堪，岁多死者。举既到州，乃作吊书以置子推之庙，言盛冬去火，残损民命，非贤者之意，以宣示愚民，使还温食。于是众惑稍解，风俗颇革。②

据此可知，很显然，时至东汉时期，作为寒食节标识的"禁火""冷食"的风尚，已在并州及太原一郡相沿成俗，得到人们高度的推崇与信从。而据《续汉书·郡国志》所载，当时太原郡下辖有16城（同"县"）：晋阳、界休、榆次、中都、于离、兹氏、狼孟、邬、盂、平陶、京陵、阳曲、大陵、祁、虑虒、阳邑。其中，界休与邬县，均在今天介休市境内，可以肯定，今天的介休市境在当时处于寒食风俗区之内。

通常认为，最早确定"绵上"在今天介休市境内的古代大学者，为西晋杜预。其实，这并不准确。更准确的是，最早提供直接根据的是晋人司马彪所著《续汉书·郡国志》。将介子推与介休相联系的关键，并不是"介山"，而是"绵上之地"。据《续汉书·郡国志》记载，当时汾阴县隶属于河东郡，下有注文曰："有介山。"③ 而界休县隶属于太原郡，下有注文曰："有界山，有绵上聚，有千亩聚。"④ 这个"绵上聚"才是杜预推论的直接来源，或可以说这也代表了晋代学者们的普遍观点。杜预等晋代学者的观点，显然是对汉代扬雄等汉代人士观点的反驳。

① （唐）欧阳询辑：《艺文类聚》卷四，上海古籍出版社1965年版，第74页。

② 《后汉书》卷六一《周举传》，第2024页。

③ 《后汉书》后附第一九志，第3397页。

④ 《后汉书》后附第二三志，第3523页。

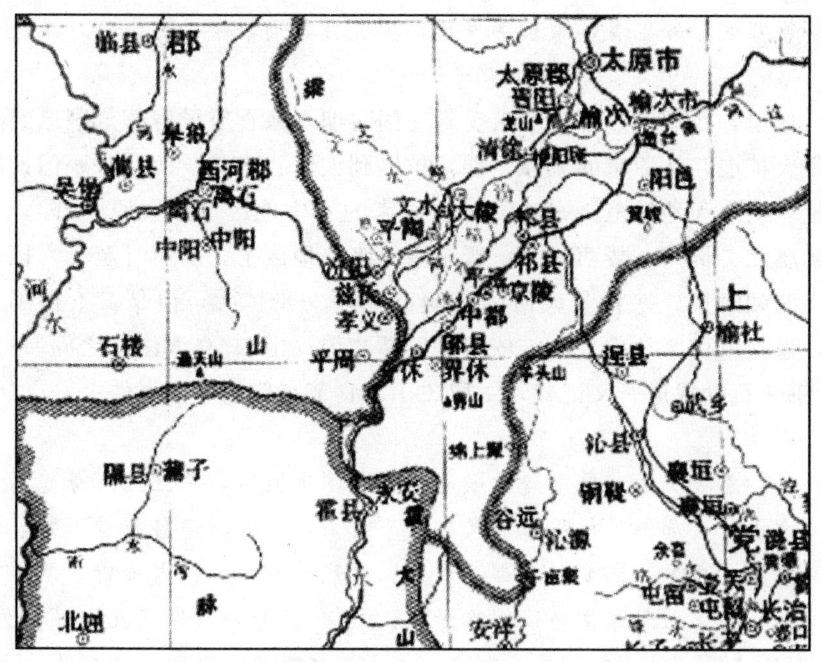

图 1-2 “绵上聚”示意图①

与此相印证，晋朝人陆翙所作《邺中记》记云：“并州俗：冬至后百五日，为介子推断火，冷食三日，作干粥，今之糗是也。”不仅明确指定民间正是以介子推之故施行断火、寒食之举，也同样十分明确地限定了并州之地是当时寒食风俗核心区。②

寒食节风俗在早期推广过程中曾经屡遭挫折，不止一次地受到官方的明令“禁断”，即强行禁止。如魏武帝曹操所颁布的《禁绝火令》（又称为《明罚令》）就是一个突出的例子：

闻太原、上党、西河、雁门冬至后百五日，皆绝火寒食，云为介子推。且北方冱寒之地，老少羸弱，将有不堪之患。令到，人不

① 选自《中国历史地图集》第二册第 59—60 页东汉“并州刺史部”。

② 参见《艺文类聚》卷四，上海古籍出版社 1965 年版，第 62 页。《初学记》卷二六引文为：“《邺中记》曰：‘并州之俗，以冬至后百日，为介子推断火，冷食三日，作干粥，中国以为寒食。’”中华书局 1962 年版，第 638 页。

得寒食。若犯者，家长半岁刑，主吏百日刑，令、长夺一月俸。[①]

这里，我们明显感到从东汉到三国时期，寒食节风俗区范围已经得到很大扩展，从原来的太原一郡，扩展到太原、上党、西河、雁门四郡之地，从今天地域范围来看，是从原来的晋中地区（即太原一郡），扩展到雁北、忻州、晋西吕梁、晋东南等多个地区了。虽然时至十六国以及南北朝时期，寒食节风俗的影响已经进一步扩大，但是，不得不承认，寒食风俗区的核心地，依然是所谓"绵（山）、介（休）之间"。如《晋书·石勒载记》又记载了一段关于寒食节兴废的经典事件：

暴风大雨，震电建德殿端门、襄国市西门，杀五人。雹起西河介山，大如鸡子，平地三尺，洿下丈余，行人、禽兽死者万数，历太原、乐平、武乡、赵郡、广平、巨鹿千余里，树木摧折，禾稼荡然。勒正服于东堂，以问徐光曰："历代已来，有斯灾几也？"光对曰："周、汉、魏、晋皆有之，虽天地之常事，然明主未始不为变，所以敬天之怒也。去年禁寒食，介推，帝乡之神也，历代所尊，或者以为未宜替也。一人吁嗟，王道尚为之亏，况群神怨憾，而不怒动上帝乎！纵不能令天下同尔，介山左右，晋文之所封也，宜任百姓奉之。"勒下书曰："寒食既并州之旧风，朕生其俗，不能异也。前者外议以子推诸侯之臣，王者不应为忌，故从其议。傥或由之而致斯灾乎！子推虽朕乡之神，非法食者，亦不得乱也，尚书其促检旧典，定议以闻。"有司奏以子推历代攸尊，请普复寒食，更为植嘉树，立祠堂，给户奉祀。勒黄门郎韦谀驳曰："案《春秋》，藏冰失道，阴气发泄为雹。自子推已前，雹者复何所致？此自阴阳乖错所为耳。且子推贤者，曷为暴害如此！求之冥趣，必不然矣。今虽为冰室，惧所藏之冰不在固阴沍寒之地，多皆山川之侧，气泄为雹也。以子推忠贤，令绵、介之间奉之为允，于天下则不通矣。"勒

① 参见《艺文类聚》卷四，第62页。又参见《汉魏六朝百三家集》卷二三，清文渊阁《四库全书》本。

从之。于是，迁冰室于重阴凝寒之所，并州复寒食如初。[①]

这则记载，在寒食节文化传播的历史上至关重要，值得引起特别重视。当时山西、河北等地发生雷电、暴雨等重大自然灾害，造成大量人员伤亡及财物损失。中国古人笃信“天人感应”理论，徐光等人即将灾害缘由归咎于石勒施行“禁寒食”之举措。不过，在这场关于寒食节的争论中，我们最关注的仍然是寒食节影响的范围。如当时的雷暴灾害，正是始于“西河介山”。依徐光的观点，这个“介山”明确为“晋文之所封”，肯定已不是位于河东汾阴的“介山”了，而应是今天介休市南面的“界山（介山）”。又如徐光所云“介推，帝乡之神也”。据记载，石勒为“上党武乡羯人也”[②]。这个“武乡”，治于今天山西晋中榆社县西北，同处于“绵、介之间”，即在绵山周边地区。如石勒也承认：“寒食既并州之旧风，朕生其俗，不能异也。”足见此种风俗在并州地区普及由来已久。石勒君臣最终确定奉行寒食节的地域为“并州”。根据《晋书·地理志》所载，当时“并州”下辖6个郡国，即太原国、上党郡、西河国、乐平郡、雁门郡、新兴郡。这也与曹操《禁绝火令》所涉及的地域范围是一致的。事实上，两次禁断的结果，更加确认了并州之地为寒食节风俗的核心区域。因此，可以说，也就是最晚至西晋时期，一个新的“介山”才开始出现了，所处之并州以及“绵介之地”，被公认为奉行寒食节风俗的核心之地。而值得特别指出的是，汾阴“介山”所在之河东郡，并不在“并州”地域范围之内，也就是不在寒食节风俗区之内。

北魏时期，寒食节风俗的推行也不顺利，也曾经被明令“禁断”，即以法令形式予以取消。如延兴四年（474年）二月，“辛未，禁断寒食”[③]。然而，据《魏书·高祖纪》记载，至太和二十年（496年）二月，情况又发生了变化：“癸丑，诏介山之邑，听为寒食，自余禁

① 《晋书》卷一〇五《石勒载记下》，第2749—2750页。

② 《晋书》卷一〇四《石勒载记上》，第2707页。

③ 《魏书》卷七上《高祖纪上》，第140页。

断。”[1] 也就是说，“介山之邑”成为奉行寒食节风俗的“硕果仅存”之地。所谓“介山之邑”，即指毗邻绵山的数个郡县之地，如太原、上党、西河等，明显比此前的并州的范围更为缩小了。

也许正是在这种情况下，对于“介山”的认定才发生了根本性的变化。最早认同杜预的观点并加以辩护的著名学者，是北魏地理学家郦道元。郦道元在名著《水经注》里较为全面地分析了介子推与介山的关系，并同意杜预的意见，进一步推断出“介山”为“绵山”所改，地在西河界休无疑的观点。在《水经注》卷六“汾水篇”中“又南，过平陶县东，文水从西来流注之”条下云：

> 汾水又南，与石桐水合，即绵水也。水出界休县之绵山，北流经石桐寺西，即介子推之祠也。昔子推逃晋文公之赏，而隐于绵上之山也。晋文公求之不得，乃封绵为介子推田，曰：以志吾过，且旌善人。因名斯山为介山。故袁山松《郡国志》曰：介休县有介山，有绵上聚、子推庙。[2]

郦道元所见袁山松（或误为袁崧）《郡国志》今已佚，与司马彪《续汉书·郡国志》内容稍有不同，但都有“介山”与“绵上聚”，其佐证价值非同一般。又同篇中“又西，过皮氏县南”条下云：

> 汾水西径鄈丘北，故汉氏之方泽也。贾逵云：汉法：三年祭地汾阴方泽。泽中有方丘，故谓之方泽，丘即鄈丘也。许慎《说文》称，从邑，癸声。河东临汾地名矣，在介山北，山即汾山也。文颖曰：介山在河东皮氏县东南。其山特立，周七十里，高三十里。颖言在皮氏县东南则可，高三十里，乃非也。今准此山，可高十余里。山上有神庙，庙侧有灵泉，祈祭之日，周而不耗。世

---

① 《魏书》卷七下《高祖纪下》，第179页。

② （北魏）郦道元注，（民国）杨守敬、熊会贞疏：《水经注疏》卷六，江苏古籍出版社1989年版，第539页。

亦谓之子推祠。扬雄《河东赋》曰：灵舆安步，周流容与，以览于介山。嗟文公而愍推兮，勤大禹于龙门。《晋太康记》及《地道记》与《永初记》，并言子推所逃，隐于是山，即实非也。余按介推所隐者，绵山也。文公环而封之，为介推田，号其山为介山。杜预曰：在西河界休县者，是也。①

郦道元的认定是相当谨慎的，不仅根据文献以及前人的观点，而且他还进行了实地考察与观测。如郦氏"今准此山，可高十余里"，进而还否定了文颖的说法。虽然当时不仅有扬雄之《河东赋》《晋太康记》《地道记》《永初记》等著述的印证，而且当时在汾阴介山上已建有神庙，即介子推祠，并受到人们的供奉等种种依据，但是，郦道元依然对此处定位进行了否定，同时肯定杜预的观点。与《水经注》的观点相呼应，北朝著名农书——贾思勰所著《齐民要术》卷九同样为我们提供了宝贵的佐证：

煮醴酪：昔介子推怨晋文公赏从亡之劳不及己，乃隐于介休县绵山中。其门人怜之，悬书于公门。文公寤而求之，不获，乃以火焚山。推遂抱树而死。文公以绵上之地封之，以旌善人。于今介山林木，遥望尽黑，如火烧状；又有抱树之形。世世祠祀，颇有神验。百姓哀之，忌日为之断火，煮醴而食之，名曰"寒食"，盖清明节前一日是也。中国流行，遂为常俗。然麦粥自可御暑，不必要在寒食，世有能此粥者，聊复录耳。②

尽管寒食节文化发展命运多舛，但是，贾思勰所云"中国流行，遂为常俗"，最具说服力，古文献中的"中国"，主要指中原地区，令我们深切感受到寒食节风俗所拥有的强大生命力，在多次"禁断"之后，大

① 《水经注疏》卷六，第560—561页。

② （北魏）贾思勰著，石声汉校释：《齐民要术今释》（下册）卷九，中华书局2009年版，第942页。

有“逆势而上”的潜力。至此，无论如何，寒食节已从“并州”一地的风俗，变为在“中国”范围内流行的风尚了。

从唐代开始，寒食节得到官方重视，并开始向全国进行推广，成为一种王朝官方认可且推崇的全国性节日了。寒食节也从太原区域性的风俗推展到了全国[①]。笔者曾经反复强调，今天山西省在历史时期的区位价值，到了唐代达到了最高峰[②]。而与此背景相呼应，从唐代开始，寒食节文化得到官方的大力倡导与推行。如开元二十年（732年）：“五月癸卯，寒食上墓，宜编入《五礼》，永为恒式。”[③] 又如：“天宝十载（751年）三月敕：《礼》标纳火之禁，《语》有钻燧之文。所以燮理寒燠，节宣气候，自今以后，寒食并禁火三日。”[④] 而据后世学者考订，一些寒食节节日仪式内容都是从唐代开始成型的，如：“唐开元敕寒食上墓，礼经无文，近代相传，寖以成俗，宜许上墓，同拜扫礼。”[⑤] 唐代河东籍文学家柳宗元曾在《寄许京兆孟容书》中谈到当时所见寒食上墓的情形：

> 近世礼重拜扫，今已阙者，四年矣。每遇寒食，则北向长号，以首顿地，想田野道路士女遍满，皂隶、佣丐，皆得上父母丘墓，马医夏畦之鬼，无不受子孙追养者……[⑥]

明代学者张宣也曾总结道：

> 寒食节上墓，其制亦未见于古。独郑正则《祠享仪》曰：孔子、许望墓，以时祭祀，未尝明言以寒食节，则四时皆可上墓矣。《五代史·帝纪》云：寒食野祭，焚纸钱，亦止言野祭，又

① 参见李文娟《寒食清明节与唐朝文化》，《安徽文学》2009年第6期。
② 参见拙文《晋学研究之“区位论”》，《晋阳学刊》2010年第5期。
③ 《旧唐书》卷八《玄宗本纪》，第198页。
④ （宋）王溥辑：《唐会要》卷二十九，清武英殿聚珍版丛书本。
⑤ （宋）祝穆辑：《古今事文类聚》前集卷八，清文渊阁《四库全书》本。
⑥ 《增广注释音辩唐柳先生集》卷三十，《四部丛刊》本“集部”。

未尝明言上墓。唯唐开元敕上墓以寒食日，同拜扫礼，此后世寒食上墓之所由起也。[①]

与此同时，位于今天晋中地区的绵山地位也得到了全面的提升与认可。如唐代著名地理总志《元和郡县图志》仅记载了位于介休市南部的介山（即绵山），并最早将“介山”与介休的命名联系起来。如在汾州“介休县”下：“本秦、汉之旧邑，在介山西，因名之。”“介山，在县西南二十里。”又在“灵石县”下也注云：“介山，在县东四十二里。”[②]值得关注的是，同在这部著名地理总志中，由汾阴县所改之“宝鼎县”与“万泉县”下甚至没有记录原在汾阴县境内的“介山”。这一疏忽或改变，颇令人费解。我们只能说，当时河东“介山”的地位已大幅陨落，甚至到了可有可无的地步了。

与李吉甫的有意或无意的忽略不同，北宋时期最有影响的地理总志——《太平寰宇记》的作者乐史十分清楚地了解山西境内有两座“介山”，但是，他同样明确支持杜预及郦道元等人的观点，十分肯定地认定介子推隐居之地——介山，是在今天介休市、灵石县及沁源县一带，而不在河东地区。如《太平寰宇记》卷四一“汾州介休县”下记云：

介山，一名横岭，地名绵上。《左传》：“晋侯赏从亡者，介子推不言禄，禄亦不及，遂与母偕隐而死。晋侯求之不获，以绵上为之田，曰：‘以志吾过，且旌善人。’”杜注：“西河介休县南有地名绵上。”此山即绵上田之故地，汉以为县。《郡国志》云：“介山上有子推冢，并祠存。”[③]

乐史的解释是最为清楚的，再一次明确了“绵上”与“介山”之间的关系。同时，我们看到，从宋代开始，河东之“介山”，更多地被称

---

① （明）张宣撰：《疑耀》卷五，清文渊阁《四库全书》本。

② （唐）李吉甫撰：《元和郡县图志》（上册）卷一三《河东道二》，中华书局 1983 年版，第 378—379 页。

③ （宋）乐史撰，王文楚等点校：《太平寰宇记》卷四一，中华书局 2007 年版，第 870 页。

为“孤山”（今天通常称为“孤峰山”）。如《太平寰宇记》卷四六“万泉县”下云：

介山，一名孤山，在县南一里。《晋太康地记》曰：“晋文公臣介之推从文公逃难，返国，赏不及，怨而匿此山。文公求之，推不出，乃封三百里之地，又号为介山。”今按介之推所隐，乃绵山也。文公封之，以为介推田，因号其山为介山。杜注曰：“在西河介休县。”言在此，非也。[①]

自此之后，直至明清时代的一些重要地理志书中，也大都将介子推所归隐的“介山”，定位于今天介休等市县交界之地的绵山。如《大明一统志》卷二〇“平阳府下”：“介山，在灵石县东三十里。《左传》：晋公子重耳出奔，及还国，赏从亡者，介之推不言禄，遂隐此山，因名。一名介美山。”同样，我们也在该书同卷内发现了“孤山”的记载：“孤山，在万泉县城南，孤峙，不接他山，上有法云槛泉寺，亦名介山。其南即猗氏县境。”[②] 同样也不再提及其与介子推事迹之间的关系。又同书卷二一“汾州府”下：“介山，在介休县东南二十里，地名绵上，亦名横岭。晋文公赏从亡者，介子推不言禄，禄亦不及，遂与母偕隐此山而死。文公求之不获，以绵上为之田，曰：‘以志吾过，且旌善人。’”[③]撰著者的取舍与观点是显而易见的。

又如乾隆《大清一统志》“蒲州府万泉县”下的记述，不过是汇集了以往学者们的著述，但是，可以看出，其撰著者同样明确赞同郦道元等人的观点。

介山，在万泉县东十五里。《汉书·地理志》“汾阴县”：“介山在南。”又《武帝纪》：“太初二年夏四月，诏曰：‘朕用事介山，祭后

① 《太平寰宇记》卷四六《河东道七》，第963页。

② （明）李贤等撰：《大明一统志》（上册）卷二〇，三秦出版社1990年版，第307页下。

③ 《大明一统志》（上册）卷二一，第386页上。

> 土，皆有光应。'”又《扬雄传》：“成帝横大河，凑汾阴，既祭，行游介山。”师古曰：“介山在汾阴县东北。”《水经注》：“介山即汾山也。其山特立，周七十里，高十余里，山上有神庙，庙侧有灵泉，世亦谓之子推祠。”《晋太康地记》及《地道记》与《永初记》并言介子推隐于是山，实非也。余按：介推所隐，绵山也，文公环而封之，为介推田，号其山为介山。杜预曰：“在西河介休县者是也。”《寰宇记》：“介山，在万泉县南一里。”①

面对无法回避的两个“介山”的问题，雍正《山西通志》的撰著者就其合理性进行了一番更详细的解释，以进一步证明位于介休与灵石之间的“介山”更具合理性：

> 《祝志》：介山，又名介美山，在介休县东南三十五里，以介子推隐此，故名。有庙在焉。《汉郡国志》：万泉县南十五里亦有介山，俗传以推隐得名。旧《通志》两存其说。按晋侯赏从亡者，介子推不言禄，禄亦弗及，遂隐而死。晋侯求之不获，以绵上为田，而旌其善。介休县旧名绵山，绵上即介休东南山也。南跨灵石，西跨沁源，盘踞深厚，是以求而弗获。若万泉者虽近于绛，周围仅十里，未必不获。盖其屹然孤立，故名为介，后遂傅会以为推隐之处。《蒲州志》已破其误。又曰：绵山在灵石县，有介子推墓，与沁水、介休相连，即介山也。②

雍正《山西通志》的作者真正道出了一些河东“介山”被逐渐冷落与淡忘的客观原因。河东介山，今天通常称为“孤峰山”，据现代研究者实地考察，这是一座与其他山脉不相连接的孤立的山峰，海拔高度为1410米左右。然而，又据现代研究者考察，孤峰山“周长60

① （清）和珅等监修：《钦定大清一统志》卷一〇一，清文渊阁《四库全书》本。

② （清）储大文等纂修：《山西通志》卷二〇《汾州府山川》（下），清文渊阁《四库全书》本。

里，山高 300 米”，即相对高度却只有数百米而已[①]。清代学者更指其“周围仅十里”。其顶峰距离万泉古城（今万荣县万泉镇）只有约 5 公里的距离。而灵石、介休与沁源之间的绵山本身是太岳山系（霍山）的组成部分，其最高峰海拔 2405 米，两山没有多少可比性。人们很难想象介子推会选择像孤峰山这样一个孤立的山头上开始归隐生活，而晋文公手下的人员又无法在这样一个有限的范围内发现介子推母子的行踪[②]。

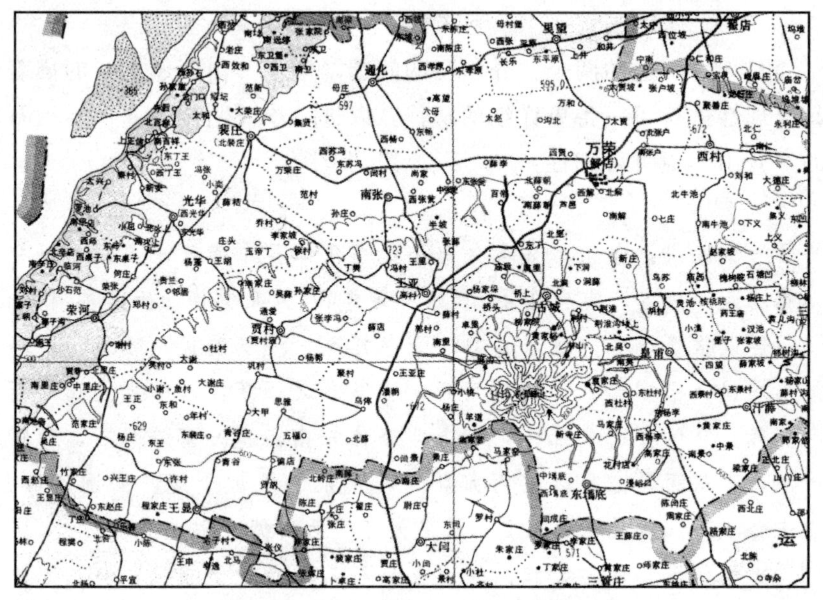

图 1－3　万荣孤峰山示意图[③]

笔者在翻检顾炎武著述之时，也发现一些有趣之处。如在顾氏所编《肇域志》中，同样引述了不少文献，而这些文献有关“介山”与介子推的观点恰恰与顾氏本人的观点相对立：

① 参见李零、唐晓峰《汾阴后土祠的调查研究》，《九州》第 4 辑，第 16 页。

② 为了一探孤峰山之真相，作者安介生与李嘎亲自前往万荣县考察，同样发现孤峰山平地而起，山势陡峭，但是，山下距离山顶步行也不过半日之程，且岩石遍布，十分坚硬，山脊之上较少平坦之地，确实缺乏长期隐居之条件。

③ 选自山西省测绘处编制：《山西省地图集》，1973 年版，第 106 页“万荣县地图”。

“介休县”下：天峻山，在县东南十五里。[介山，在县东南二十五里，接灵石界。介子推所隐]（原文误移于后，特前移——笔者注）以介子推隐此，故名。有庙在焉。《汉郡国志》：万泉县十五里亦有介山，俗传以介子推得名。……介休县旧名绵山，绵上即介休东南山也。南跨灵石，西跨沁源，盘踞深厚，是以（晋文公）求而弗得。若万泉，虽近于绛，周围仅十里，未必不获。盖其特然孤立，故名为介，后遂附会，以为推隐之处耳。[①]

又“平定州”下：绵山，在州东九十里娘子关，一名紫金山，泽发水出焉。介子推避文公处。中有介子庙、妬女祠。愚按《通志》：介山，在介休县东南二十五里，以介子推隐此，故名，有庙在焉。《汉郡国志》：万泉县一十五里亦有介山，俗传以推隐得名。旧《通志》两存其说。考绵山即介休东南山也。南跨灵石，西跨沁源，盘踞深厚，延亘极远，是以求而弗得。若万泉虽近于绛，周围仅十里，未必不获，疑出附会。[②]

同样出于顾氏之手，而观点却有很大不同。无疑是因为《肇域志》大多是抄撮旧方志资料而成，有幸保存了旧方志撰著者的考证观点，并不代表顾炎武同意这些观点。顾氏后在《日知录》中才对介子推及相关问题进行了较为全面而系统的分析与反驳，提出了自己的观点。

“绵上之地”在今山西沁源县北之绵（棉）上村（又称为介山村）。根据笔者的实地考察，绵上之地，实为绵山南坡的一块相当开阔的黄山塬之地，距今沁源县治 35 公里[③]。历史时期绵上村曾经多次成为绵上县治所之地，迄今留有城隍庙遗址，相传介子推墓也在同一塬上的伏贵村所属郑沟村里。笔者以为：据史籍“以绵上为之田”以及“环绵上山

① （清）顾炎武撰，谭其骧、王文楚等点校：《肇域志》第二册，上海古籍出版社 2004 年版，第 870 页。

② 《肇域志》第二册，第 923 页。

③ 据段恒《绵上村》，未刊稿，第 1 页。千年名村——绵上村，在今天图籍上往往被误改为“棉上村”，笔者以为，应尊重史实，改回原名。

中而封之”等记载，加之地理方位及形势判断，“绵上之地”应处于当年介子推行踪的南部边缘。

第二节　晋狄关系与介子推归隐之历史地理背景

从当时民族分布格局、晋狄关系以及介子推本人长期行动轨迹来看，介子推到达今天介休与灵石、沁源之间的绵山一带避难，不仅是合理的，而且是完全有可能的。

顾炎武曾经对晋国历史进行过相当深入的研究，其有关晋国疆域阶段性发展的观点，多次出现在其著述之中。如《日知录》卷二七“左传注”条：“君之名，变也；命卿之书字，常也。重王命亦所以尊君也。其弟以千亩之战生。解曰：‘西河界休县南有地名千亩。’非也，穆侯时，晋境不得至介休。按《史记·赵世家》：‘周宣王伐戎，及千亩，战。’《正义》曰：《括地志》云：千亩原在晋州岳阳县北九十里。”[①] 当然，对于顾炎武的观点，学者中间也曾出现过不同的意见。如清代大学者阎若璩在《潜邱札记》卷二就提出质疑：

> 顾氏《肇域记（志）》：《左传》桓（公）二年，其弟以千亩之战生。杜注以为西河介休县南有地名千亩，非也，穆侯时，晋境不得至介休，当以《赵世家注》引《括地志》岳阳县北九十里有千亩原为是。余谓当日千亩之战或在岳阳，或在介休，诚不敢定，但谓晋境不得至介休则有辨。《晋世家》：叔虞封于唐，方百里。其子燮改曰晋，曾孙成侯徙曲沃，八世孙穆侯徙绛。不言何代徙都翼，则徙翼当在昭侯前，穆侯徙绛之后，中间可知。入春秋六年，晋逆翼侯，纳诸鄂，谓之鄂侯鄂。《索隐》曰：今在大夏。大夏者，吾乡

① （清）顾炎武撰，黄汝成集释：《日知录集释》卷二七，上海古籍出版社 2006 年版，第 1497 页。

> 太原县也。又后十三年，曲沃灭翼王，立哀侯之弟缗于晋，晋亦太原县。太原至翼城，六百五十里，中道必由介休，当日尽属晋，方得两侯分立。《肇域记（志）》非是。余于是独叹：晋启封百里，逮成侯时，何啻五倍？王纲不振，兼国侵小，不待入春秋而已然矣，可不惧哉？[①]

阎若璩的反驳意见，显然是过于简单化了。而古今学者在论述介子推逃隐之事及晋国边界之时，根本没有想到当时的晋狄之间的关系及介子推本人的早期经历，也确实让笔者感到十分疑惑不解。笔者以为，霍山以北尽是“狄国”之地，与介子推能否进入山西中部地区归隐，并无逻辑上的必然联系。如果联系到当时的晋狄关系、民族分布格局以及介子推以往的亲身经历，就不难理解，当时介子推逃入霍山以北地区，不仅是可能的，而且是合乎情理的。

晋国发源于晋东南地区，霍山以北地区，长期以来确为狄人聚居之地。为了更为全面而明确地说明介子推等人的早期行迹，很有必要在这里对关于春秋时期民族地理格局，特别对所谓“狄国”的地域范围进行一番说明。关于先秦时代“狄人”的分类与分布状况，清代学者顾栋高在《四裔表叙》中作了相当全面而清晰的说明：

> 狄之别有三，曰赤狄，曰白狄，曰长狄。长狄兄弟三人，无种类。而赤狄之种有六，曰东山皋落氏，曰廧咎如，曰潞氏，曰甲氏，曰留吁，曰铎辰。潞为上党之潞县，处晋腹心。宣（公）十五年，晋灭赤狄潞氏。明年，并灭甲氏、留吁、铎辰。留吁、甲氏，俱在今之广平，铎辰在潞安境。白狄之种有三，其先与秦同州，在陕之延安，所谓西河之地。其别种在今之真定藁城、晋州者，曰鲜虞，曰肥，曰鼓。鲜虞最强，与晋数斗争，而肥、鼓俱为晋所灭。盖春秋时，戎、狄之为中国患甚矣，而狄为最。诸狄之中，赤狄为最。赤狄诸种族，潞氏为最。晋之灭潞也，其君臣用全力以胜之。

① （清）阎若璩撰：《潜邱札记》卷二，清文渊阁《四库全书》本。

荀林父败赤狄于曲梁，遂灭潞，而晋侯身自治兵于稷，以略狄土。稷在河东之闻喜，而曲梁在广平之鸡泽，绵地七百余里。旋复得留吁之属，晋之疆土益远，狄所攘夺卫之故地，如朝歌、邯郸、百泉，其后悉为晋邑。班氏所谓河内殷墟更属于晋者，盖自灭狄之役始也。然狄之强，莫炽于闵、僖之世，残灭邢、卫，侵犯齐、鲁。其时止称狄，未冠以赤白之号。其后乃稍稍见于《经》《传》，意其种豪自相携贰，更立名目，如汉之匈奴分为南、北单于，而其后遂以削弱易制。《传》云："众狄疾赤狄之役，遂求成于晋。"此其征也。[①]

顾栋高对于春秋史地研究的一大贡献，就在于他十分准确地估量出狄国的发展规模，并将"狄国"与齐、楚等"大国"相提并论。关于"狄人"的分布范围，顾栋高又指出：

……以愚考之，狄之见于《传》不一而足，均在晋之东，与西无预[②]。潞氏之在今山西潞安府，皋落氏则在今平阳府垣曲县，鲜虞在直隶真定府，肥在藁城县西南，鼓在今晋州。晋之灭潞也，荀林父败赤狄于曲梁，曲梁为今广平府永年县，盖反出其东而转攻之，则即一潞氏而疆域之广亘千有余里。且闵（公）、僖（公）之世，狄灭邢，灭卫，灭温，伐齐，伐鲁，伐郑，伐晋，并蹂躏王室。藉非境壤相接，何以能为患至此，则自山西以迄直隶、河南，直接山东之境，皆其所出没。特其俗不城郭，就山野庐帐而居，莫能指名其何处耳。且又迁徙无常，《传》曰："狄之广莫（漠），于晋为都。"盖指蒲与屈言，蒲、屈为今山西之隰州、吉州。以后渐东徙。晋重耳之适诸国也，先奔狄，而后适卫，适齐，境道显然，狄在晋东可知矣，征南得无为《史记》所误乎？[③]

① （清）顾栋高辑：《春秋大事表》卷三十九《四裔表叙》，中华书局1993年版，第2160—2161页。

② 笔者按，晋西与陕北地区，为古代白狄之聚居区，顾栋高此处之言有误，详见拙文："略论先秦至北宋秦晋地域共同体的形成及其'铰合'机制"，《人文杂志》2010年第1期。

③ 《春秋大事表》卷三十九《四裔表叙》，第2169—2170页。

重耳奔狄之事，成为顾栋高考订“狄人”国力发展及分布状况的一个重要佐证。顾栋高在《晋公子重耳适诸国论》中指出：“左氏叙事，其藏针不露处，要使人统前后《传》而得之。向尝疑重耳游历遍天下，而其返国也卒由秦，则当其处狄十二年而行也，何不径之秦以求入，而必过卫适齐。及其之郑也，又何不入秦而必迂道之楚。楚为蛮夷之国，重耳岂不知其不可倚仗。而当日之所以为此者，盖其事势实有所万不得已也……”[①] 顾栋高在论述秦楚诸国对于重耳的微妙态度变化的时候，却对于重耳等人为何能在“狄国”居留长达12年之事一笔带过，未加详细说明，令人遗憾。

笔者以为，晋狄关系也是顾炎武等前辈学者研究中的一个盲区。史传介子推最大的功绩，便是跟随晋文公重耳出逃19年，而重耳等人最早选择的逃难地正在“狄国”。除了顾栋高所云“狄国”较为强大，足以抗衡晋国之外，更重要的还是重耳等人与“狄国”的特殊关系。“狄，其母国也。”[②] 当时，虽然晋国与狄国之间常常兵戎相见，但是，晋国王族与“狄国”等非华夏族联姻的情况却相当普遍。如在晋国向外征伐过程中，晋献公曾经娶狄女为妻，而重耳正为狄女所生。“重耳母，翟之狐氏女也。夷吾母，重耳母女弟也。”[③] 因此，狄（同翟）国被称为重耳的“母国”，其关系之特殊，非同一般。重耳逃入狄国之后，受到优遇与保护。为了捉获重耳，晋国还派遣军队征伐“狄（翟）”国。而重耳也与其父献公一样，同样娶狄女为妻。“狄伐咎如，得二女：以长女妻重耳，生伯儵、叔刘；以少女妻赵衰，生盾。”[④] 当重耳奔狄之时（即献公在位后期）翟国势力相当强大，可以与晋、秦等国相抗衡。

当此时，晋强，西有河西，与秦接境，北边翟，东至河内。[⑤]

---

① 《春秋大事表》卷四《春秋列国疆域表》，第554—555页。

② 《史记》卷三九《晋世家》，第1656页。

③ 同上书，第1641页。

④ 同上书，第1657页。

⑤ 同上书，第1648页。

根据《史记·十二诸侯年表》，我们可以大致梳理出重耳当时的行动轨迹（见下表）[①]。

纪年	公元	重耳行踪
晋献公十二年	前 665 年	太子申生居曲沃，重耳居蒲城，夷吾居屈，骊姬故。
二十一年	前 656 年	申生以骊姬谗言自杀，重耳奔蒲，夷吾奔屈。
二十二年	前 655 年	晋“灭虞、虢，重耳奔狄”。
二十五年	前 652 年	晋“伐翟，以重耳故”。
晋惠公七年	前 644 年	重耳闻管仲死，去翟之齐。
秦穆公二十三年	前 637 年	秦“迎重耳于楚，厚礼之，妻之女，重耳愿归”。

重耳出逃之前，曾先被派驻于蒲城。《史记·晋世家》载云：“……献公有意废太子，乃曰：‘曲沃吾先祖宗庙所在，而蒲边秦，屈边翟，不使诸子居之，我惧焉。’于是使太子申生居曲沃，公子重耳居蒲，公子夷吾居屈。献公与骊姬子奚齐居绛，晋国以此知太子不立也。”[②] 此处所记之“蒲”，又称“蒲城”，原为古蒲国，后为晋国所灭，位于今山西隰县北。依据顾栋高的考订，蒲与屈之地，原本都是“狄人”之地。《史记集解》云：“韦昭曰：蒲，今蒲坂。屈、北屈，皆在河东。杜预曰：蒲，今平阳蒲子县是也。”此处韦昭将蒲释为“蒲坂”及“皆在河东”的说法，是不正确的。

蒲城位于晋国西北，靠近翟国与秦国，这为后来重耳的出逃提供了便利。《史记·晋世家》又载云：“……献公二十二年，献公使宦者履鞮趣杀重耳，重耳踰垣，宦者逐斩其衣袪。重耳遂奔狄。狄，其母国也。是时重耳年四十三。从此五士，其余不名者数十人，至狄。”[③] 此处所谓“五士”与“不名者数十人”，应该包括了介子推其人。就地理方位而言，蒲城已在山西西部汾河以北的吕梁山区之中，而这一带就是所谓“白狄”的聚集地。历史时期吕梁山区与晋中盆地及太岳山区（包括绵山）地域毗邻，联系紧密，介休市曾长期隶属于汾州府，汾州府治所即

① 《史记》卷一四《十二诸侯年表》，第 577—593 页。

② 《史记》卷三九《晋世家》，第 1641 页。

③ 同上书，第 1656 页。

在今天吕梁山东麓的汾阳市。

又据《史记·晋世家》载云："重耳居狄，凡十二年而去。"从公元前655年到公元前644年，重耳在狄国居留时间长达12年之久。而根据记载，重耳自狄国前往其他诸国，并未受到十分突出的交通阻隔，同样证明当时狄人分布面积广大，与诸国交通方便。而从地理方位来看，从山西吕梁山区的狄人聚居区前往齐国等太行山东部、南部诸国，重耳等人必然要穿越汾河河谷与太岳山区。重耳当时所经之国有卫国（都城原在河南淇县，后迁河南滑县及濮阳）、齐国（都城营丘在今山东淄博市东北）、曹国（都城在今山东定陶西南）、郑国（都城在今河南新郑）、楚国（都城在今湖北江陵西北）及秦国（都城咸阳在今陕西咸阳西北）等。

同样根据《史记·晋世家》记载，文公元年（前636年），重耳从秦国返回晋国，而介子推正是在重耳返国途中产生退隐念头，并付诸行动的。当时归国途中，咎犯等人开始邀功请赏，引起了介子推的反感：

> ……是时介子推从，在船中，乃笑曰："天实开公子，而子犯以为己功而要市于君，固足羞也。吾不忍与同位。"乃自隐渡河。①

笔者以为，跟随重耳近二十年的逃亡过程，对于介子推的归隐行踪起到了决定性的影响。考虑到晋文公重耳与狄国之间的亲密关系，以及狄人对他的政治支援，我们可以肯定，在晋文公继位之后的相当长的时间里，晋狄关系应该是相当和睦的，并非你死我活的敌对关系，因此，双方之间的边界之守也应该是较为宽松的。介子推曾经陪伴晋公子重耳出逃，在狄国避难生活长达12年之久，对于霍山以北及以东地区的民族与交通状况应该是相当熟悉的。这自然成为其后来归隐地的最佳选择，其可能性与必然性是十分突出的。

清代著名山西籍学者徐继畬曾经对太原盆地的地貌特征进行了精到的分析：

① 《史记》卷三九《晋世家》，第1660—1661页。

太原四面皆山，北自太原郡治起，西南至介休之义棠，平土不足三百里，东西则两山相望，不足百里，狭处止数十里。水道之达于河者，仅有汾水。而自介休以南，汾水行雀鼠谷中，偪仄险巇，同于惶恐黯淡，故秦晋汎舟之役，自雍及绛而止。今渭河之船截黄河横渡入汾，亦至绛州（今新绛）而止。绛州以北，自古无行舟之事，其陆路自霍州以北，鸟道盘空险仄，或不容幰，直至介休之义棠，始入平土。东面则太行八陉，涧谷深昧；西面则万山丛叠。开辟以来，无轮辙，北面则狄土也。[①]

霍山是晋中地区与晋西南地区（包括今天临汾与运城地区）、晋东南地区的地理分界线，但是，霍山并没有完全阻断南北交通。因为霍山（又名太岳山）与绵山相连接，山势连绵起伏，组成一个面积巨大的太岳山脉群。在今天的地理区划中，绵山本身是太岳山脉群的一个组成部分。霍山，先秦时期又称为“霍太山”，地位相当特殊，很早受到古人的推崇。晋国很早曾将其纳入疆土范围。如据《史记·赵世家》记载：

献公之十六年（前 661 年）伐霍、魏、耿，而赵夙为将伐霍。霍公求奔齐。晋大旱，卜之，曰：“霍太山为祟。”使赵夙召霍君于齐，复之，以奉霍太山之祀，晋复穰。晋献公赐赵夙耿。夙生共孟，当鲁闵公之元年也。[②]

霍太山一带原为古霍国所有，而早在献公时期，即在重耳等人公元前 655 年出逃之前，晋国军队已有攻灭霍国的记录，晋国人士对于这一带地理环境已经较为熟悉。而尽管巨大的太岳山脉群耸立于今天晋中、晋东南（包括长治与晋城市）与晋西南三地区的交界地带，山势峭拔，山路崎岖，但依然有路可通。又如沿汾河北上，进入雀鼠谷，也就进入

① 《尧都辨》，《松龛全集·文集》卷一，《山右丛书初编》第 14 册，山西人民出版社 1986 年版。

② 《史记》卷四三《赵世家》，第 1781 页。

了今天灵石、介休之地，三个区域之山路交通虽然崎岖，但并无完全阻隔之忧，并非如徐继畬所云那么困难。如以霍山为例。

> ……盖自霍山北出汾州，径指太原之道……又霍山，亦谓之西山，以自山而北接绵山、介山，达于晋阳之西南也……盖霍山崎岖险峻，介并、晋二州之间，实控扼之要矣。①

既然是“控扼之要”，当然不会无路可通。又根据顾栋高的考订，“绵上之地”在介休县东南25里②。这种定位是在绵山之北麓。而历来不少学者将“绵上聚”或“绵上之地”定位于绵山最高峰之南麓，即位于今天沁源县境内。如《历代地理志韵编今释》载，“绵上”在清代“沁州沁源县东北七十里”③。而其实，古代介休县的面积远远超出今天的介休市范围，灵石、沁源等县原来都属于介休县，后来分出单独设县。《元和郡县图志》“沁州绵上县”下载：“本汉谷远县地，隋开皇十六年，置绵上县，属沁州，以县西界有绵上地，因以为名。”又：“霍山，在县西南八十里。”④ 足见霍山距离“绵上之地”并不十分遥远。

《太平寰宇记》的作者乐史对于绵上与介子推之间关系的认定最为明确。如“大通监绵上县”下云：“旧四乡，今三乡。本谷远之地，晋省谷远，以其地属介休。隋开皇十六年（596年）分介休县南界置此县，属沁州，取晋封介之推地为县名，即绵上之地也。皇朝太平兴国四年（979年）割属本监。”又“介山横岭，即子推焚身之所”。“霍山，在县西八十里。”⑤ 根据这种距离测定，介子推越过霍山不远，即可到达所谓“绵上之地”。

又据宋欧阳忞《舆地广记》“汾州介休县”下载：“有绵上山，今谓

---

① （清）顾祖禹撰：《读书方舆纪要》卷三九《山西一》，中华书局2005年版，第1785—1786页。

② 《春秋大事表》之《春秋舆图》《山西舆图》释文，第2677页。

③ （清）李兆洛撰：《历代地理志韵编今释》，江苏广陵古籍刻印社1992年版，第303页。

④ 《元和郡县图志》卷一三《河东道二》，第382页。

⑤ 《太平寰宇记》卷五十《河东道十一·大通监》，第1049—1050页。

之介山。有介子推祠。”[1] 又“绵上县”下载：“隋开皇十六年分介休县之南境置，属汾州。唐武德元年（618年）属沁州，皇朝太平兴国六年（981年），属大通监，宝元二年（1039年）来属。晋文公以绵上为介之推田，曰：‘以志吾过，且旌善人。’即此。”[2]雍正《山西通志》曾考证云：“绵上关，北八十里绵上都。绵山，（沁源县）北一百二十里，盘踞百里，连介休介山抱腹岩，万峰层踞，涧壑杳邃，冬雪入夏不消，樵人尝得冰蛆。绵上县故城，在（沁源县）北八十里绵山下，即今绵上镇也。”[3] 但是，乾隆《大清一统志》的撰著者对此做了进一步的补充说明：

> 绵上故城，在沁源县东北。隋置县，属西河郡，唐属沁州。《元和志》：县至沁州七十里，本汉谷远县地。隋开皇十六年，置绵上县，以县西界有故绵上地，因名。《寰宇记》：太平兴国四年，割属大通监。《宋史·地理志》：宝元二年，自大通监来隶威胜军。庆历六年（1046年），移治军西北大觉寺地。《元史·地理志》：至元十年（1273年），省绵上县入沁源。《旧志》：今为绵上镇，在县东北七十里。按：宋以前绵上县当更在县西北，与绵山相近，今绵上镇，宋县治也。[4]

“绵上之地”在今山西沁源县北之绵（棉）上村（又称为介山村）。根据笔者的实地考察，绵上之地，实为绵山南坡的一块相当开阔的黄山塬之地，距今沁源县治35公里[5]。历史时期绵上村曾多次成为绵上县治所，迄今留有城隍庙遗址，相传介子推墓也在同一塬上的伏贵村所属郑沟村里。笔者以为：据史籍“以绵上为之田”以及“环绵上山中而封之”等记载，加之地理方位及形势判断，“绵上之地”应为当年介子推

① （宋）欧阳忞撰，李勇先等校注：《舆地广记》卷一九《河东路下》，四川大学出版社2003年版，第539页。

② 同上书，第550页。

③ 雍正《山西通志》卷一五《关隘七》《沁州沁源县》下。

④ 乾隆《大清一统志》卷一二〇《沁州》。

⑤ 据段恒：《绵上村》，未刊稿，第1页。千年名村——绵上村今天被误改为“棉上村”，应尊重史实，改回原名。

行踪的南缘。

小 结

回顾介子推事迹与寒食节研究的学术史，重新检视相关文献资料，并结合绵山及介休地区乡土地理状况，我们至少可以得出以下几点新的认识。

首先，寒食节风俗传播史与认知史有着明显的时代差异性，很难一概而论。可以明确，对于介子推故事与介山（绵山）、介休之间关系的认知进展，与寒食节风俗的流传进程有着直接的关联。或者可以说，人们无法避免地由寒食节风俗产生及推广的具体地域范围来认定介山的方位，以及介子推与介休之间的关系。既然介子推是寒食节的标识，那么，介子推的行迹自然会更多地被指定在寒食节风俗区之内。河东地区的介山（后称孤山、孤峰山），正是因为与寒食节风俗没有多少瓜葛与联系，因而逐渐为后人所淡忘与忽视。

其次，将介子推事迹与今天介休、灵石、沁源交界之地的绵山联系起来的直接线索，应是“緜（绵）上之地”，而不是“介山”。最早确认介休境内有“緜（绵）上聚”的典籍文献，是晋人司马彪《续汉书·郡国志》与袁山松的《郡国志》。西汉时期认定的“介山”，是在河东地区，而并州之绵山还未改称“界山”或“介山”，顾炎武等学者指出汉代“介山”已有两说的观点并不准确。

最后，从先秦民族地理状况以及长期跟随重耳在“狄国”避难的经历而言，绵山与霍山均属于太岳山系，介子推最终选择霍山以北地区归隐不仅是可能的，而且是非常合情合理的。从地理形态上看，“绵上之地”正位于太岳山区之中，与晋国国都之地相距并不遥远，交通也无太大阻隔。而跟从重耳在狄国长达十余年的避难经历，肯定对介子推后来归隐选择地有着至关重要的影响。

（本章由安介生撰写）

第二章　介子推“焚死”故事与寒食节起源新解

在中国传统节庆文化中，寒食节似乎是最具争议性的一种，古今许多学者参与了寒食节起源及性质问题的探讨。笔者以为，这种争论的持续存在，并非一件坏事，足证寒食节的巨大影响及其起源诸问题的复杂性。可以说，关于寒食节起源及演变诸问题的种种争论，本身就应属于寒食节文化的一部分，深入探讨这些相关问题，对于研究中国古代社会生活史与风俗史有着重要价值。

古今学术界关于寒食节风俗起源问题的解释，大致有以下几种说法：1. 纪念介子推说；2. 改火说；3. 禁火说；4. “天文星相说”以及“灾祸说”等①。然而，我们看到，就寒食节文化的起源与发展过程而言，这些说法并非水火不容，此是彼非，而是并存不废，相辅相成。因为无论是“介子推说”“禁火说”“改火说”，还是“天文星相说”与“灾祸说”等，其导致的结果又都是一致的。其目的或结果都导致了阶段性“禁火”之举以及寒食习俗的实施。除民间普遍信奉“介子推说”之外，古代学者对于“禁火说”“改火说”以及“天文星相说”以及“灾祸说”也往往采取综合或调和的态度，甚至这种态度与做法在某一阶段（如宋朝）已然成为学者们的共识。而学者们对于寒食节文化的相关解读，又为我们后人提供了相当丰富的历史文化以及相关环境生活资料。更为重要的是，寒食节风俗的传承并没有因多种起源说的并存而被人们废止或淡忘，而是直接地影响到当时人们的生活方式，后来又出现了

---

①　参见张勃《寒食节起源新论》，《西北民族研究》2004 年第 3 期等。

诸如“乞新火”等特殊的寒食节文化现象。

笔者以为，对于寒食节文化的研究不能仅止步于寒食节起源的争论层次，不但要深入研讨寒食节演变过程对于学者观点的影响，更要关注寒食节文化所涉及的历史文化以及生活环境信息，大力挖掘寒食节文化在中国文化史与环境史中的价值与意义。实际上，在寒食节起源与演变问题上，一些有关寒食节起源的重要问题并没有得到完善而全面的解读，寒食节起源及影响问题尚存很大的重新解说的空间。

第一节 “禁火”“改火”与历史时期寒食节风俗之演变

寒食节曾经是在中国历史上具有广泛影响的重要岁时节日之一，与其在今天岁时节俗系统中的知名度与地位形成了鲜明对比。学术界对于寒食节的关注与研究，主要集中于其起源问题，古今不少学者推出了一系列有分量的论著，而对于这一节日真实的演变过程及其存在的问题则较少讨论。在寒食节起源的探讨及溯源上，“改火说”与“禁火说”由来已久，如至迟自南北朝时期开始，在反思或质疑“介子推说”的同时，不少学者就提出或支持“改火”或“禁火”说。而这些说法后来也为大多数学者所接受，逐渐成为最具影响力的论断之一。而少为人知的是，有关寒食节的认知与现实生活之间形成了密切的互动关系。特别是在寒食节盛行的时期，寒食节文化是切切实实的生活实践，社会各阶层普遍践行着“禁火”与“改火”风俗。学者们的相关观点，其实是有着客观现实背景或社会认知的客观影响。

笔者以为，在今天的寒食节文化研究中，理应避免完全聚集于起源问题上的是非之辨，更多地关注“禁火”“改火”等寒食节文化习俗的实践过程及其深远影响，以便更为清晰地了解相关学术观点出现的背景及流传始末。在本书中，笔者试图在以往研究基础上，对寒食节“改火”风俗历史时期演变的真实轨迹做简要勾勒，为进一步认知寒食节在中国历史上的地位与影响提供一个参照①。

一　历代学者“禁火说”“改火说”的分析与说明

关于寒食节的起源，很早就有学者提出“禁火”与“改火”之说，即谓寒食节风俗，是先秦时期定期“禁火”或“改火”制度的遗存。如署名为南朝梁人宗懔所撰的《荆楚岁时记》最早对寒食节起源问题进行了全面考辨，并提出了“禁火说”的依据：

> 据历合在清明前二日，亦有去冬至一百六日者。介子推三月五日为火所焚。国人哀之，每岁暮春不举火，谓之禁烟，犯之则雨雹伤田。陆翙《邺中记》曰：“寒食三日为醴酪，又煮糯米及麦为酪，捣杏仁煮作粥。”《玉烛玉典》曰：“今人悉为大麦粥，研杏仁为酪，引饧沃之。”孙楚《祭子推文》云：“黍饭一盘，醴酪一盂；清泉甘水，充君之厨。”今寒食有杏酪、麦粥，即其事也。旧俗以介推焚骸，有龙忌之禁，至其月，咸言神灵不乐举火。后汉周举为并州刺史，移书于介推庙，云：“春中食寒一月，老小不堪。”今则三日而已，谓冬至后一百四日、一百五日、一百六日也。《琴操》曰：“晋文公与介子绥俱亡，子绥割股以啖文公。文公复国，子绥独无所得。子绥作龙蛇之歌而隐。文公求之，不肯出，乃燔左右木。子绥抱木而死。文公哀之，令人五月五日不得举火。”又周举移书，及

① 关于寒食节与“改火”风俗问题的相关论著主要有：裘锡圭：“寒火与改火——介子推焚死传说研究”，《中国文化》1990 年第 1 期；罗时进：“《寒食即事》诗寓意辨误——兼论唐代寒食清明风俗及其文化意义”，《中州学刊》1991 年第 6 期；夏广兴：“中国古代的改火之俗”，《上海消防》1994 年第 1 期；秦吟：“寒食清明漫说唐”，《华夏星火》1994 年第 4 期；书龙：“我国古代的改火风俗”，《山东消防》2002 年第 2 期；纪永贵：“槐树意象的民俗象征”，《民族艺术》2004 年第 1 期；“槐树的实用功能与文化象征”，《北京林业大学学报》（社会科学版）2006 年第 4 期；翁敏华：“元曲里的清明节”，《文史知识》2008 年第 4 期；张勃：“唐朝的改火”，《文史知识》2008 年第 8 期；景圣琪：“改火说与唐代寒食诗的兴盛——中国古代民俗与文学关系的个案研究”，《扬州大学学报》（人文社会科学版）2009 年第 5 期等。

> 魏武《明罚令》、陆翙《邺中记》并云寒食断火，起于子推，《琴操》所云子绥，即介推也。又云五月五日，与今有异，皆因流俗所传。据《左传》及《史记》并无介推被焚之事。案《周礼·司烜氏》："仲春，以木铎修火禁于国中。"注云："为季春将出火也。"今寒食准节气是仲春之末，清明是三月之初，然则禁火，盖周之旧制也。①

寒食节的核心就是"禁火"，或"禁烟"。"寒食"之本意，即饮食而不举明火，"禁火"即禁用明火，"禁烟"与之同义。对于寒食节"禁火"或"禁烟"这一点来讲，历来并无疑义。分歧与争论的焦点，就是在于禁火的原因。长期以来，民间流传，认为禁火与寒食的理由是因为介子推为晋文公所烧死。这种民间说法影响力极大，风靡一时，甚至一些官方文件也均确认了当时广大百姓传承寒食风俗，都是信从介子推被烧死的缘故。宗懔则认为，寒食节因介子推烧死而举行的说法，只是流俗故事，并不真实可信，因为《左传》《史记》等最可靠的史籍并没有介子推被焚死的直接记载。而根据《周礼》等先秦典籍记述，定期实施"禁火"或"火禁"，即禁止使用明火，是一种周朝的"旧制"，则是确定无疑的。

宗懔的说法为后来不少学者所认可与肯定，后世的一些著名类书及著述，如唐人徐坚所辑《初学记》卷四，宋人李昉等所辑《太平御览》卷三十，宋人谢维新编《古今合璧事类备要》前集卷一六，元人陶宗仪《说郛》《古今事文类聚》前集卷八等，均引述了这种说法，从而大大扩展了这种说法的影响力。

在"禁火说"之外，又有不少研究者在探讨寒食节风俗时提出了"钻燧改火说"。钻燧取火，本是传统时代的日常之事。

> 《语》云：钻燧改火。《化书》云：阳燧召火，方诸召水。燧石，中取火镜也。入夜则当以石，今昆山石也。或竹木相戛，如锯

① 《荆楚岁时记》，民国景宝颜堂秘笈本，又见清文渊阁《四库全书》本。

木然，亦可矣。必先焚纸在于钵中，后之如法，烛及灯皆所当备，若能舍干薪，扫落叶以储之，尤见有御桑未雨之意。[①]

而“钻燧改火”则是谓不同季节，使用不同木材以作燃料。“改火”，又可称为“变火”或“改木”，而溯其源头，同样也是一种先秦“旧俗”。《史记集解》引马融之言曰：“《周书·月令》有更火之文，春取榆柳之火，夏取枣杏之火，季夏取桑柘之火，秋取柞楢之火，冬取槐檀之火。一年之中，钻火各异木，故曰‘改火’。”[②] 又如关于先秦“改火”或“变火”的制度情况，儒家典籍《周礼·夏官》云：“司爟掌行火之政令，四时变国火，以救时疾。季春出火，民咸从之，季秋内火，民亦如之。时则施火令，凡祭祀，则祭爟，凡国失火，野焚莱则有刑罚焉。”根据汉朝学者郑玄注文，“行”意为“用”，“行火之政令”，即谓周朝有“用火之政令”，由司爟主管，根据古代学者的解释，“举火曰爟”，司爟主要职责即是掌管四时更改用火，以应对时疾的发作[③]。唐朝学者贾公彦注疏云：“释曰：云‘掌行火之政令’者，即四时变国火，及季春出火等皆是也。云‘四时变国火’以救时疾者，火虽是一，四时以木为变，所以禳去时气之疾也。”[④]中国古人曾经非常重视“改火”仪式，唐人王起所撰《钻燧改火赋》用非常夸张的言辞渲染出“钻燧改火”的具体操作过程，以及其在古代人民生活中的重要功用与价值：

乾坤设兮，其仪有二；寒暑运兮，其序有四。圣人则天而顺气，故改火而钻燧。大矣其功，博哉其利。智以济物，时以作事，万人由是资生，六府以之咸遂。尔其始也，命工徒案林麓，选槐檀之树、榆柳之木。斩而取也，期克顺于阴阳；钻而改之，序不僭于

① 参见（元）陶宗仪撰《说郛》卷七四引林洪《山家清事》《火石》条，清文渊阁《四库全书》本。

② 《史记》卷六七《仲尼弟子列传》所引，中华书局 1997 年版《二十四史》合订本，第 2194 页。

③ 参见（宋）王安石撰《周官新义》，清文渊阁“四库全书”本。

④ 《周礼注疏》卷三十，清嘉庆刻本。

寒燠。既类夫求美玉而琢山石，又似乎采明珠而剖蚌腹。尔其钻也，势若旋风，声如骤雨，星彩晨出，荧光夜聚，赫戲郁攸，艴炽振怒。青烟生而阳气作，丹焰发而炎精吐。影旁射而曜威，气上腾而作苦。冠五行以斯用，审四时而是取，司方守赤，以备乎南北东西，利物济人，用配乎金木水土，则知火之为德，候而为期，火之为用，无以尚兹！……①

然而，在实际生活中，至南北朝后期，"改火"作为一种先秦古制，已逐渐被一向以"尚古"怀旧著称的中国士大夫们所淡忘，因此，有官员要求恢复此项"旧制"。如果无法否认现实日常生活中"用火"与"时疾"存在某种内在联系的问题，那么，这种复古改制就不能简单视为无聊之举。其中，最有影响的"改火"主张，出自隋朝大臣王邵，而他正是太原晋阳（今太原市）人。隋朝开皇年间，王邵上书要求重新全面实行"改火"之政，此举对于寒食节风俗演变影响巨大，实际上引发了自上而下的"改火"风俗的复兴：

邵以古有钻燧改火之义，近代（即北朝后期）废绝，于是上表请"变火"，曰："臣谨案《周官》，四时变火，以救时疾。明火不数变，时疾必兴。圣人作法，岂徒然也！在晋时，有以洛阳火渡江者，代代事之，相续不灭，火色变青。昔师旷食饭，云是劳薪所爨。晋平公使视之，果然车辋。今温酒及炙肉，用石炭、柴火、竹火、草火、麻荄火，气味各不同。以此推之，新火旧火，理应有异。伏愿远遵先圣，于五时取五木以变火，用功甚少，救益方大。纵使百姓习久，未能顿同，尚食内厨及东宫诸主食厨，不可不依古法。"上从之。②

① （宋）李昉等编：《文苑英华》卷一二三所引，中华书局1966年版，第561页。

② 《隋书》卷六九《王邵传》，第1601—1602页。又见《隋文纪》卷六《请变火表》，清文渊阁《四库全书》本。

"时疾"，通于"时疫"，按照今天之术语，类似于流行性传染病。王邵提出如不"变火"或"改火"必引发"时疾"的理由，应该具有极强的说服力。而根据上述记载，王邵的建议确实得到了皇帝的首肯，那么，至少在隋朝宫廷之中已开始恢复实行"改火"制度了。王邵的建议以及隋朝的改制，无论是对后来学者们的影响，还是对传统社会寒食节习俗演变的示范作用都是难以忽视的。

如唐代学者李涪在《刊误》一书中就强调寒食节起因为"钻燧改火"风俗，而不是介子推的缘故，在寒食节研究中具有广泛的影响。而李涪本人并不是突发奇想，而正是基于"钻燧改火"之义，显然受到了王邵改制的启发：

> 《论语》曰：钻燧改火，春榆、夏枣、秋柞、冬槐，则是四时皆改其火，自秦汉已降，渐至简易。唯以春是一岁之首，止一钻燧，而适当改火之时，是为寒食节之后，既曰就新，即去其旧，今人持新火，曰勿与旧火相见，即其事也。又《礼记·郊特牲》云：季春出火，为禁火，此则禁火之义，昭然可征。俗传禁火之因，皆以介子推为据，是不知古，故以钻燧证之。①

李涪的解释，主要是为了否认"介子推说"，主张"四时改火"是寒食节的起源，因为寒食节在时间上与春首"改火"之举相吻合。但是，他还引用了《礼记》说法，即"禁火"说，将"禁火说"与"改火说"进行了调和，即"改火"之前先"禁火"，其目的就在于使"新火"不与"旧火"相见，先禁"旧火"后再出"新火"，似乎也是顺理成章。笔者发现，在实际讨论中，后来的学者们往往是"改火"与"禁火"等多种说法兼而用之，而这种兼容与调和的说法，正是起自李涪。这种调和说法在宋代学者中间已是相当普遍了。如宋代哲学家张载同样用"变火说"与"禁火说"来解释寒食节"禁火"的起源，也同样将其制度的缘起确定于周代：

---

① 《刊误》卷上，清文渊阁《四库全书》本。

> 寒食者，《周礼》：四时变火，惟季春最严。以其大火心星，其时太高，故先禁火，以防其太盛；既禁火，须为数日粮。既有食，复思其祖先祭祀。寒食与十月朔日展墓，亦可为草木初生初死……①

很明显，张载在说明中，在“变火（即改火）说”之外，又明显掺入了所谓“天文星相说”，即“大火心星”等语。因为诸种因素叠加会导致现实中火患发生的概率大大增加，故而有“禁火”之举。宋代哲学家朱熹在所编《二程外书》中记载了当时程颢等人也持有同样的观点：

> 四时改火，不得不然，盖水之为患常少，火之为患常多，龙见而雩可见，寒食禁火，只是将出新火，必尽熄天下之火，然后出之也。世间风俗，盖讹谬之甚耳，四时取火，用木各异，必据时之所宜，不必尽考也。②

程颢等人的解释更倾向于参用“改火”的说法。比较而言，程氏“改火说”，同样参照了民间生活习俗以及现实生活“火患”问题，如“春季火患”多的问题，“火患”少而“水患”多的问题，以及取火或改火的“用木”问题等。显然，这种解释无疑比单纯的“天文星相说”更具说服力，也更容易被今天的研究者所接受。其提到的种种问题不仅涉及民间实际生活，同时也涉及了具体地域及地理环境的影响。

宋代学者罗泌所著《路史》中有“论钻燧改火”一文，其对“改火”及“禁火”制度的源流，将以上各种说法进行了综合与梳理，进行了更为全面与详尽的阐释：

> 顺天者存，逆天者亡，是必然之理也。伊古明王之为治也，顾亦岂能违理哉？因天事天不逆焉而已，是故著时令，授人时，法而建官，象以作服，凡以顺之也。昔者，燧人氏作观乾象，察辰心而

① 《张子全书》卷七，上海中华书局影印《四部备要》本。

② 《河南程氏外书》第六，明弘治陈宣刻本。

出火，作钻燧，别五木以改火，岂惟惠民哉？以顺天也。予尝考之，心者，天之大火，而辰、戌者，火之二墓。是以季春，心昏见于辰而出火；季秋，心昏见于戌而纳之。卯为心之明堂，心至是而火大壮。是以仲春禁火，戒其盛也。成周盛时，每岁仲春，命司烜氏以木铎修火禁于国中，为季春将出火，而司爟掌行火之政，令四时变国火，以救时疾。季春出火，季秋纳火，民咸从之。时则施火令，凡国失火，野焚莱则随之以刑罚。夫然，故天地顺而四时成，气不愆伏，国无疵疠，而民以宁。郑以三月铸刑书，而士文伯以为必灾。六月而郑火，盖火未出而作火，宜不免也。今之所谓寒食一百五者，熟食断烟，谓之龙忌，盖本乎此。而周举之书、魏武之令，与夫《汝南先贤传》、陆翙《邺中记》等皆以为为介子推，谓子推以三月三日燔死，而后世为之禁火，吁！何妄邪?!是何异于言子胥溺死而海神为之朝夕者乎？予观《左氏》、史迁之书，曷尝有子推被焚之事，况以清明、寒食初靡定日，而《琴操》所记子推之死乃五月五，非三日也。

夫火，神物也，其功用亦大矣！昔隋王劭尝以先王有钻燧改火之义，于是表请变火，曰：古者，周官四时变火，以救时疾。明火不变，则时疾必生。圣人作法，岂徒然哉？在昔有以洛火渡江，代代事之，火色变青。而晋师旷食知劳薪，今温酒、炙肉用石炭火与柴火、竹火、草火、麻荄火。气味各自不同，是新旧火，理应有异。顾于五时取五木以变火。若（王）劭可谓知所本矣。夫火恶陈薪，恶劳自开世然者。晋代荀勖进饭，亦知薪劳。而隋文帝所见江宁寺晋长明灯，亦复青而不热。传记有以巴豆木入爨者，爰得泄利，而粪臭之草炊者，率致味恶。然则火之不改，其不疾者鲜矣。泌以是益知圣人之所以改火、修火，正四时五变者，岂故为是烦文害俗得已而不已哉？

《传》不云乎？“违天，必有大咎。”先汉武帝犹置别火令丞，典司燧事，后世乃废之邪？方石勒之居邺也，于是不禁寒食，而建德殿震及端门、襄国西门。雹起介山，平地洿下者丈余，人禽死以万数，千里摧折，秋稼荡然。夫五行之变如是而不知者，亦以为为之推也。虽然魏晋之俗尤所重者，辰为商星，实祀大火，而汾晋参虚、参辰，错行不毗和所致。[①]

罗泌上述的大段解释，总体言之是将前人的各种说法与解释进行了糅合与总结，可谓“集大成”之说。中国古人笃信“天人感应”，故罗泌所言首先着重对于“天文星相说”进行详细的解析，又将之与周朝“禁火”及“改火”制度相调和，进而格外强调了现实社会生活中火的功效（“火政”）以及“火患”问题，将几种说法统统糅合在了一起，共同作为对“介子推说”的批驳。在反驳“介子推说”方面，罗泌之论与宗懔所言，可谓一脉相承，并没有太多新意，然而，笔者以为，罗泌之言的价值所在，是由寒食节文化出发，更为全面地回顾与考察中国古代社会中的“用火”问题，即“火政”问题，倒是提到了一个与古代自然生态环境密切相关的重大问题，具有很高的参考价值。从寒食节起源而谈到中国古代的“火政”问题，无疑是大大扩展了寒食节风俗的影响与文化内涵。

罗泌对于古人现实生活中的用火问题进行了细致的思考，从古人日常用火实践中解释“改火”或“变火”的必要性，十分值得关注。“夫火，神物也！”学会用火，是人类走向文明的一大飞跃，其重要意义不言而喻。而人类用火问题又是极端复杂的。关于用火、改火问题的认识，罗泌主要继承了隋人王劭的说法，讲解则更为细致：“今温酒、炙肉用石炭火与柴火、竹火、草火、麻荄火。气味各自不同，是新旧火，理应有异。顾于五时取五木以变火。”在古人看来，人类在日常生活中使用了多种燃料，木质类薪柴也有许多种。根据中国古人的生活经验，长期使用单一品类的燃料，会产生一系列较为严重的问题。故而罗泌特别强调：“然则火之不改，其不疾者鲜矣。泌以是益知圣人之所以改火、修火，正四时五变者，岂故为是烦文害俗得已而不已哉?”由此可知，“改火”已是中国古人世代相传的生活常识，违背这一常识或禁忌，必然会产生一系列的麻烦与恶果。清代著名学者阎若璩曾就火官及火政问

① 《路史》卷三二，清文渊阁《四库全书》本。

题指出："……盖缘朱子时，已久无火官。（原注：三代下，惟汉武帝置别火令丞三，中兴省。二晋《职官志》无）故亦不暇详晰耳。古者，火官最重。高辛世，祝融能昭显天地之光明，以生柔嘉材。《周礼》：司爟掌行火之政，令四时变国火，以救时疾。火不数变，疾必兴。圣人调燮微权，正寓于此。观一藏冰、启冰间，尚足和四时而免夭札，况火乃民生，不容一日废者，其出之内之，所关于气化何如乎？噫，后代庶官咸备，火政独缺。饮知择水，烹不择火，民必有阴感其疾而莫之云救者，其不幸可胜道与？"[①] 可见，阎若璩完全赞同罗泌的观点，而"火乃民生，不容一日废者"的引申，更是触及了用火问题的关键。

可以说，历代学者在关于寒食节文化研究中，与对中国传统"火政"的考察联系到了一起，可以说是寒食节文化研究中的一个重要突破。这些具有代表性的看法，很难说是某一位学者的独创或苦心孤诣，而可以说是一个时代的"共识"。又如宋代学者王昭禹同样对于先秦时代的"火政"以及民间用火所导致的"时疾"问题进行相当全面而细致的阐发：

> 掌国火之官，名之曰司爟者，举火曰爟，则有见于上下也。掌行火之政令者。火之性，无乎不在，钻则得之木；击则出之石。夫遂所掌而得之日，雷雨满盈而得之电，无常体也，而托物以为体；无常用也，而因物以为用。物虽资其利，而固有燎于原者矣；民虽赖以生，而固有蹈而死者矣，则其为害亦大矣！先王由是设官，以行其政令，政以正之，令使为之，因时以有变，因生以为用，以救时疾，以施刑罚。其政令则与时偕行，而消息盈虚，无所于逆焉。行火之政令，于是乎在四时变国火，以救时疾者。盖人之为物，灼之则以烛，以燎；爨之则以烹，以饪。烛燎以为明，则纳其气于外；烹饪以为养，则纳其气于内。逆而用之，则强弱相胜，而气无以为均。顺而变之，则休废相治，而疾以之救。民于四时皆有疠，

① （清）阎若璩撰：《四书释地》又续卷上，清皇清经解本，又见《古文尚书疏证》卷四，清文渊阁《四库全书》本。

以火生于木，其气性从之，故四时各取其所宜木，以变国火焉，而民疾于是乎可救矣！春取榆、柳，夏取枣、杏，秋取柞、楢，冬取槐、檀，季夏取桑、柘，时运而往，火变而新。阳之盛，则养阴之弱以抗其强；阴之盛，则用阳之强以救其弱。使民常得阴阳之正气，而不溺于一偏，斯能受正命以生死，而圣人善救人之道，于此乎可见矣。火之象在天，其伏见有节；火之用在人，其出内有节。则《春秋传》所谓出内火是也。盖火之次，于星为心，其出也，以夏之三月而位见于辰；其内也，以夏之九月而位伏于戌。则其出内火也，观其星之伏见以为节。盖五行于四时，各有盛衰，则火之运于四时也，亦有休废，自辰至巳，于方为火所王；自戌至亥，于方为火所伏。因其王而出之，所以宣其力；于其伏而内之，所以息其气。先王之于火之政令，岂特有以救民疾哉？而其原五行之性又有至于如此，自非深知夫阴阳之情，孰能与此？书于六府言惟修皆以此。昔子产以火星未出而铸刑书，郑国以是而灾，则先王之政令可知矣。凡祭祀则祭爟者，举火曰爟，祭祀司爟故祭焉，所以报其为明之功也。凡国失火，野焚莱，虽非出于民情之所欲为，然以其不慎，则必有以惩之，故其大则有刑，小则有罪，凡以应其罪之轻重而已。①

王昭禹所言，与罗泌所云，如出一辙，且更为细致生动。这些看法即可以视为当时学者们的共识，他们的解释与理解十分贴近现实生活，虽然还掺杂了不少“天文星相说”的内容，不过，他们更多地从现实生活出发，来解释“火政”问题，如火的作用与危害，以及“改火”或“变火”的必要性等，具有很强的说服力。古人在实际生活中处处离不开用火，“盖人之为物，灼之则以烛，以燎；爨之则以烹，以饪”。虽然当时并没有科学仪器进行检测，但是，古人在长期生活实践中意识到用火会对人的身体产生不容忽视的影响。“烛燎以为明，则纳其气于外；烹饪以为养，则纳其气于内。逆而用之，则强弱相胜，而气无以为均。

① （宋）王昭禹撰：《周礼详解》卷二六，清文渊阁《四库全书》本。

顺而变之，则休废相治，而疾以之救。”民生中的种种疾患虽然无法确定由用火所引发，但是，用“变木改火”的方法，或许可以产生意想不到的效果。“民于四时皆有疠，以火生于木，其气性从之，故四时各取其所宜木，以变国火焉，而民疾于是乎可救矣！”虽然这些“以变火疗疾”的说法直到今天恐怕也难以得到证实，但是，这些理念确实成为古人坚持选木“改火”习俗的坚强支撑。

比较而言，宋代学者对寒食节研究最为透彻，这个现象如何解释，其实有着重要意义。因为我们发现，正是在唐宋时期，寒食节在岁时系统中占有重要地位，“禁火”与“改火”风俗被社会各阶层的人们切切实实地践行着，成为当时风俗文化生活的重要组成部分。

二　寒食节“禁火”与“改火”风俗的传承与实行

马克思有句名言：“人的思维是否具有客观的真理性，这不是一个理论的问题，而是一个实践的问题。人应该在实践中证明自己思维的真理性，即自己思维的现实性与力量，自己思维的此岸性。”[①] 这一点用于寒食节文化研究似乎也很贴切。在中国古代风俗发展史上，寒食节不仅仅只是一个纯粹的学术理论问题，而更是一个文化实践问题。“改火”与“禁火”的观念，在中国古代也并没有仅止于学术探讨，而正与之相反，唐宋时期，寒食文学者们的主张，往往源于生活实践。笔者更想强调的是，在寒食节文化演变与发展的历史上，无论是“介子推说”也好，还是“禁火说”与“改火说”也罢，学术层面关于寒食节起源方面的种种争论，应该充分考虑到当时社会民俗方面的传承与施行，即“活的风俗”的影响。我们在关注学术争论的同时，更应该关注历史时期人们节日生活的真实上演。

在相当长的历史时期，寒食节中的“禁火”与“改火”风俗是实实在在地施行于现实生活之中，并不可避免地形成了不同时代生活习惯的

① 《马克思论费尔巴哈》，《马克思恩格斯选集》第1卷，人民出版社2012年版，第137—138页。

特定形态与演变轨迹。如唐宋时代，“改火”“赐火”或“变火”等习俗作为寒食节文化的核心内容之一，在实际生活中得到广泛的传承与施行，成为当时岁时文化生活的重要组成内容。反过来说，这些生活现实对于研究者们相关论点形成的直接或间接影响，恐怕也是难以被忽略的。

唐朝创始于并州，并州之地的区位价值在有唐一代极为突出[①]。与此相印证，唐朝对于源自并州的寒食节的重视，同样称得上是前无古人。在唐朝，寒食后清明“改火”与皇帝“赐火”时尚甚至风靡一时，影响很广。如《唐辇下岁时记》载云：“长安每岁至清明，尚食内园，官小儿于殿前钻火，先得者进上，赐绢三疋，椀一口。”[②]又云：“唐朝清明取榆柳之火，以赐近臣，顺阳气也。”据《唐会要》一书云：“禁火乃周之旧制，唐及宋朝，清明日赐新火，亦周人出火之事。”[③]“赐火”与“受赐”，成为当时融通君臣关系的一种特殊仪式。当时的皇宫内院是实行“禁火”与“改火”的典范之域。如唐代大诗人元稹（微之）《连昌宫词》就称：“初过寒食一百六，店舍无烟宫树绿。”而各位朝臣则视皇家持赐“新火”为殊荣。大诗人白居易曾撰有《谢清明日赐新火状》，特别鸣谢皇帝在清明节就宅“赐火”之恩德：

> 右今日高品官唐国珍就宅宣旨赐臣新火者，伏以节过藏烟，时当改火，助和气以发滞，表皇明以烛幽。臣顾以贱微荷兹荣耀，就赐而照临第宅，聚观而光动里闾，降实自天，非因榆柳之燧，仰之如日，空倾葵藿之心，徒奉恩辉，岂胜欣戴?![④]

唐人谢观所撰《清明日恩赐百官新火赋》为我们描绘了唐代宫廷“改火”与“赐火”的壮观景象：

---

① 参见拙文《晋学研究之“区位论”》，《晋阳学刊》2010年第5期。

② 引自（唐）白居易辑《白孔六帖》卷四，清文渊阁《四库全书》本。

③ 引自（宋）祝穆辑《古今事文类聚》前集卷八《赐新火》条，清文渊阁《四库全书》本。

④ 《白氏长庆集》卷四二，《四部丛刊》初编集部。

国有禁火，应当清明；万室而寒灰，寂灭三辰，而缄𫛳不生，木铎罢循。乃灼燎于榆柳桐花，始发赐新火于公卿……出禁署而萤分九陌，入人寰而星落千门。于时宰执具瞻，高卑毕赐。降五侯以恩渥，历庶僚以简易。暖逐来命，风随逸骑。入权门，见执热之象；阅有司，识烛幽之义。咸就地以照临，示广德之遐被……然后各爨鼎镬，传辉膳官。争焚炉灶，竞爇膏兰。销冷酒之余毒，却罗衣之晓寒……[①]

唐代诗人也极为关注皇家"赐新火"的景象，《文苑英华》《唐诗纪事》等典籍就收录了多首"新火诗"，如郑辕《清明赐新火诗》、韩浚、史延《清明日赐百僚新火诗》、王濯《清明赐新火诗》等。[②] 其中，史延《清明日赐百僚新火诗》云：

上苑连侯第，清明及暮春。九天初改火，万井属良辰。
颁赐恩逾洽，承时庆自均。翠烟和柳嫩，红焰出花新。
宠命尊三老，祥光烛万人，太平当此日，空复荷陶甄。

又如王濯《清明日赐新火诗》云：

御火传香殿，华光及侍臣。星流中使马，濯耀九衢人。
转影连金屋，分辉丽锦茵。焰迎红蕊发，烟染绿条春。
助律和风早，添炉暖气新，谁怜一寒女，犹望照东邻。

"万井闾阎皆禁火，九原松柏自生烟。"[③] 不过，唐诗中最著名的一首《寒食》诗，还是来自韩翃："春城无处不飞花，寒食东风御柳斜。日暮汉宫传蜡烛，轻烟散入五侯家。"这首诗极精妙地反映出寒食节皇

① （宋）李昉等辑：《文苑英华》卷一二三，中华书局1966年版。
② 《文苑英华》卷一八〇，又见《唐诗纪事》卷三一，《四部丛刊》初编集部。
③ 见郭郧《寒食日寄李补阙》一诗，载于《文苑英华》卷一五七。

家遍“赐新火”的景象[①]。诗人张籍有幸参加寒食节期间的皇宫“内宴”。出于无法起火，冷食为主的“冷宴”自然是一番别样风景，而我们从张籍的诗文中又获知了寒食节的另一个名号——“冷节”：

朝光瑞气满宫楼，彩纛鱼龙四面稠。廊下御厨分冷食，殿前飞骑逐香球。

千官尽醉犹教坐，百戏皆呈未放休。共喜拜恩侵夜出，金吾不敢问行由。(其一)

城阙沉沉向晓寒，恩当冷节赐余欢。瑞烟深处开三殿，香雨微时引百官。

宝树楼前分绣幕，彩花廊下映朱栏。宫筵戏乐年年别，已得三回对御看。(其二)[②]

“胜事由来在帝乡。”[③] 长安之外，东都洛阳同样是寒食节盛行之地。唐代诗人李正封《洛阳清明日雨霁》一诗云：“晓日清明天，夜来嵩少雨。千门尚烟火，九陌无尘土。酒绿河桥春，漏闲宫殿午。游人恋芳草，半犯严城鼓。”又如唐代诗人陈润有《东都寒食》一诗云：“江南寒食早，二月杜鹃鸣。日暖山初绿，春寒雨欲晴。浴蚕看社日，改火待清明。更喜瓜田好，令人忆邵平。”[④] 大诗人白居易的《洛桥寒食日作十韵》更是将洛阳城寒食节的盛况表达得淋漓尽致：

上苑风烟好，中桥道路平。蹴球尘不起，泼火雨新晴。
宿醉头仍重，晨游眼乍明。老慵虽省事，春诱尚多情。
遇客踟蹰立，寻花取次行。连钱嚼金勒，凿落写银罂。

① 参见罗时进“《寒食即事》诗寓意辨误——兼论唐代寒食清明风俗及其文化意义”，《中州学刊》1991年第6期。

② 参见《寒食内宴》一诗，《御定佩文斋咏物诗选》卷三八《寒食类》，清文渊阁《四库全书》本。

③ 参见（唐）郑谷《次韵酬张补阙寒食见寄之什》，《御定佩文斋咏物诗选》卷三九。

④ 引自《御定佩文斋咏物诗选》卷三八《寒食类》。

府酝休教送，官娃岂要迎。舞腰那及柳，歌舌不如莺。
乡国真堪恋，光阴可合轻，三年过寒食，尽在洛阳城。[①]

“上有所好，下必甚焉”一语，正说明了唐代习俗发展中皇家与民间的积极互动[②]。在皇家与朝臣的全面带动下，唐代民间寒食禁火、清明采用“新火”的风尚也十分普遍。如唐代大诗人杜甫《清明》一诗有句云：“朝来新火起新烟，湖色湖光净客船。”[③] 寒食时节是思乡的季节，身在他乡的游子此时感触最深。如唐代诗人方干在《清明日送邓芮还乡》一诗中吟道：“钟鼓喧离室，车徒促夜装。晓树新变火，轻柳暗翻霜。转镜看华发，传杯语故乡。每嫌儿女泪，今日自沾裳。”[④] 又权德舆有《清明日次弋阳》一诗云：“自叹清明在远乡，桐花覆水葛溪长。家人定是持新火，点作孤灯照洞房。”[⑤] 寒食禁火，清明改火，千家万户同时起火升烟的景象十分壮观。如王表《清明登城春望》对此情形描述得十分传神：

春城闲望爱晴天，何处风光不眼前？
寒食花开千树雪，清明日出万家烟。
兴来促席唯同舍，醉后狂歌尽少年。
闻说啼莺却惆怅，诗成不见谢临川[⑥]。

宋代寒食节的影响同样相当广泛。如宋代学者王观国甚至对寒食节的发展与影响发出疑问，他在《学林》卷五中称：“观国案：寒食者以其不举火，但食已熟寒冷之食，故（谓?）寒食亦谓之熟食日，亦谓之禁烟节。太原寒食在冬中，则之推必以冬中亡也，而今世则以清明前三

① 《文苑英华》卷一五七。
② 唐人刘晓之言，见《资治通鉴》卷二〇二。
③ 《分门集注杜工部诗》卷三，《四部丛刊》本。
④ 《玄英集》卷二，清文渊阁《四库全书》本。
⑤ 《权载之文集》卷十《杂诗》，《四部丛刊》本。
⑥ 《御定佩文斋咏物诗选》卷三九《清明类》。

日为寒食，何耶？……之推之焚，屈平（即屈原）之溺，一体也，今寒食以为大节，而比于正旦、冬至，而以端午为小节，何耶？”[①] 即在两宋时期，寒食节与正旦（即春节）、冬至节，同列为“大节”，而端午节则被列为“小节”之属，寒食节在当时岁时文化中的重要地位由此可见一斑。

宋代清明时节“改火”以及皇家赏赐新火之风尚，较之唐代，似乎更胜一筹。与隋朝王劭所言内容极为相似，宋朝大臣许翰在政和年间所上《因时立政疏》中同样要求依据古法“四时变火”，他在奏疏中指出：

> ……是以先王四时以木变火焉。而时各有宜木，所谓榆、柳，木之木也；枣、杏，火之木也；桑、柘，土之木也；柞、楢，金之木也；槐、檀，水之木也。火之变，各以其时，则物之新，皆得天地之正气，而人食饮焉，此疾疠之所以不作也。昔晋之迁，有持洛阳火渡江者，云世世传之，其火不灭，火色变青。至唐，气不复热，则知火之新旧，气性必异，审矣！此火不可不变之验也。师旷侍食于晋平公，曰饭劳薪所炊，平公使人视之，果车辋也。则是木实变火之气性，火实变物之臭味，亦审矣！此木不可不择所宜之效也！伏愿明诏有司，四时必仿古法，各变其所宜木，以为国火而传之臣庶……[②]

其实，早自北宋初年，寒食清明时节皇家“赐新火”仪式已经进入了正统史家的记载。如乾德四年（966 年）三月，“甲戌，始赐百官新火”[③]。又太平兴国二年（977 年）三月，“壬申清明，始赐近臣新火”[④]。宋人叶梦得《石林燕语》卷五记云：“宰执每岁有内侍省例赐新火、冰之类，将命者曰快行家，皆以私钱一千赠之。”[⑤] 又如宋人宋敏求《春

① 《学林》卷五，清文渊阁《四库全书》本。

② 《襄陵文集》卷五，清文渊阁《四库全书》本。

③ （宋）李焘撰：《续资治通鉴长编》卷七，中华书局 1992 年版，第 168 页。

④ 《续资治通鉴长编》卷一八，第 401 页。

⑤ 《石林燕语》卷五，明正德刻本。

明退朝录》也对宋朝时期的“改火”风尚进行了说明：

《周礼》：四时变国火。谓春取榆柳之火，夏取枣杏之火，季夏取桑柘之火，秋取柞楢之火，冬取槐檀之火。而唐时，惟清明取榆柳火以赐近臣、戚里。本朝因之，惟赐辅臣、戚里，帅臣、节察、三司使、知开封府、枢密直学士、中使，皆得厚赠，非常赐例也。[①]

宋人宋祁《途次清明》一诗为我们描述了宋朝清明皇家向群臣赐火的盛况：“漠漠轻花着早桐，客瓯饧粥对禺中。遥知阙下颁新火，百炬青烟出汉宫。”[②] 宋代大文学家欧阳修曾经有幸获赐新火，深感荣耀，并有《清朝赐新火》一诗记其事云：“鱼钥侵晨放九门，天街一骑走红尘。桐华应候催佳节，榆火推恩忝侍臣。多病正愁饧粥冷，清香但爱蜡烟新。自怜惯识金莲烛，翰苑曾经七见春。”[③]又如宋人蔡絛在《铁围山丛谈》卷二中也十分自豪地回忆了家族备受皇族恩遇的往事：

国朝之制，待制、中书舍人以上皆座狨。杂学士以上，遇禁烟节至清明日，则赐新火。往往谓之快行家者，昧爽多就执政、侍从之门，荼肆民舍取火爇烛，执之以烧，才未及寸，殊有欢也。吾家隆盛时，出则联骑，列十三狨座，遇清明得新火者九枝，门户被天遇殊绝。政和初，至尊始踵唐德宗呼陆贽为“陆九”故事，目伯氏曰“蔡六。”是后，兄弟尽蒙用家人礼，而以行次呼之。至于嫔嫱、宦寺，亦从天子称之，以为常也。目仲兄则曰“十哥”，季兄则曰“十一”，吾亦荷上圣呼之为“十三”。而内人又皆见谓“蔡家读书底”。呜呼，无以报称且奈何。[④]

---

① 《春明退朝录》卷中，清文渊阁《四库全书》本。宋人江少虞所撰《事实类苑》卷三二有“赐新火”条，内容与此同，注明出自《梦溪笔谈》。

② 《景文集》卷二四，清武英殿聚珍版丛书本。

③ 《欧阳文忠公集》卷一三，《四部丛刊》本。

④ 《铁围山丛谈》卷二，中华书局 1983 年版，第 38—39 页。

“落花门巷家家雨，新火楼台处处烟。”[①] 寒食改火风俗一直盛行至南宋时期。如著名大臣李纲在《清明日》一诗中回忆了北宋时期开封寒食节日的情景：“忆昔叨尘寓帝京，春光淡荡值清明。赐来新火传红蜡，煮就香糜和白饧。游女踏青寻苑草，戏童引线送风筝，沙阳寂寞都无此，卧看山云听水声。”[②] 而大批北来移民聚集于临安（今浙江杭州市），同时也将寒食节风俗迁移而来。宋人吴自牧《梦粱录》卷二中同样非常翔实地记述了南宋时期杭州城清明节时的盛况：

> 清明交三月节前两日，谓之寒食。京师人从冬至后数起，至一百五日，便是此日。家家以柳条插于门，名之曰“明眼”。凡官民不以小大家，子女未冠笄者，以此日上头。寒食第三日，即清明节，每岁，禁中命小内侍于阁门，用榆木钻火，先进者赐金碗，绢三匹，宣赐臣寮巨烛，正所谓“钻燧改火”者，即此时也……杭城风俗侈靡相尚，大抵如此。[③]

事实上，赐火、改火风俗并非仅限于皇族贵戚阶层，如宋朝社会寒食“禁火”及“改火”的风俗不仅十分流行，甚至官方以惩罚的方式严格执行“火禁”。如宋代学者周密《癸辛杂识》云：

> 绵上火禁：绵上火禁，升平时禁七日，丧乱以来犹三日。相传火禁不严，则有风雹之变。社长辈至日就人家以鸡翎掠灶灰，鸡羽稍焦卷则罚香纸钱。有疾及老者不能冷食，就介公庙卜乞小火，吉则燃木炭，取不烟，不吉则死不敢用火。或以食暴日中，或埋食器于羊马粪窖中，其严如此。戊戌岁，贾庄数少年以禁火日饮酒社树下，用柳木取火温酒，至四月风雹大作，有如束箱柳根者在其中，数日乃消，又云火禁中，虽冷食无致病者。[④]

① 周密《鹧鸪天·清明》之句，参见朱彝尊编《词综》卷二〇，清文渊阁《四库全书》本。

② （宋）李纲撰：《梁溪集》卷八，清文渊阁《四库全书》本。

③ 《梦粱录》卷二，商务印书馆 1939 年版，第 11—12 页。

④ 《癸辛杂识》别集下，上海古籍出版社 2012 年版，第 156 页。

因此，既然朝野均无法苟免“火禁”，不难发现，宋朝诗人关于“改火”及“新火”习俗的诗文相当多。如《东坡志林》记载了这样一则轶事。僧人参蓼有《饮茶》诗句云：“寒食清明都过了，石泉槐火一时新。”苏东坡好奇地问：“火固新矣，泉何故新？”参蓼回答道：“俗以清明日淘井。”① 寒食、清明两节前后相接，寒食禁火，故有清明“乞新火”之俗。北宋著名隐士魏野曾有一诗云：“无花无酒过清明，兴味都来似野僧。昨日邻翁乞新火，晓窗分与读书灯。”② 宋代著名诗人杨巨源《清明日后土祠送田御》一诗云：

清明千万家，处处是年华。
榆柳芳辰火，梧桐今日花。
祭祠结云骑，游陌拥香车。
惆怅田郎去，原回烟树斜③。

“禁火”与“改火”风俗不可避免地影响到日常生活，这对于客居远乡的人士而言，更是如此。宋人祖无择的这首《庚辰清明州衙不送新火》正是反映出这样的情况：“禁烟故事存遗俗，改火平时有旧章。纵道齐民皆按堵，堪惊烜氏昧修方。晨炊已绝供宾馔，卯饮难温独酌觞。不似前年为客日，当邻犹许借余光。”④ 大文豪苏东坡也撰诗感谢友人“分新火”的恩德：

临皋亭中一危坐，三见清明改新火。沟中枯木应笑人，钻斫不然谁似我？

黄州使君怜久病，分我五更红一朵。从来破釜跃江鱼，只有清诗嘲饭颗。

起携蜡炬绕空室，欲事烹煎无一可。为公分作无尽灯，照破十

① 《东坡全集》卷一〇一，清文渊阁《四库全书》本。

② 《古今事文类聚》前集卷八，清文渊阁《四库全书》本。

③ 《文苑英华》卷二七六。

④ 《龙学文集》卷二，清文渊阁《四库全书》本。

方昏暗锁。[①]

一年一改火，因此，“改火”可以作为一个寒暑的代名词。故而苏东坡就有了“一别都门三改火，天涯踏尽红尘”[②]的词句。寒食过后，即为清明。对于两宋士人而言，清明用新火烹茶，是相当普遍的生活方式。宋人李洪在所撰《清明钻火烹茶》一诗云：

客舍垂杨依旧青，自钻新火应清明。
故山紫笋谁能摘，倒箧云龙手自烹。[③]

宋朝的不少学者对于“寒食改火”的风俗还进行了较为深入的观察与思考。他们认为：“钻火”“改火”一事，并不仅仅是一种例行的文化仪式，而是有着实际生活的功用。如宋人曾敏行《独醒杂志》卷四指出：“古者四时变新火，今人苟简，家所用火不知何从来，亦不计其岁年也。儿时在湖湘见一僧舍有长明灯，有神异，其焰不热，试以指炙之，信然。后加考究，凡道宫佛灯神祠中，多置此灯，有数年者焰青而昏，往往皆不甚热。盖久则力尽尔。今人但知择水，初亦非深知水味，独以清浑甘寒，有易晓者。如火齐烹饪，气焰着人，与水功用一等，苟不必变，古人何苦多事。”宋人俞德邻也指出：“燧人氏钻火，至周四时变国火。盖春取榆柳之火，夏取枣杏之火，一岁而易火者五，疑若多事。及观《洪范五行传》，乃知古人改火，关于时政。火性炎上者也，老则愈烈，于是遇物辄然。若新火性柔，青光炯炯，乃无忽胜速炽之患。纵使延燎，亦易扑灭，是则古人钻燧改火之意也。唐人诗：日暮汉宫传蜡烛，青烟散入五侯家。不过为节物之戏玩耳。”[④]

当然，中国幅员广阔，区域间文化差异突出，所谓“百里不同风，千里不同俗”。任何一种风俗习惯的推行，很难做到天下均一。对于寒

① （宋）王十朋什集注：《东坡诗集注》卷二〇《徐使君分新火》，《四部丛刊》本。

② （宋）苏轼：《临江仙》，见《东坡词》，清文渊阁《四库全书》本。

③ 《芸庵类稿》卷五，清文渊阁《四库全书》本。

④ 《佩韦斋集》卷十七，清文渊阁《四库全书》本。

食节风俗而言，不同区域的人们接受与施行的态度也存在明显的差异。彭乘《墨客挥犀》一书中特别提到寒食节中的南北差异："镇阳（即今河北正定县）于诸节中尤重寒食。是日不问贫富，皆制新衣，焕然满目，云一岁终，惟此日易衣，虽甚弊不复易，至来岁是日复图一新也。余素知北人重此节，然不闻有易衣之俗。自闽岭已南，视此节则若不闻矣。故沈佺期谪岭表日，有诗云：'岭外逢寒食，春来不见饧。镇阳新甲子，何日是清明？'则南北异俗可知矣。"①

同样，宋人魏了翁也曾经对当时"火政不修"的状况颇多责备之意："古人财成辅相，赞天地之化，育于藏冰、改火二事最紧切。冰政则《七月诗》《左氏》甚详。改火则孔门余论周季此政尚存，且如本朝，冰与火二件，仅备故事而已。若火政则当于季春大火出时，人主领百官修火祀，仍命通国扫灭旧火，仍钻榆柳中新火，以次班布庶老。火不炽盛，而失性，自然无大段火灾。"②

无法否认的是，两宋时期，寒食节"禁火"与"改火"风俗在百姓实际社会生活中影响巨大，无法忽视。也可以说，寒食节风俗已经与当时朝野用火及"火政"问题无法分割地融合在一起了。如宋朝著名诗人苏辙在《新火》一诗中描述了普通农家过节时的情形：

百口共一灶，终年事烹煎。力耕饲饥馋，灶弊火亦烦。
昨日一百五，老稚俱食寒，呼童戛枯竹，粲然吐青烟。
适从何方来，荧荧百家传，性火出真空，应量曾无边。
老病何所求，石[illegible]煮寒泉，敛为一夫用，无心固当然。③

节日盛况不可避免地与家国情怀联系在一起。节日盛况往往成为国运鼎盛、百姓富足的重要表征，因此，国运兴衰同样会在节日风俗的演变中得到充分的体现。南宋人刘辰翁身当亡国之时，寒食节之际，心情

① 《说郛》卷一五下引。
② 《鹤山集》卷一百八，清文渊阁《四库全书》本。
③ 《栾城后集》卷四，《四部丛刊》本。

低落，家国愁绪凝聚于笔端，所撰数首寒食诗均堪称精品，为寒食清明文化平添几许华彩。如《新火起新烟》一诗云：

风雨暗绵田，春愁百五天。故人成故俗，新火起新烟。
自用青枫后，何如墨突前。人间寒食改，天上蜡薪传。
当户三星出，齐州九点连，人心思汉德，犹望死灰然。

又如《马上逢寒食》一诗云：

寒食古来同，乡关隔万重。天涯俱是恨，马上又相逢。
雨雪皋兰道，弓刀苜蓿峰。满城看插柳，分路入浇松。
绣岭开门日，鄜州陷贼踪，年年闻改火，双泪下龙钟。[①]

应该承认，唐宋以后，寒食节在中国岁时节日的地位不再那样显赫了。其实，关于寒食节逐渐被淡忘与被冷落的原因，古代士人们也很早就开始了争议与分析。早在宋元之际，戴表元已提出："五行之近民用，莫如火。彼木、金、水、土，皆出于自然，惟火也，人为之。虽人为之，而亦出于自然。古之人当其时也，则燃新火，而后始饮食。火之不新，盖自五季以降，不以为怪矣。"[②] 当我们梳理出两宋时期寒食节风俗丰富的记载时，就会明白戴表元的说法显然是很偏颇的。但是，"四时改火"之俗，确实至北宋时期已遭废弃。如赵师民指出："古之圣王，举动必顺天时，所以四时变火随木色。近世渐务苟简，以为非治具，而遂废之，至其万事皆不如古。"[③]"四时改火"变成了"寒食改火"，"寒食改火"于此时已具有了高度的象征意义。

又根据明代学者杨慎、谢肇淛等人的记述，时至元明时代，改火及"乞新火"的风俗似乎被废止了。如杨慎将寒食节的废止，完全推在

① 《须溪四景诗集》卷一，民国宋人集本。

② 《字三友序》，《剡源文集》卷一二，《四部丛刊》本。

③ 《宋史》卷二九四《赵师民传》，第9824页。《续资治通鉴长编》卷一七五纪其事在仁宗皇祐五年八月壬寅。

了元朝统治者的身上，他在《寒食火禁》一文中指出：

> 《容斋随笔》谓：寒食禁火，不由介推，其言似矣……然（石）勒禁天下寒食，而至隋唐已复禁火，观隋李崇嗣“普天皆灭焰，匝地尽藏烟”之句，及元稹《连昌宫词》自注：“唐时，京城寒食火禁极严，以鸡羽入灰，有焦者皆罪之。”则其禁亦不久也。火禁迨今则绝不知，而四时亦不改火。自元人有天下，卤莽之政也。然寒食不必复，改火乃先圣节宣天道者，而可因元人而废之乎?![1]

明人徐应秋不同意上述观点，将改火废弃的时代上溯至先秦，显然较为离谱，如他指出：“……唐改火，亦止清明，自夏以后已不复行，非尽废于元时也。鸡羽入灰，亦不起于唐，商鞅弃灰之禁，自秦已然矣。”[2] 明代学者谢肇淛也不同意杨慎的看法，但他提出的理由更合乎实际。如他在《五杂组》中论云：

> ……禁烟不知起于何时，至唐、宋已然。改火之不行似已久矣，诗人吟咏之词未足据也。杨用修谓不改火，出于胡元卤莽之政，此真可笑。使今日必行之，则闽、广之地安得榆、杏，而齐、鲁之地安得檀？使民走数千里而求火种，亦不情之甚矣。[3]

然而，检索相关文献可知，杨慎、谢肇淛等学者的说法都不够全面。至元明时代，寒食及清明节期间“改火”与“用新火”的风俗依然沿袭下来，不绝如缕。宋元之际的学者白珽曾经讨论“改火”的问题：“一岁而易火者五，若多事。后读《洪范·五行传》乃知古人改火关于时化。火性，炎，上者也，老则愈烈。于是遇物辄燃。若新火性柔，青光荧荧，无忽燎速炽之患。横渠亦云：四时改火，盖水之为患常少，火

① （明）杨慎撰：《丹铅总录》卷三，清文渊阁《四库全书》本。

② 《玉芝堂谈荟》卷二一《一百五日》条后，清文渊阁《四库全书》本。

③ （明）谢肇淛撰：《五杂组》卷二，上海古籍出版社 2012 年版，第 21 页。

之为患常多。寒食禁火以出新火，必待尽熄天下之火，然后出之也。季春大火星高，其时为之，亦防其火炽也。又火贵新而烹味佳，是则古人钻燧之意，春取榆柳之火，夏取杏枣之火，季夏取桑柘，秋取柞楢，冬取槐檀。或问朱文公：四时取火，何为季夏又取一番？曰：土旺于未，六月，未月也，故再取之。”[①] 显然可以看出宋元之际寒食节文化的传承脉络。这些宋朝及金朝的遗老遗少势必将遵守原来的风俗作为怀念故国的一种重要表达。山西籍大诗人元好问肯定是其中重要代表之一，如其所作《食榆荚》一诗让我们很真切地看到当时山西各地寒食清明节时的生活场景：

> 露葵滑寒羊蕨膻，春榆作荚绝可怜。榆令人瞑何暇计，田舍年例须浓煎。
>
> 箫声吹暖卖饧天，家人钻火分青烟。长钩矮篮走童稚，顷刻绿萍堆满前。
>
> 炊饭云子白剪韭，青玉圆一杯，香美荐新味，何必烹龙炮凤夸肥鲜？
>
> 鼠肝虫臂万化途，神奇腐朽相推迁。梦中鹳鹆亦大乐，随意饮啄真飞仙。先生扪腹一莞然，此日何功食万钱。[②]

研究者已经指出，元代是寒食清明节发展中的一个重要阶段，元代文学作品中存有相当丰富的节日文化内容。[③] 更为重要的是，我们在元明诗人的诗作中不难发现清明“禁烟”“新火”之痕迹，足证当时人们对于寒食“改火”风俗的坚持与固守。如元初著名将领张弘（宏）范也撰有《寒食后》一诗云：“家家钻火露新烟，花褪残红柳吐绵。底是游人肠断处，杏桃影里拆秋千。”[④] 其中，关于清明节习俗最出名的一首元曲，是张养浩的《寒食道中》：“清明禁烟，雨过郊原。三四株溪边杏

① （元）白珽撰：《湛渊静语》卷一，清文渊阁《四库全书》本。

② 《遗山集》卷五，清文渊阁《四库全书》本。

③ 参见翁敏华《元曲里的清明节》，《文史知识》2008 年第 4 期。

④ 见《淮阳集》，清文渊阁《四库全书》本。

桃，一两处墙里秋千……”① 张小山《湖上寒食》又云：“雨霏霏，店舍无烟，榆荚飞钱，柳线槎绵。绿水人家，残花院落……”② 可见，禁烟仍然是寒食节日里的一个基本特征，并没有被禁绝的迹象。又如吴当生活于元朝末年，曾为国子监助教、翰林修撰、直学士等职。他曾经在清明诗中写道：“新火营寒食，他乡展物华。暖云将燕子，春色上桃花……”③ 可见，“寒食改火”依然是一种极具标志性的习俗仪式。又如元代钱塘道士马臻曾撰《山人》一诗云：

山人行止在山林，生怕侯门说姓名。
虫臂鼠肝分得失，奴颜婢膝事逢迎。
一声啼鸟湖烟暝，满地落花春雨晴。
自煮新茶试新火，坐看斜日转窗明。④

在此，我们可以看到杭城寒食节风俗的延续。马臻的另一首诗——《春日闲居杂兴十首》之一更明白地道出了寒食改火的情形：“野草幽花似有期，蜜蜂蝴蝶满疏篱。自钻新火过寒食，续得去年春草诗。”⑤

明人李昱同为钱塘人，他所撰《清明有怀》一诗，明确道出了“改火”之风的流传：“客里清明多感慨，强拈卮酒破愁颜。此时榆柳皆新火，满眼松楸非故山。春水渔舟来个个，晓林花雨落斑斑。登楼转觉添归思，欲寄尺书无雁还。”⑥

杨基同为明初人，其所撰《见花》一诗，同样记述了清明改火的情形：“听风听雨坐空斋，不道春花烂漫开。乱世身如危处立，异乡人似梦中来。十年多故尘双鬓，万事无心酒一杯。明日清明改新火，且将榆柳着残灰。”⑦ 另有一首《故山春日》诗，则反映出山中人家欢度寒食

① （元）张养浩撰：《云庄乐府》，明成化刻本。
② （元）张可久撰：《张小山北曲联乐府》卷一，清钞本。
③ 《学言稿》卷四，清文渊阁《四库全书》本。
④ 《霞外诗集》卷一，清文渊阁《四库全书》本。
⑤ 《霞外诗集》卷八。
⑥ 《草阁诗集》卷五，清文渊阁《四库全书》本。
⑦ 《眉庵集》卷八，《四部丛刊》三编景明成化刻本。

节的景象："梨花两枝春可怜，下马折花山径边。山中人家改新火，隔树吹来榆柳烟。"① 明人韩奕也有《寄友》一诗，非常典型地记述了寒食节风俗情景："杏花落后晓风颠，隐几怀人白昼眠。寒食渐分新改火，春衣犹恋旧装绵。陶潜入社何妨醉，齐已吟时不废禅。朝市悠悠尘土隘，莫教飞到白鸥边。"明代诗人王璲的《瓜洲道中》一诗，更加分明地道出了当时人们依然将"改火"作为寒食节的代名词：

清江杳杳水连空，江北江南绿映红。
三月异乡逢改火，经春游子怨飘蓬。
满汀芦叶孤舟雨，一树梨花小旆风。
遥望故乡何处是，依稀烟树五湖东。②

相比之下，寒食节在北方地区的传承更为普及。如何景明为信阳人（今河南信阳市），明代弘治间进士，其所撰《清明日病怀》一诗则写出了当时北方地区寒食节期间的所见所闻：

旅舍清明日，长安新火烟。
桃花转愁思，竹叶兴萧然。
客病闲官马，囊空涩俸钱。
故乡闻稍定，南望好林泉。③

明代著名文人王世贞为太仓州人，嘉靖间进士，曾历任刑部主事、山西按察使等职。他所撰《清明遇雨》一诗，应该是反映了明朝晚期北方地区寒食节的情形：

昨岁清明指冀方，今朝寒食滞郧阳④。儿曹上冢亦随俗，客子

---

① 《眉庵集》卷一一。
② 参见《御选宋金元明四朝诗》之《御选明诗》卷七二，清文渊阁《四库全书》本。
③ 《何大复先生集》卷二十二，明嘉靖刻本。
④ 在今湖北郧县。

思亲偏断肠。

四十九年年已去，一百五日日初长。毋论积雨断新火，纵得余光非故乡。[①]

对于通晓诗书的传统士人而言，习俗的传承也许并非通过民俗的践行，典籍阅览同样能够知晓前代民俗的内容。特别是某些拟古之诗，仿佛是在诗文中重新回味古人的文化习俗。如明人徐熥《怀陈惟秦》一诗云：

相思一何深，相别一何久。
条风吹蘼芜，新火钻榆柳。
春光渐以阑，莫负樽中酒。[②]

正由于民间习俗传承的多样性与复杂性，故而直至清朝初年，我们都无法断定，当时的“改火”风俗已被禁绝。如清代乾隆皇帝本人就对“寒食改火”风俗念念不忘，吟咏入诗。如其所作《清明二首》诗云：

回旃背泗水，胜节指清明。新火新烟候，斯来斯往程。
风轻春日冷，露重鲁天晴。莫漫孤芳草，即看有落英。
郊原宜野望，红绿已馨熏。那见斗鸡会，空传禁火文。
雨余迎目润，春满入怀欣。按辔同民乐，谁诃语笑纷。[③]

许多大臣也对寒食节这样经典性的文化传统满怀眷恋之情。如阿克敦在《新火和京江先生原韵》一诗中云：“绿野正抽萌，青阳甫改序。芳辰尚未阑，禁烟俗已举。景物渐暄妍，天行未及暑。新火传旧典，寒食乃古语。采采榆柳枝，爟人遗令炬……”[④] 著名文士厉鹗也有《寒食日同周穆门、汪西颢集湖上，时西颢自闽中归》一诗，同样提

① 《弇州四部稿》卷四十三，清文渊阁《四库全书》本。
② 《幔亭集》卷二。
③ 《御制诗集》二集卷六二，清文渊阁《四库全书》本。
④ 《德荫堂集》卷三，清嘉庆刻本。

到寒食风俗：

> 水蒲风柳绿黏天，有客初回岭外船。冷食正宜供软脚，几年相见各华颠。
>
> 茶香僧舍催新火，花落湖堤逐暗泉。他日幽居如可卜，放生社约白鸥边。[①]

清代诗人傅仲辰也有《清明簪柳诗》云："新火初钻又禁烟，家家细柳绿门边。随时我亦斜簪帽，如睹风流张绪年。"[②] 从这里，我们看到，清代寒食清明风俗与前代并无太大差异，民众似乎也无抵触情绪。诗人顾宗泰在《赋得清明无客不思家》一诗中更是道尽了天涯游子在寒食清明节时思念故乡的惆怅情怀：

> 昨夜过寒食，魂消对百花。他乡犹是客，之子岂无家。
> 有思如春转，何人不望赊。白云皆远岫，碧草尽天涯。
> 新火分榆遍，轻烟散柳斜。社同人醉酒，山近女收茶……[③]

综上所述，我们对于历史时期传统"改火"风俗的演变有了一个基本的认知。其主要脉络就是从先秦时代的"四时改火"（含"寒食改火"）的渐次消歇，到隋唐时代出现"寒食改火"的复兴。而"改火"作为寒食节风俗的核心环节之一，经过元、明、清数代，一直沿袭传承，并没有完全退出士人及大众的生活。唐宋时代是"寒食改火"风俗的兴盛时期，而当时京畿及北部中国则是这一习俗影响最为强烈的区域。

"寒食之名，起于禁火。"[④] 回顾漫长的寒食节风俗演变史，自南北朝后期以来，"禁火"与"改火"在相当长的时间里一直是寒食节风俗的核心部分之一。"改火"与"禁火"并没有停留在学术探讨的层面，

---

① 《樊榭山房集》续集卷七，《四部丛刊》景清振绮堂本。

② 《心孺诗选》卷二三，清树滋堂刻本。

③ 《月满楼诗文集》之《诗集》卷三六，清嘉庆年间刻本。

④ 《说郛》卷八三上引张表臣《珊瑚钩诗话》。

而形成了千百年“禁火”与“改火”风俗的传承。而自隋唐开始，大多数学者也明确意识到，寒食节实与日常生活中的用火问题即“火政”问题相关，寒食节及清明节有必要进行“禁火”与“改火”之举，也逐渐成为当时社会的一种共识，并由皇家主导，在全社会各阶层推行开来，这种风尚至两宋时期达到极盛。

“钻燧有变，焚莱有禁，火之修也。”[①]“禁火说”与“改火说”其实可归为“火政说”。“钻燧改火，火政也。”[②]在现代化用煤、用石油等燃料之前，以植物之柴草为主的时代，“火政”问题确实影响巨大。而古人的生活实践中，“火政”不修的影响是极为严重的，可导致“时疾”的盛行。因此，在皇家的主导下，寒食及清明节时期，“改火”及“赐火”的风俗在唐宋时期形成一种主导性时尚，这也就大大提升了寒食清明节文化在中国风俗历史上的地位与影响。影响的余波一直持续到明清时期。笔者以为，由寒食清明节文化入手，全面而深入地探讨历史时期的“火政”问题，可以大大扩展研究视野与研究价值，从环境史与生活史的角度重新审视古代风俗形成与演变的客观过程及其历史地理背景。

第二节　介子推“焚死”故事与先秦田猎制度

寒食节风俗的关键，就在于“禁火”与“忌火”。而纯粹用“火政说”与“天文星相说”来解释寒食节的起源，都难以获得非常满意的答案。如历代学者在解析“禁火说”及“改火说”的原因时，经常提及的一个说法，就是所谓“天文星相说”。笔者对此颇有怀疑。中国古人信奉“天人感应”之说，相信人间火灾应有天文之兆，然而，姑且不论这种说法的科学依据，即便对于中国普通百姓而言，这种论断显然是过于玄奥了，超出了他们考虑与理解的范畴。因此，信奉人世间的“禁火”

① 《御览经史讲义》卷十所引，清文渊阁《四库全书》本。

② （明）王廷相撰：《五行辨》，见黄宗羲编《明文海》卷一一二，清文渊阁《四库全书》本。

或“忌火”，是因为天象所致，这种说法对于有一定知识水准的士大夫而言有一些神秘的说服力，对于普通民众而言，未必有很强的说服力[①]。普通百姓难以理解天上有一颗心星，代表“大火”，当心星运转到达某一处，预示着人间将有“火患”，所以，大家一齐来进行“禁火”及寒食。正如明人谢肇淛所云，这种“天文星相说”实在不高明，可谓“尤迂之迂也”[②]。

大多数古今学者否定寒食节起源与介子推之间的关联，但是，正如西晋时期的太原籍人士孙楚在《祭介之推文》中所云：“太原咸奉介君之灵，至三月清明，断火寒食。”[③] 也就是说，事实上，太原百姓就是因为敬奉介子推的缘故，才实行寒食的。这已是明白无误的客观事实，与真实起源如何，已完全脱离了关系，不是后世学者辩论所能改变的。正如现代学者庞朴先生所说：“正是介子推救了寒食节，使其不曾随着改火之消逝而消逝；这就像屈原原本与龙舟节无关，却救了龙舟节一样。”[④]

对于通行的“改火说”或“禁火说”，也不是没有疑问。“禁火”也好，“改火”也好，都是为了解决中国基础社会普遍性的用火问题，即“火政”。然而，中国古代的“火政”问题是一个极为普遍的全国性问题或矛盾，而根据前面的考述，我们知道在相当长的时间里，寒食节只是一种区域性的风俗。为何一个普遍性的问题，却只有在并州地区的风俗中是如此突出地反映出来。难道是因为并州或太原、“绵介之间”的“火政”或“用火”问题更为棘手、更为突出吗？可以说，用“改火”或“禁火”的说法来解释寒食节风俗的缘起，也有着难以解说的谜团。

在寒食节起源问题，一个细节问题是最为明确的，即介子推是被晋文公引燃的山火或森林大火烧死的。在有关介子推事迹的记载中，被燔死情节是被经常提及的。这正是人们不忍用明火烧煮食物，进而推行寒食风俗的直接原因。如果介子推不是被烧死的，那么，恐怕也就没有

---

① 关于《天文星相说》的详细解读，参见刘晓峰“寒食与山西”，《文化研究》2007年第2期。

② 《五杂组》卷二，第21页。

③ 引自《北堂书钞》卷一四三“酒食部”，清文渊阁《四库全书》本。

④ 《寒食考》，《民俗研究》1990年第4期。

"改火""禁火"以及"寒食"的结果了。

介子推被"燔死"的故事出现很早，并长期传承下来。如最早记载介子推被烧死的著述，出于《离骚》《庄子》等先秦典籍之中。

1.《楚辞·九章》中"惜往日"篇云："介子忠而立枯兮，文君寤而追求，封介山而为之禁兮，报大德之优游。思久故之亲身兮，因缟素而哭之。"

2.《庄子·盗跖第二十九》云："介子推至忠也，自割其股以食文公，文公后背之，子推怒而去，抱木而燔死。"

3.《琴操》曰："晋文公与介子绥俱亡，子绥割腕股以啖文公。文公复国，子绥独无所得。子绥作《龙蛇之歌》而隐。文公求之，不肯出，乃燔左右木，子绥抱木而死。文公哀之，令人五月五日不得举火。"

4. 三国时魏国人周斐《汝南先贤传》曰："太原旧俗以介子推焚骸，一月寒食，莫敢烟爨。"

5. 陆翙《邺中记》曰："并州俗冬至后百五日，为介子推断火冷食三日，作干粥，今之糗是也。"①

比较而言，西汉刘向所著《新序》所讲述的介子推焚死故事最为周详："晋文公反国，酌士大夫酒，召咎犯而将之，召艾陵而相之，授田百万。介子推无爵齿而就位，觞三行，介子推奉觞而起，曰：有龙矫矫，将失其所，有蛇从之，周流天下。龙既入深渊，得其安所。蛇脂尽干，独不得甘雨，此何谓也？文公曰：嘻，是寡人之过也。吾为子爵，与待旦之朝也；吾为子田，与河东阳之间。介子推曰：推闻君子之道，谒而得位，道士不居也；争而得财，廉士不受也。遂去而之介山之上。文公使人求之不得，为之避寝三月，号呼期年。诗曰：逝将去汝，适彼乐郊，乐郊乐郊，谁之永号！此之谓也。文公待之，不肯出，求之不能得，以谓焚其山宜出，及焚其山，遂不出而焚死。"

北朝时期的大农学家贾思勰为我们记载了当时人们对于寒食节的认知，因为加入了旁证资料，也最具说服力：

① （唐）徐坚等撰：《初学记》卷四《岁时部·寒食》"禁火三日"条，中华书局 1962 年版，第 67 页。

昔介子推怨晋文公赏从亡之劳不及已，乃隐于介休县绵山中。其门人怜之，悬书于公门，文公寤而求之，不获，乃以火焚山，推遂抱树而死。文公以绵上之地封之，以旌善人。于今介山林木遥望尽黑，如火烧状。又有抱树之形。世世祠祀，颇有神验。百姓哀之，忌日为之断火，煮醴而食之，名曰“寒食”，盖清明节前一日是也，中国流行，遂为常俗。[1]

贾思勰在这里不仅提到了历史故事，而且指出：“于今介山林木遥望尽黑，如火烧状，又有抱树之形。”

图 2-1　介子推守志焚绵上图[2]

① （北魏）贾思勰撰，石声汉校释：《齐民要术今释》（下册）卷九《煮醴酪》，中华书局 2009 年版，第 942 页。

② 选自侯清柏、张培荣《介子推与寒食清明节》一书。

伴随寒食节的兴起与推广，介子推焚死故事的影响也至为深远。如唐代诗人卢象的《介子推》一诗将所谓“燔死”的说法表达得最为透彻明晰：

子推言避世，山火遂焚身。
四海同寒食，千秋为一人！
深冤何用道，峻迹古无邻。
魂魄山河气，风雷御宇神。
光烟榆柳灭，怨曲龙蛇新。
可叹文公霸，平生负此臣。①

很明显，从刘向《新序》对于寒食起源的解释来看，晋文公寻人心切，故意纵火，而介子推本人不幸成为一场巨大山火的牺牲品。后人断火，不仅是为了纪念介子推，也是为铭记山火的巨大危害。

笔者以为，在介子推故事与寒食节文化研究中，一个关键的问题似乎始终没有得到应有的关注与合理的解释，即为什么晋文公要用明火烧山的方式来寻找介子推，或逼迫介子推出山。这种放火烧山以寻人的方式肯定是现代人所难以理解的，难道仅仅是因为晋文公没有现代人所公认的山林禁火的常识吗？历来学者对此往往都采取随意一笔带过的方式，没有予以应有的关注。而笔者却认为，这恰恰正是解释介子推故事以及寒食节风俗的一大关键。如果晋文公没有以放火烧山的方式来寻找介子推，那么后来也就没有介子推被焚死，以及人们不用举行灭火寒食的方式来纪念他了。比起所谓“改火”“变火”以及“禁火”等诸多说法来，晋文公的这把火更为直接、更为关键。更为奇怪的是，历代学者们并没有对晋文公这种做法表达出谴责与不理解，其实，笔者以为晋文公放火烧山之举有着更为明确的历史文化背景。

如前文所述，学者们在追述“改火”与“禁火”制度时，似乎直接与人们日常生活用火问题相关，其实，这也是一种误解。先秦时期的

① 《全唐诗》卷一二二。

“火禁”制度，正是与“火田”及田猎制度相关，而非一般的民间生活用火问题。如宋人陈祥道在《礼书》中对先秦时期的“火田”制度进行了全面的梳理与说明：

《周礼》：司爟季春出火，季秋纳火。司烜氏中春以木铎修火禁于国中。司马中春搜田，火弊，献禽。《王制》曰：昆虫未蛰，不以火田。《郊特牲》曰：季春出火，为焚也。《月令》：仲春之月，毋焚山林。《尔雅》曰：火田为狩。《春秋传》曰：古之火正，或食于心，或食于咮，以出纳火。是故咮为鹑火，心为大火。郑铸刑鼎，士文伯曰：火未出而作火，郑其有灾乎？仲尼曰：火伏而后蛰者毕。盖建辰之月，鹑火见于南方，则令民出火。所谓季春出火是也，建戌之月，火伏于日下，故令民纳火，所谓季秋纳火是也。司爟仲春修火禁，以火未出，而不可以作火故也。《王制》：昆虫未蛰，不以火田，以火伏而后蛰者毕故也。然孟春启蛰，而《周礼》：中春之田，有火弊者，焚圃草以田，可也，焚山林以田，不可也。《月令》：仲春禁焚，礼也。《郊特牲》：季春出火，为焚，非礼也。春秋之时，楚子田使，齐侯载燧，此火田之所用者欤？[①]

因此，我们可以理解，周朝典籍文献中的“出火”与“纳火”，其实并不是指我们后世通常所指生活用火，而是“火田而狩”之火。清代学者秦蕙田也曾指出：“十月至仲春，皆得火田，此正司爟修火令之时也，与季春出火，季秋内火无涉。”[②]

田猎，或称“畋猎”，田字通“佃”，或“畋”，或“畑”，不仅是一种中国上古时期的特殊狩猎方式，而且曾经是前农业时代一种有典型意义的生产经营方式，在中国农业发展史上占有重要的地位。研究者认为：“狩猎与‘田’字相联系，是一个很有意义的浓缩历史的造字过程。原来当初的焚林，目的只是为了狩猎，后来发现焚烧过的土地，其新生

① 《礼书》卷八十，清文渊阁《四库全书》本。
② 《五礼通考》卷二四三按语。

的植物，又嫩又好吃，会招引许多食草动物来吃食，更便于打猎。于是，人们逐渐积累起经验，有意识地放火，有意识地选择某些很会吸引动物的植物，进行种植。而其中一些植物的种子，特别是禾本科植物的种子，人亦可以采食，于是，原来焚烧是为了招引野兽的，这时也变成是为了采食这些植物的种子，这就是种植业迈出的很自然的第一步。”①

更为重要的是，在中国上古历史上，田猎制度还演化为一种重要的军政制度。根据现代学者的研究，殷周以来，中国先民业已形成了一种特有的田猎文化。而田猎活动的目的绝不仅仅是为了追寻以及捕获山野之中的禽兽。“在殷周宗法时代，狩猎具有三重目的：一是通过田猎来‘简集士众’，讲武习兵；二是获取猎物来供应宗庙祭祀和衣食宴飨之所需；三是驱兽护苗，为民除害。”②先秦时代的诸侯定期开展大规模“田猎”活动。正如《礼记·王制》记云：

> 天子、诸侯无事，则岁三田。一为干豆，二为宾客，三为充君之庖。无事而不田，曰不敬田，不以礼曰暴天物。天子不合围，诸侯不掩群。天子杀则下大绥，诸侯杀则下小绥，大夫杀则止佐车，佐车止则百姓田猎……③

由田猎习俗而衍化出的军事制度，则是更不容忽视的特征与趋势。如《通典》有“天子诸侯四时田猎”条目，较为全面地回顾了田猎制度的早期发展状况：

> 周制：天子、诸侯无事，则岁行搜、苗、狝、狩之礼。仲春教振旅，司马以旗致民，平列阵，如战之阵。王执路鼓，诸侯执藚鼓，军将执晋鼓，师帅执提，旅帅执鼙，卒长执铙，两司马执铎，公司马执镯，以教坐作进退疾徐疏数之节。遂以搜田，有司表貉，

---

① 游修龄主编：《中国农业通史》（原始社会卷），中国农业出版社2008年版，第342页。

② 孙雍长：《从甲骨文看殷周时代的田猎文化》，《广州大学学报》（社会科学版）2007年第1期。

③ 引自（唐）欧阳询《艺文类聚》卷六六，上海古籍出版社1965年版，第1171页。

誓民，鼓，遂围禁。火弊，献禽以祭社……①

根据先秦典籍《尔雅·祭名》的注释："春猎为搜，夏猎为苗，秋猎为狝，冬猎为狩。宵田为獠，火田为狩。"田猎活动中火的作用首屈一指。研究者还指出，根据甲骨文及古文献记载，商代田猎以火焚林主要是为了驱逐禽兽，而不是为了施肥，即与我们通常所说的"刀耕火种"② 有很大的差别。"火田"，是上古时期的田猎活动中一种重要的狩猎方式。元代学者梁益曾对"火焚而射"方式进行了解析："火，火田也。《尔雅》：'火田为狩。'《王制》：'昆虫未蛰，不以火田。'《周礼》：'仲春搜田，用火弊。'火田者，焚除莱草而田猎也，弊者，止也，皆杀而火止，故曰火弊。"③ 先秦典籍《礼记·郊特牲》记载了当时"火田"的场面：

季春出火，为焚也。然后简其车赋而历其卒伍，而君亲誓社，以习军旅。左之右之，坐之起之，以观其习变也。而流示之禽，而盐诸利以观其不犯命也。求服其志，不贪其得。故以战则克，以祭则受福④。

唐人李涪在《刊误》一书中引述以上文字出现了错误，"季春出火，为禁火。"庞朴先生指出了这一点，应当是"季春出火，为焚也"。"出火"即为田猎活动的开始，而"焚"就是指"焚莱为猎"⑤。

宋代学者王应麟在《玉海》中列有"周四时田法"等多种条目中，相当系统地总结了先秦时期田猎制度与周王及诸侯国的田猎活动，其中，特别提到了晋国所举行的田猎活动。如"晋大搜"条云：

① （唐）杜佑撰：《通典》卷七六，中华书局1988年版，第2064—2065页。

② 参见二水《商代田猎用火焚林》，《史学月刊》1964年第10期。

③ 《诗传旁通》卷三，清文渊阁《四库全书》本。

④ 《礼记·郊特牲》，辽宁教育出版社2006年版，第88页。

⑤ 庞朴：《寒食考》，《民俗研究》1990年第4期。

《左传》：僖（公）二十七年，晋搜于被庐，作三军，谋元帅。晋侯教其民大搜，以示之礼。

文（公）六年，搜于夷舍，二军改搜于董，易中军。

襄（公）十三年，搜于绵上，治兵，使士匄将中军。①

这些见于《左传》的晋国田猎活动的记载应当是真实可信的。而其中提到的“绵上”之地，正是介子推归隐之地，也是晋国进行田猎活动的重要场所。而“绵上”之地，无可置疑是在今天的绵山一带。

晋文公本人恰恰是一位对田猎活动非常痴迷的君主，许多早期文献如刘向《新序》、应劭《风俗通义》等著作都记载了晋文公田猎的活动，其中《新序》一书就保留了多种晋文公田猎的条目内容，如“晋文公出猎章”“晋文公出田章”“晋文公逐麋而失之章”“晋文公田于虢章”等②。可见，这种记载并非空穴来风，不足为据，其中“晋文公出猎章”记云：

晋文公出猎，前驱曰：“前有大蛇，高如堤，阻道，竟之。”文公曰：“寡人闻之，诸侯梦恶则修德，大夫梦恶则修官，士梦恶则修身，如是而祸不至矣。今寡人有过，天以戒寡人。”还车而反。前驱曰：“臣闻之，喜者无赏，怒者无刑，今祸福已在前矣，不可变，何不遂驱之。”文公曰：“不然。夫神不胜道，而妖亦不胜德，祸福未发，犹可化也。”还车反，宿斋三日，请于庙曰：“孤少，牺不肥，币不厚，罪一也；孤好弋猎，无度数，罪二也；孤多赋敛，重刑罚，罪三也。请自今以来者，关市无征，泽梁无赋敛，赦罪人，旧田半税，新田不税。”行此令，未半旬，守蛇吏梦天帝杀蛇，曰：“何故当圣君道为，而罪当死。”发梦视蛇，臭腐矣。谒之，文公曰：“然。夫神果不胜道，而妖亦不胜德，奈何其无究理而任天

① 《玉海》卷一四四，清文渊阁《四库全书》本。

② 参见《新序校释》之《目录》，中华书局2001年版。

也，应之以德而已。”①

清代学者阎若璩曾经质疑《史记》有关晋文公重耳年龄的记载，指出：“《史记·晋世家》：重耳奔狄，是时年四十三。又云：重耳出亡，凡十九岁，而得入时年六十二矣。果尔，诚可为老。然迁多妄说，不若《左传》《国语》足信。《左传》：昭（公）十三年，叔向曰：我先君文公生十七年，亡十九年。《国语》：僖负羁曰：晋公子生十七年而亡。按此，则文公入国甫三十六岁，即薨，亦只四十四耳。杜元凯言：战城濮，文公年四十……”② 阎若璩的质疑并非没有道理。晋文公回到晋国时，也许并不是一位须发皆白的老翁。其次，晋文公在自省时着重提到了自己“孤好弋猎，无度数”的一大罪状。与其他记述相印证，晋文公爱好田猎的特点应该是较为突出的。那么，我们可以推定，面对逃入山林的介子推母子，晋文公很有可能采取田猎的方式来进行追寻或施压。

当时殷周时代田猎活动中通常有着多种猎捕方式，如徒手捕捉、棍棒搏击、弓矢射取、布设网罟、安置陷阱、投放诱媒、烈火焚攻、猎犬相助等。③ 根据相关记载，晋文公及晋国军民在绵山田猎活动中纵火的同时，可能也采用过布设罗网等方式。如王子年《拾遗记》曰：“晋文公焚林，以求介子推，有白鸦绕烟而噪，或集介子推之侧，火不能焚，晋人嘉之，于山数百里不复设罗网。”④ 唐代学者贾公彦曾对“火田为狩”的具体方式进行了解释：

> 云“今俗放火，张罗，其遗教”者，汉之俗间，在上放火，于下张罗承之，以取禽兽，是《周礼》之遗教。则知周时亦上放火、下张罗也。⑤

---

① 《新序校释》卷二《杂事》，第 215—219 页。

② 《四书释地》三续卷中《晋文公》条，又见续卷上《亡人》条，清文渊阁《四库全书》本。

③ 参见孙雍长《从甲骨文看殷周时代的田猎文化》，《广州大学学报》（社会科学版）2007 年第 1 期。

④ 引自《太平御览》卷八三二。

⑤ 《周礼注疏》卷三十，清文渊阁《四库全书》本。

由上述推论可见，绵山纵火，绝非晋文公一时冲动所致，而是熟悉田猎方式的晋国军民十分自然地采用了田猎活动寻捕动物的方式来找寻介子推母子。而山火蔓延，水火无情，很容易造成失控的局面，人员的伤亡在所难免，介子推母子大概就是这种类型的受害者。从这个意义上讲，介子推被焚死，实际上可以视为先秦时期晋国田猎活动或晋文公耽于田猎所衍生出来的一个牺牲品。

然而，古人在生产与生活实践中也逐渐意识到，滥用火种、擅兴山林之火的危害是极其严重的。经学家郑玄就曾指出："火田为燎，燎之方盛之时，炎炽熛怒，宁有能灭息之者?"[①] 因此，先秦时期也开始出现了相关"火禁"的制度及立法，对于用火的时间及地点进行了种种规定与限制。如《礼记·月令》："仲春之月，毋焚山林。"古代文献中的所谓"禁火"，更多的是指"火田之禁"。如清代学者方苞对于先秦时期的火禁制度进行了梳理与分析：

> 火禁，如用火之地、救火之法，以及夏毋烧灰，昆虫未蛰，不以火田之类，以刑官之属掌之，使民不敢犯也。[②]

难以否认，介子推焚死故事对于上古时代田猎制度的改革，起到了不小的推动作用。如成书于西汉的《淮南子》对于田猎活动的记述，就突出了更多的禁忌。如《主术训》称："……故先王之法，畋不掩群，不取麛夭，不涸泽而渔，不焚林而猎。"[③] 又根据《淮南子》记载，晋文公与其臣下对于焚林问题有过专门的讨论：

> 昔晋文公将与楚战城濮，问于咎犯曰："为之奈何?"咎犯曰："仁义之军，不厌忠信；战阵之戎，不厌诈伪。君其诈之而已。"辞咎犯，问雍季，雍季对曰："焚林而猎，愈多得兽，后必无兽。以

① 《毛诗注疏》卷一九郑玄注《正月》文。

② （清）方苞撰：《周礼集注》卷十，清文渊阁《四库全书》本。

③ 《淮南子注》，岳麓书社版《诸子集成》第8册，第153—154页。

诈讹遇人，虽愈利，后无复。君其正之而已矣。”于是不听雍季之计，而用咎犯之谋。与楚人战，大破之。还，归赏有功者，先雍季而后咎犯。左右曰：“城濮之战，咎犯之谋也。君行赏，先雍季，何也?”文公曰：“咎犯之言，一时之权也。雍季之言，万世之利也。吾岂可以一时之权，而先万世之利也哉?”①

从晋文公君臣的对话中，可以看出，一方面，他们对于“焚林而猎兽”的方式非常熟悉，另一方面，他们已然对于“焚林而猎”的危害性怀有共识。笔者怀疑，这种共识是否也与介子推焚死的惨剧有关呢?

在传统农业社会生产活动中，焚烧野草以助肥力的方式仍然被广泛地使用，这当然与先秦时期的“火田”有了很大的不同。为了减少焚田的危害，大中祥符四年（1011年），宋真宗特别颁布了《顺时行火诏》，主要是针对焚烧野草的危害：

大中祥符四年，诏曰：“火田之禁，著在《礼经》。山林之间，合顺时令。其或昆虫未蛰，草木犹蕃，辄纵燎原，则伤生类。诸州县人畬田，并如乡土旧例，自余焚烧野草，须十月后方得纵火，其行路野宿人，所在检察，毋使延燔。”②

在人类社会的早期发展历史中，火的使用开启了人类发展的一个重要阶段，对于人类突破原始生态系统的禁锢起到了极其重大的作用，做出了巨大的贡献。而“田猎”同样是中国先秦时代的一种具有代表性的重要生产生活方式，而田猎过程离不开火的使用。然而，“水火无情”，焚火方式使用的危险性极大，介子推很可能就是“火田”方式受害者的代表。

① 刘文典撰：《淮南鸿烈集解》卷十八《人间训》，中华书局1989年版，第602—603页。

② 《宋史》卷一七三《食货志》，第4162页。

小 结

寒食节风俗经历了相当漫长的演变史，在这漫长的演变史中，介子推事迹从历史事件转化为传说或传奇，介子推由一个晋国人变成一个受人膜拜的神，寒食节风俗也从晋中（并州）传播到全国，成为一个全国性的节日。与此同时，研究者对于寒食节起源的争论却一直没有停止。

不难看出，在古今学者的相关研究论断中，“改火说”及“禁火说”是一种主导性的说法，或是可以说，不管赞成与否，“改火说”或“禁火说”其实已然在相当长的时间里成为一种压倒性的解释或共识，得到了大多数学者们的赞同与附和。在一系列关于“改火说”或“禁火说”的研究成果中，研究者们提交了相当丰富的历史文化资料。笔者以为，在这种状况下，“改火说”或“禁火说”本身究竟是对是错，已然变成一个次要问题，而这类说法所涉及的丰富的中国传统历史文化信息，更加值得关注。这应该是寒食节文化给予后人的一大贡献。

我们在探讨关于寒食节起源问题的争论的同时，绝不可忽视“禁火”与“改火”在寒食节文化发展的实践问题。唐宋时代，寒食节不仅成为一种重要节日，而且“禁火”与“改火”已成为社会文化习俗的核心内容。

介子推“焚死”故事的来历是不简单的，不应该简单加以否定。传说中介子推被焚烧而死，而晋文公为何选择用火焚这种形式，本身就是一个极有价值的问题线索。笔者认为，这应该与先秦时期盛行“火田为狩”的田（畋）猎方式有关。田猎文化是标志着华夏文明发展的一个重要阶段，“明火烧山”风俗与先秦时代的田（畋）猎制度存在着最直接的关联。而寒食节风俗应该是对这种古老制度的一种特殊纪念。

（本章由安介生撰写）

政区与地名篇

——介休政区沿革与村落地名的地理学考察

区位价值是地理学研究的核心主题之一。所谓“区位”的范定与探讨，主要包括两个方面的内容：一个是位置（location），另一个是区域范围（region）。然而对于某一名称的区域而言，无论是位置，还是区域范围，都不是一成不变的。而这种变化及相关背景，就成为历史地理研究最为丰富的资源之一。中国历史政治地理的基础及核心内容之一，便是历代政治区划的沿革。这种政区沿革状况同样是地方历史演变中的最核心的部分。

山西地区地势结构号称“最为完固”，即山西省与周边地区之间，具有相当严密与整齐的地理界限。而在山西地域结构之中，亚区之分野非常显著，意即山西境内分为几个相当完整的地理亚区，如雁北地区（今分为大同市与朔州市）、忻州地区、吕梁地区、晋中地区、晋西南地区与晋东南地区等。各个亚区的区位价值各具特色，各不相同。特别是各个亚区在历史时期均有区域性政权首府之设置，这在中国历史区域地理的研究中也是不多见的。最突出的是平城（今大同市），号称“代都”，为第一个北族王朝——北魏的首都。①

就区位而言，介休市位于山西中部太原盆地——晋中地区的南缘，地处南北交通干道之上，且与吕梁地区、晋西南（临汾）、晋东南（长治）三个亚区接壤。既具有优越的交通咽喉之利，又呈现出非常突出的边缘性特征。这种特殊的区位特色与价值，对于介休地区历史地理之演变，特别是对于政区归属问题，产生了相当深刻而长远的影响。

---

① 关于山西地区的区位价值与亚区分析，参见拙文《晋学研究中的“区位论”》，《晋阳学刊》2010年第5期。

第三章　关于介休县城址与地理环境之演变

区位问题的核心之一，是位置，对于政区而言，治所的位置往往成为该政区的核心地理坐标，成为人们进行其地区地理标识与考察的依据。介休地区历代行政区划沿革的一个重要问题，同样是治所问题。

关于介休地区的政区沿革情况，古今不少史地著作已做了相当系统的归纳与分析。在今天的介休县境内，历史上曾经出现过数个古县的设置，考察这些古县的沿革变化情况，对于认识历史时期介休地理环境以及发展过程，有着重要的意义。

第一节　邬县与邬城泊

在今天介休市境内最早设置的县级政区，应该是邬县。“邬”作为地名，最早出现于春秋时期，为晋大夫之封邑。清代学者高士奇所著《春秋地名考略》卷五中较全面地梳理了邬县的沿革状况：

> 邬：昭（公）二十八年（前 514 年），魏献子为政，分祁氏之田以为七县，分羊舌氏之田以为三县，司马弥牟为邬大夫，贾辛为祁大夫，司马乌为平陵大夫，魏戊为梗阳大夫，知徐吾为涂水大夫，韩固为马首大夫，孟丙为盂大夫，乐霄为铜鞮大夫，赵朝为平阳大夫，僚安为杨氏大夫。杜注：七县，邬、祁、平陵、梗阳、涂

> 水、马首、盂也；三县：铜鞮、平阳、杨氏也。邬，太原邬县。臣谨按：《汉（书）地里（理）志》：太原郡有邬县，为司马弥牟邑。《水经注》：侯甲水又西合婴侯之水，径邬县故城南，即司马弥牟邑也。俗亦曰虑水。又西北入邬陂。《史记》：曹参从韩信，击赵相夏说于邬东，大破之。又围赵别将于邬城中。汉邬县，晋、后魏因之，北齐废。今故址在介休县东北二十七里。《志》云：邬城历隋唐至宋，始圮于水。城北接文水，东接祁县境，县东北有邬城泊，合中都水，注于汾河，或谓之蒿泽。隋汉王谅拒杨素于蒿泽，即此。[①]

据《汉书·地理志》，当时“太原郡”下辖21县，即晋阳、葰人、界休、榆次、中都、于离、兹氏、狼孟、邬、盂、平陶、汾阳、京陵、阳曲、大陵、原平、祁、上艾、虑虒、阳邑、广武。邬县为其中之一，其下释文云：“邬，九泽在北，是为昭余祁，并州薮，晋大夫司马弥牟邑。”据此可知，邬县县治北临“九泽”，其最突出的地理景观标识，即为“九泽”，又称为“昭余祁”。

古今学者关于邬县沿革的考订并无多大异议。从春秋时期至南北朝，邬县设置的时间相当长，而其归属也较为单一，即均归属于太原郡。如《续汉书·郡国志》记载，太原郡下辖16城（县），即晋阳、介休、榆次、中都、于离、兹氏、狼孟、邬、盂、平陶、京陵、阳曲、大陵、祁、虑虒、阳邑。邬城是其中之一县。《晋书·地理志》记载“太原国”下辖13县，晋阳、阳曲、榆次、于离、盂、狼孟、阳邑、大陵、祁、平陶、京陵、中都、邬。邬县也为其中之一。清代学者程廷祚《春秋识小录》卷六记云：“邬，在今汾州府介休县东北二十七里。”[②] 可以看出，从秦汉至两晋，晋中地区政区设置的格局是相当稳定的，而邬县隶属于太原郡的政区层级隶属关系也是十分明确的。

时至北朝后期，邬县被撤废。如北齐魏收所撰《魏书·地形志》记

---

① 《春秋地名考略》卷五，清文渊阁《四库全书》本。

② 《春秋识小录》卷六，清文渊阁《四库全书》本。

载“太原郡”下领10县，邬县也为其中之一，其下释文云：“二汉、晋属，后罢。太和十九年复。有中都，有邬城、太岳山。虑水入区夷泽。”乾隆《大清一统志》载“邬县故城”条对此考订曰：“邬县故城，在介休县东北。《春秋》晋邬邑。《左传》昭公二十八年：晋分祁氏之田以为七县，司马弥牟为邬大夫，汉置邬县，属太原郡，晋末废。后魏太和十九年，复置。《魏书·地形志》介休县有邬城，邬县有邬城，盖邬城，本汉故城，前属介休，后属邬县也。其邬县，至北齐时废，《旧志》：故邬城，在县东北二十七里，今为邬城店。”①

隋唐以后，邬县完全归并于介休县。如《元和郡县图志》记“汾州介休县”下有“邬城泊”，其释文云：“邬城泊，在县东北二十六里。《周礼》‘并州之薮曰昭余祁’，即邬城泊是也。”② 显然，这个邬城泊，就是前引先秦文献所称的“九泽”及“昭余祁”。又如《太平寰宇记》“汾州介休县”下也记有“昭余祁”：“昭余祁，《吕氏春秋》云大陆，又名呕夷之泽。《周礼》并州薮，俗名邬城泊是。按薮自太原祁县连延西接至此。”③ 这条记载也同样以引述典籍文献为主，但是，最后的注解按语却让我们对于邬城泊的面积有了一个明确的印象。由此可知，自上古至唐宋时期，介休东北部（即古邬城）与古代祁县等地之间存在有相当广袤的水域，这也就是所谓“邬城泊”的所在之地。

《大明一统志》“汾州府”记其水域有云：“邬城泊，在介休县东北二十里，本昭余祁薮，俗呼今名。”又记其古迹有云：“邬城，在介休县东北二十七里。《左传》：魏献子以司马弥牟为邬城大夫，即此。”可见，这些记载虽然都是沿用以前文献所记内容，也可认为是对于当时邬城沿革及当时状况的一种认定。又嘉庆《介休县志》卷二“古迹篇”记云：“邬城，在县东三十里。”而据当代编撰的《介休市地名志》提供的资料，邬城店位于介休城东17.5公里。④

① 《大清一统志》卷一〇五《汾州府》“古迹篇”，清文渊阁《四库全书》本。

② 《元和郡县图志》卷一三《河东道二》，中华书局1983年版，第379页。

③ 《太平寰宇记》卷四一《河东道二》，中华书局2007年版，第870页。

④ 介休市地名委员会办公室、介休市地名志编辑委员会编：《介休市地名志》，内部印行2011年版，第64页。

笔者在邬城店实地考察看到，邬城店一带地势平坦广阔，又有河沟围绕，确有建立县治之条件。不过，其村地势较低，村内地面水源均由洪山水而来。据当地村中居民讲述，在20世纪50—60年代，低洼之地尚多有水塘。在近二三十年间，低洼之地已被排干，陆续建为村民住宅地，而其村之田地则处于地势较高的位置，整个地貌具有明显的拾级而上的特征。

最后值得一提的是，古今研究者关于邬城县最终被兼并问题的讨论。顾祖禹曾经引据地方志指出："故邬城，历隋、唐至宋，始圮于水，城北接文水，东接祁县境。"① 可见，邬城之废弃，主要为水所浸。又如雍正《山西通志》卷一七七"辨证二"之"介休县"下称："按：汉太原郡邬县后徙武陵，遂废。"而与其他资料相比证，此处所云"武陵"应为"武城"之误。如该志又称："按魏徙邬城县民居武城，在今治东，北齐入平遥，遂废。"

关于武城的位置，雍正《山西通志》卷五八"古迹篇"又称："武城，(介休县) 东四十五里。秦白起驻兵于此。"嘉庆《介休县志》卷二"古迹篇"又记云："武城，在县东四十五里，秦武安君白起驻兵于此。北魏徙邬城县民居此城。"笔者通过实地考察看到，今天的武城之地，已分为东武屯与西武屯两村，两村之间仅隔一条马路而已。在地势上，武城之地确实处于比邬城店高一层级的台地之上，地面开阔，至今尚有旧村堡土墙存留。

据上述考订可知，邬县作为介休境内建置最早的古县，其沿革及治所位置是较为明确的，并无太多歧义。就县治的地理环境而言，邬县县治处于昭余祁湖泊沼泽之南部边缘，而其在介休县全境的位置又偏东北，其最终被兼并与其区位特征有很大的关系。

需要说明的是，今天介休城所在之地，并非直接延续历史时期邬县而来。而据雍正《山西通志》所载，邬县曾被并入平遥县，其后，才归入介休县。

① 《读史方舆纪要》卷四二《山西四》，第1946页引文。

第二节 介休县(附绵上县)

秦汉时期，今天介休市境内设置了另一个更为著名的县级政区，早期称为“界休”。界休为《汉书·地理志》所载太原郡所辖 21 县之一，然而，界休县下仅有注文曰：“莽曰界美。”即谓王莽时期曾改县名为“界美”，没有提到该县任何历史沿革情况及标志性景观①。这就为后人考究当时的县名、县治与县域范围等一系列问题提出了严峻的挑战。如秦汉时期的县治位置，便成为一个长期难以解决的问题。

从东汉时期到北朝前期，“界休”一名曾经长期延续。如《后汉书·郭林宗传》载：“郭太（泰），字林宗，太原界休人也。”又如袁山松《郡国志》曰：“界休县有介山、绵上聚、子推庙。”② 东汉后期以后，“界休”更多地改写为“介休”，如《续汉书·郡国志》记云：“介休，有介山，有绵上聚，有千亩聚。”值得关注的是，两部《郡国志》都在介休县境内标注了三大景观或古迹，即介山、绵上聚与千亩聚。其中，“绵上聚”的出现，为我们考释先秦至魏晋时期介休县治所及地域范围提供了珍贵的线索。

绵上聚，为先秦时代晋国境内较为重要的地点，特别是因介子推故事而闻名遐迩。《左传·僖公二十四年》载云：介子推死后，“晋侯求之，不获，以绵上为之田。”绵上之地于隋朝设置绵上县。如《隋书·地理志》“西河郡”下记云：“绵上，开皇十六年（596 年）置，有沁水。”《旧唐书·地理志》又记云：“绵上，隋分介休之南界置绵上县。”《元和郡县图志》载云：“绵上，本汉谷远县地，隋开皇十六年置绵上县，属沁州，以县西界有绵上地，因以为名。”很显然，在地理方位上，绵上县设置于介休县与谷远县之间，而以绵上之地为核心。

① 《汉书》卷二八上《地理志上》，中华书局 1997 年版《二十四史》合订本，第 1551 页。

② 引自《水经注疏》卷六，第 539 页。

而乐史《太平寰宇记》对于“绵上”的记述很有参考价值：

介山，一名横岭，地名绵上。《左传》：“晋侯赏从亡者，介子推不言禄，禄亦不及，遂与母偕隐而死。晋侯求之，不获，以绵上为之田。曰：‘以志吾过，且旌善人。’”杜注：“西河介休县南有地名绵上。”此山即绵上田之故地，汉以为县。《郡国志》云：介山上有子推冢，并祠存。①

宋代学者程公说在《春秋分记》卷二六中较早地对“绵上”沿革状况进行了系统考释：“绵上，《（春秋）释例》：西河介休县南地名，今汾州介休县有绵上山，谓之介山。上有介之（子）推祠。隋开皇十六年，分介休县南境置绵上县，属汾州，今属威胜军（治今山西沁县）。故介休以介山得名，而绵上乃介之（子）推田，考其田在介山之南，本则一也。”② 又雍正《大清一统志》卷一二〇“沁州古迹篇”有“绵上故城”，其下注云：

绵上故城，在沁源县东北。隋置县，属西河郡。唐属沁州。《元和志》：县至沁州七十里，本汉谷远县地。隋开皇十六年，置绵上县，以县西界有故绵上地，因名。《寰宇记》：太平兴国四年，割属大通监。《宋史地理志》：宝元二年，自大通监来隶威胜军。庆历六年，移治军西北大觉寺地。《元史·地理志》：至元十年，省绵上县入沁源。《旧志》：今为绵上镇，在县东北七十里。按宋以前绵上县，当更在县西北，与绵山相近。今绵上镇，宋县治也。

据上述文献可知，宋代绵上县到元代至元十年（1273 年）并入沁

① 《太平寰宇记》卷四一《河东道二》，第 870 页。

② 《春秋分记》卷二六，清文渊阁《四库全书》本。笔者按，古文献中，介子推又称为介之推。

源县。宋代绵上县治所旧址在今天沁源县西北绵上村（棉上村），距沁源县城35公里。民国三十年（1941年），也曾在此设绵上县[①]。而宋代以前的绵上县，更在今天绵上村以北。据笔者到绵上村实地考察，绵上之地确是一块十分难得的山间黄土塬台地，处于绵山山脊以南，地势较为开阔，故适宜被选作县治治所之地。而今绵上村附近尚有相传介子推的墓地。

介休县政区变化的剧烈时期，出现在南北朝时期。北朝后期，北部中国陷入长时间的动荡，政区变化频繁与混乱，户册编籍散失严重。正如魏收在《魏书地形志序言》所称："……孝昌之际，乱离尤甚。恒代而北，尽为邱墟；崤潼已西，烟火断绝；齐方全赵，死如乱麻。于是生民耗减，且将大半。永安末年，胡贼入洛，官司文簿散弃者多，往时编户，全无追访。今录武定之世以为志焉。州郡创改，随而注之，不知则阙……"[②] 故而，《魏书·地形志》的缺漏十分严重，长久以来为研究者所诟病。缺漏之外，《魏书·地形志》更严重的问题是地名重合问题。如《魏书·地形志》记载有多个介休县，显然是多次迁治的结果，如《魏书·地形志》记载了两个"西河郡"内均有介休县。

1. 西河郡，旧汾州西河民，孝昌二年为胡贼所破，遂居平阳界，还置郡。

领县三，户一千七百六十一，口四千九百九十七。

永安，孝昌中置。治白坑城。

隰城，孝昌中置。

介休，孝昌中置。[③]

2. 西河郡，汉武帝置，晋乱罢。太和八年复。治兹氏城（治今山西汾阳市）。

领县三，户五千三百八十八，口二万五千三百八十八。

① 参见段恒撰《棉（绵）上村》（未刊稿）。

② 《魏书》卷一〇六上《地形志上》，第2455页。

③ 同上书，第2479—2480页。

隰城，二汉、晋属。太延中改为什星军，太和八年复。有虞城、阳城。

介休，二汉属太原，晋属（西河国）。晋乱罢，太和八年复。有木瓜山、邬城。有郭林宗墓、介休城、太岳山祠。

永安，太和十七年分隰城置。[①]

比较而言，上述记载中的第一个介休县是在孝昌年间所置，已在平阳郡（治今山西临汾市）之界内，与今天的介休县已有一定距离，应为居民迁移后所置。而第二个“西河郡”所载介休县，与今天介休县之地相符。在此记载中，介休县的标志性景观有木瓜山、邬城、郭林宗墓、介休城、太岳山祠。除邬城外，“介休城”的出现最引人关注。这个“介休城”显然是介休故城，可见，《魏书·地形志》所载此介休县，也是迁治之后的介休新城，而该《志》对此则并没有解释与说明。我们只好借助其他文献的帮助来复原一下当时的变化。

《隋书·地理志》对此解释道：“介休，后魏置定阳郡平昌县，后周改郡曰介休，以介休县入焉。开皇初郡废，十八年，县改曰介休。”[②]这个解释是简单明白的，是后魏在今天介休市境内又建置了平昌县，并将旧介休县并入。关于介休县在北朝时期的复杂变迁，唐代李吉甫所撰《元和郡县图志》进行了一番更为详细而全面的梳理：

介休县，望。西北至州六十五里。开元户一万一千三百八十三。乡二十二。

本秦、汉之旧邑，在介山西，因名之。后魏明帝时为胡贼所破，至孝静帝更修筑，迁朔州军人镇之，因立为南朔州，但领军人不领郡县，其介休县仍属汾州。高齐省介休入永安县。周武帝省南朔州，复置介休县，宣帝改介休为平昌县，隋开皇末又改平昌为介休县。义宁元年，于县置介休郡，武德元年改郡为介州。贞观元年

① 《魏书》卷一〇六上《地形志上》，第 2483 页。

② 《隋书》卷三〇《地理志中》，第 852 页。

废介州，以县属汾州。[①]

乐史所撰《太平寰宇记》与《元和郡县图志》所记内容基本一致：

> 介休县，东南六二十里。旧二十六乡，今十二乡。本秦汉之旧县，在介山西北，因以名之。后魏明帝时为胡贼所破，至孝静帝更修筑，迁朔州军人镇之，因立为南朔州，仍属汾州。高齐省介休入永安县。周武帝省南朔州，复置介休县，宣帝改介休为平昌县，隋开皇末，又改平昌县为介休县，义宁元年于县置介休郡。唐武德元年，改郡为介州。贞观元年州废，县归汾州。[②]

根据上述两大志书提供的资料，我们对于北朝时期介休地区政区的变迁就有一个更详细的认知。在北魏明帝时期（516年至528年）介休境内南朔州的设置是确定无疑的。这个南朔州所在，就应该是今天介休县城所在之地。之后，南朔州被更置为介休县及平昌县、介休郡等，最后依然定为介休县。而原来的介休县旧治或旧城，则是在摧毁之后，被并入介休新城。

宋代欧阳忞所撰《舆地广记》“河东路汾州”下关于介休建置的记载同样证明了我们的判断：“上，介休县，二汉属太原郡。晋属西河国。元魏分置平昌县。后周置介休郡，省介休县入平昌。隋开皇初郡废，十八年，改平昌曰介休，属西河郡。义宁元年，复置介休郡。唐武德元年改为介州。正（贞）观元年州废，来属。有绵上山，今谓之介山。有介子推祠。汉邬县，属太原郡。东汉、晋因之。泽在北，是为昭余祁。汉中都县，文帝为代王，都此，属太原郡。东汉、晋因之，后皆入介休。”[③] 据此可知，平昌县乃分割介休境土而置，不是就原来城治所置，是新建之城。平昌县后改为介休县，即今天县城

① 《元和郡县图志》卷一三《河东道二》，第378—379页。

② 《太平寰宇记》卷四一《河东道二》，第869页。

③ （宋）欧阳忞撰：《舆地广记》卷一九《河东路下》，李勇先、王小红校注，四川大学出版社2003年版，第539页。其中关于中都县并入介休县的内容，恐怕有误。

之所在。

然而，在北朝时期新介休县城建成之后，秦汉时期的旧城所在变成了一个难解的问题。传统地理志书中关于“里程”的记载或许能给我们提供一些帮助。关于新介休城最早、最翔实的记载，还要数《元和郡县图志》，其余史籍的数据大多来源于该志，该志记载介休境内著名景观与新县县治的距离数据有：

> 介山，在县西南二十里。
>
> 雀鼠谷，在县西十二里。
>
> 汾水，在县北十二里。
>
> 邬城泊，在县东北二十六里。《周礼》：并州之薮曰昭余祁，即邬城泊是也。①

自唐朝迄今，介休县治从此稳定下来，没有再迁移。因为记载中的一些关键数据如介山、汾水、邬城泊、雀鼠谷等著名景观以及汾州府（今汾阳市治）至县治的距离，自唐迄清，相关地理志书的记载均保持一致。如：

1. 南宋著名学者王应麟所著《通鉴地理通释》卷一四所记云：“介休县，本秦汉旧邑，在介山西。介山，在县西南二十里。”

2. 《明史·地理志》汾州府下记云：“介休，府东南有介山，亦曰绵山，西有汾水，东有石洞水，西流入焉。东北有邬城泊，与平遥、文水二县界，即昭余祁薮之余浸也，或亦谓之蒿泽。东南有关子岭镇巡检司。”

3. 《明一统志》“汾州府”下记云：“介休县，本在州城东七十里，本晋大夫弥牟邑，秦为介休县，以介山为名，汉属太原郡，晋属西河国。后魏于此置定阳郡，改县曰平昌。北齐以永安县省入。后周改郡曰介休。隋开皇初，郡废，复改县曰介休。义宁初，于县置介休郡，唐初改郡为介州，贞观初，州废，以县属汾州。五代、宋、金、元仍旧，本

① 《元和郡县图志》卷一三《河东道二》，第379页。

朝因之，编户四十五里。”

4. 乾隆《大清一统志》“汾州府”下记云：“介休县，在府东南七十里，东西距八十里，南北距八十里，东至平遥县界五十五里，西至霍州灵石县界二十五里，南至灵石县界五十里，北至孝义县界三十里，东南至沁州沁源县界六十里，西南至灵石县界二十五里，东北至平遥县界三十里，西北至孝义县界二十里。汉置界休县，属太原郡，后汉因之。晋曰介休，改属西河国。后省。后魏太和八年，复置，仍属西河郡。孝昌中，侨置定阳郡，东魏兼置平昌县，后周改郡曰介休，省介休县入平昌。隋开皇初，郡废。十八年，又改平昌曰介休。义宁元年复为县，置介休郡。唐武德元年，改曰介州。贞观元年，州废，属汾州，五代、宋、金因之。元初，属太原府，至元二年，还属汾州，明属汾州府，本朝因之。”

5. 清至民国《介休县志》。以嘉庆《介休县志》为例：县治在汾阳府东南七十里。绵山在县治南四十里。雀鼠谷在县治西南二十里。汾水在县治北十里。邬城泊在县治东三十二里北辛武村。

上述数据依然无法解决介休县旧治城所在的疑问。清朝初年著名学者顾祖禹在《读史方舆纪要》卷四十二对“介休故城”做出了明确的考证，他明确指出：“介休城，在今县东南十五里。汉县治此。后周建德五年自平阳进攻晋阳，周主邕与宇文宪会于介休，即此。今城，东魏所置平昌县也，隋改置介休于平昌，故城遂废。”①顾祖禹的考证又为其他研究者及志书撰著者所接受。如乾隆《大清一统志》卷一〇五下载云：“介休故城，在介休县东南，汉置县，曰界休，晋曰介休。后魏徙治，故城废。《魏书·地形志》：介休县有介休城。《水经注》：汾水又西南，径介休县故城西，城东有征士郭林宗、宋子浚二碑焉。《旧志》：在县东南十五里。”比较可知，顾祖禹以及《大清一统志》的认定，同样应来自介休县的《旧志》。清代著名历史地理学家李兆洛所编《历代地理志韵编》相关注释同样继承了这种定位②，而这也成为今天《中国历史地

① 《读史方舆纪要》卷四二《山西四》，第 1946 页。

② 《历代地理志韵编今释》，江苏广陵古籍刻印社 1992 年版，第 219 页下。

名大辞典》定位的主要依据①。

不过，要真正解释清楚界休故县县治问题，还得弄清楚几处山水景观之方位。

首先是石桐水问题。关于北朝时期介休县地理状况最珍贵的一份资料，是来自《水经·汾水注》的一段文字，为了考证这个问题，我们有必要将相关内容引述如下。如“又南过平陶县东，文水从西来，流注之”下注文云：

> 汾水又南，与石桐水合，即绵水也。水出界休县之绵山北，流经石桐寺西，即介之推之祠也……故袁山松《郡国志》曰：界休县有介山、绵上聚、子推庙……石桐水又西流，注于汾水。
>
> 汾水（?）又西南，径界休县故城西，王莽更名之曰界美矣。城东有征士郭林宗、宋子浚二碑……汾水之右，有左部城，侧临汾水，盖刘渊为晋都尉所筑也。②

上述文献虽然提到了“界休县故城”，却依然没有明确位置，似乎“界休县故城”只在汾水东侧，这与今天介休县城所在更为接近，显然与所谓“故城”在方位上无法契合。然而，我们通过对勘发现，在清代学者沈炳巽所撰《水经注集释订讹》卷六、杨守敬等人所撰《水经注疏》卷六中，第二段所提之“汾水”字样被删去，即谓石桐水流经界休县故城西，这就为我们的考释又提供了新的路径。③

关于石桐水，古今研究者有着不同的意见。如雍正《山西通志》卷二十《山川》下所引文献指出：“洪山水，在县东南三十里洪山，山半有泉数罅，四季不竭，即文路公三渠之源也，东北流入于汾，土人谓即石桐水。按：石桐当出绵山。”笔者以为，文献所云“石桐水”“洪山

① 参见史为乐主编《中国历史地名大辞典》，中国社会科学出版社 2005 年版，第 446 页“介休县”条。

② 《水经注》卷六《汾水注》，清文渊阁《四库全书》本。

③ （清）沈炳巽撰：《水经注集释订讹》卷六，清文渊阁《四库全书》本；又见《水经注疏》卷六《汾水注》，江苏古籍出版社 1989 年版，第 539—543 页。

水”，应为今天的龙凤河。

其次是“胜水”与六壁城问题。通常，研究者认为“六壁城”在今天的孝义市境内。如雍正《山西通志》卷五八“古迹（介休县）”下载云：“六壁城，东（在）洪山村，《水经注》：魏置城，因为大镇，太和中，罢镇，仍为西河郡。”但是，与《水经注》相校对可知，此处引文应指汾阳及孝义境内的“六壁城”，而不应该是在介休市境内，显然有误。而孝义境内的“六壁城”显然与“界休县故城”没有任何关系。

> 六壁城，（孝义县）西八里。魏真君五年，讨白狐于六壁城。《地形志》：永安中置显州，治六壁城。六壁者，世传辛壁、贾壁、白壁、许壁、柳壁，并六壁，为六也。唐置以居府兵，遂名六壁府。①

介休境内的洪山，又被称为“东狐岐山”，相对于孝义县境内的“西狐岐山”。雍正《山西通志》卷二十“山川”下载云：“狐岐山，在县东南二十五里，中有狐洞，可通十里。山半有泉。《禹贡注》：狐岐之山，胜水出焉，即鹫鹫泉。《禹贡》：治梁及岐。注：岐山，在汾州介休县。”

古文献所指“胜水”，即今天所谓“洪山水”。“胜水，在县东南，源出狐岐山，流入县东境洪山源神池诸村，凡二十里，东入于汾。”②又据《大明一统志》记载，“洪山水，在介休县东南二十八里，北流，分为三道，民决以灌田。”雍正《山西通志》卷三一载云：“洪山源神池村渠，发源东南二十五里狐岐山，即东南三十里洪山水。《水经注》所谓石洞水也，分东西中三股……”从此条记述，可以得知，胜水、洪山水，又被称为“石洞水”。

而前述《水经注》记载，石桐水即为绵水，出于绵山以北，正与今天龙凤河相符合。根据当代《介休市地名志》记载，介休境内发源于绵

---

① 雍正《山西通志》卷五八《古迹》“孝义县”下。

② 雍正《山西通志》卷二十。

山的最大的洪水河，非今天的龙凤河莫属。因为山水暴发之时，河中常常裹挟巨石，因此，龙凤河又被称为“石河”。笔者怀疑，文献中所谓“石桐水”，很可能是“石头水”或“石洞水”的谐音。

再次，由于缺乏精确的地图以及实地测量，古文献中的定位往往较为模糊。文献记载中的“绵山”“胜水”等都有这方面的问题。这也就是造成旧方志中景观方位混淆的最根本原因之一。如就绵山方位而言，“大氐（抵）介休以南，灵石以东，沁源以北，其山众多，今通谓之绵山，不知在古各有名谓也。”[①]《元和郡县图志》所指“绵山”与明清方志所指“绵山”便有不小的差异。如《元和郡县图志》记载：“介山，在县西南二十里。”而嘉庆《介休县志》则记载：“绵山在县治南四十里。”这“二十里”与“四十里”之间如何处理与甄别呢？如果在熟悉今天介休市地理状况之后，我们就会对这个歧义与差异有了较好的理解与通融。绵山虽然是隶属于太岳山脉的一个分支，然而形势绵亘，山体硕大，内部结构复杂。主峰为抱腹岩，故绵山又被称为“岩山”，而抱腹岩所在地正在距离今天介休市区东南 40 里处。

又绵山北峰为天峻山，距离市区 15 公里处，而所谓“狐岐山”，即洪山，实为天峻山北侧山峦，很难与天峻山截然分开，而位于天峻山北部的洪山镇，距离市区也只有 12 公里之遥。因此，我们可以说，不同距离的定位，或出于不同的依据，我们不能简单判别文献中的各种记载的对与错。

再有山川地理分布的实际状况相当复杂，不免与文献记载有着较大的出入。历史时期介休境内的水系与水环境相当复杂。正如乾隆《介休县志》所云：“定阳滨汾河之曲，胜水注之，民田六千余顷。旱则资溉，涝则资泄。川涂沟浍相通，若鳞比然，甚哉！”[②] 龙凤河之所以会与洪山水、胜水相混淆，主要是因为数条河水，如龙凤河、樊王河以及“胜水三渠”等，最终汇流在了一起，然后注入汾河。因此将其统称为“胜水”，也不是完全错误的。

---

① 引自《天下郡国利病书·山西备录》，上海古籍出版社 2012 年版，第 1850 页。

② 乾隆《介休县志》卷二《山川》，山西人民出版社 2012 年版点校本，第 35 页。

最后，笔者以为，考求秦汉时代界休故县县治，若按之地理方位，今天介休市东南的“六壁城”，颇值得关注。关于六壁城的问题，多种《介休县志》进行了记述。通过比较，我们可以发现一些问题。

乾隆《介休县志》卷二“古迹”载：“六壁城，在洪山村。《水经注》：魏置城，因为大镇，太和中罢。按：《孝义志》亦有六壁城。”[①]

嘉庆《介休县志》卷二“古迹”下则记云：“六壁城，在洪山村。《水经注》：北魏于狐岐置六壁城，防离石诸部落，因为大镇，太和中罢。《府志》云：介休故城在介休县东南二十五里，北魏太和八年置。俗目为六壁城者，误，六壁城当在孝义县境。”[②]

民国《介休县志》卷十六“古迹考”载云：“六壁城，在洪山村。详大事谱中。《府志》云：介休故城在介休县东南二十五里，北魏太和八年置。俗目为六壁城，误，六壁城当在孝义县境。”[③]

从此，我们看出，《府志》地方志作者隐约透露出了界休故县在“六壁城”的信息。其实，山西境内“六壁城”并不仅只孝义市一处，介休市境内还有“六壁城”。介休自古有“九寨四十堡，六壁十八屯”的说法。根据当代《介休市地名志》记载：介休境内有所谓“六壁”，分别为张壁、东宋壁、西宋壁、遐壁、郭壁、木壁。[④]

张壁，位于绵山北麓，龙凤镇西南部，北距介休市城区10公里。

遐壁，位于介休县南垣上，北距介休市城区5公里，同属龙凤镇。

郭壁，在介休市西部，属于义棠镇西山区域，东距义棠镇5公里。

木壁，在介休市东南，属于连福镇，居于洪山与天峻山之间。

东宋壁，原名宋壁，位于介休市东南，地处绵山北麓山塬上，龙凤镇西部。

西宋壁，为东宋壁的派生区，也属龙凤镇。

但是，我们通过地图研判即可以明白，很遗憾，即便是介休境内的

① 乾隆《介休县志》卷二《古迹》，山西人民出版社2012年版点校本，第45页。

② 嘉庆《介休县志》卷二《古迹》，山西人民出版社2012年版点校本，第42页。

③ 民国《介休县志》卷十六《古迹考》，山西人民出版社2012年版点校本，第281页。

④ 介休市地名委员会办公室、介休市地名志编辑委员会编：《介休市地名志》，内部印行2011年版，第225页。

所谓“六镇”，分布于几处，也没有形成一个整体的地块，作为一个县治的方位。不过，笔者在实地考察中发现，“宋壁”之地极有价值，极有可能就是秦汉时期界休故县县治之所在。

首先，东宋壁与西宋壁原属一村，两村也只有一街之隔，与东武屯、西武屯的情形极为相似。在地理方位上，宋壁之地，正是距离今天介休市区 15 里之内，与顾祖禹、李兆洛等学者的定位极为吻合。

其次，东宋壁与西宋壁，位于绵山北麓台塬之上，地势广阔，南北两面临沟，有着“依山为城，临沟为河”的建城特征，又与沁源县北部的绵上村相类似。除山涧之水外，该地又有独立的水源，能够满足当地居民生活与生产需要。乾隆《介休县志》载云：“宋壁泉，在县南十五里东宋壁村，溉田一十二亩有奇。”①

第三节 灵石与小灵石县

在历史上相当长的时间里，介休县境兼有今天灵石县之地，这也是在介休地区历史地理研究中值得特别注意的问题。同样，绵上、沁水县与灵石县的设置问题也凸显了介休与南部地区的分界问题。

灵石县从介休县分置，同样发生在北朝后期。《隋书·地理志》“西河郡”下有“灵石县”：“灵石，开皇十年（590 年）置。有介山，有靖岩山。”②《元和郡县图志》也载称：“本汉介休县地，隋开皇十年，因巡幸开道，得瑞石，遂于谷口置县，因名灵石。皇朝因之。”③ 就地理形势而言，灵石县设置于谷口，即古文献所记载的“雀鼠谷”之地。

关于灵石县的建置，《太平寰宇记》则记述得更为详细：

---

① 乾隆《介休县志》卷二《山川》，山西人民出版社 2012 年版点校本，第 39 页。

② 《隋书》卷三〇《地理志中》，第 852 页。

③ 《元和郡县图志》卷一三《河东道二》，第 379 页。

> 灵石县，南一百二十里。旧六乡，今八乡。本汉介休县地，隋开皇十年，因巡幸，傍汾开道，取其平直，得石，文曰“大道好吉”，因分置灵石县，以今县西获瑞石为名。今县东南有高壁岭、雀鼠谷、汾水关，皆汾西险固之所。①

据此，我们对灵石县的早期建置情况有了一个初步的了解。就地理方位而言，灵石县治处于汾河河谷地带，正为当时开通南北道路所需而建。

元明之际，灵石曾经划归霍州及平阳府。如《明史·地理志》“平阳府”下载：“灵石，府北，元属霍州，万历二十三年（1595 年）五月，改属汾州府，四十三年（1615 年），还属府。东有绵山，即介山也，城北有汾水，又东，有谷水流入焉。又北，有灵石口巡检司，西南有阴地关，又有汾水关。”

灵石县处于太岳山脉与汾河谷地之间，交通位置十分重要，然而，总体上属于较为典型的山区河谷地貌，自古道路崎岖，交通不便。关于灵石县域的自然地理特征，古人早有较深的认识：

> 灵石县南道，沿汾水上，崎仄危顿。县志云：隋开皇十年，文帝欲幸太原，傍汾河开道，获一石，有文曰：“大道永吉”，因以为瑞。遂于其地开设县治，则未开道之前，其险当不止此。《水经》云，汾水南过冠爵津。注云，在介休县之西南。俗谓之雀鼠谷，数十里间道隘，水左右悉结偏梁阁道，累石就路，萦带岩侧，或去一丈，或高六尺，上戴山阜，下临绝涧，俗谓之为鲁般桥。盖通古之津隘，亦在今之地险也。按冠爵津正今灵石地，禹工未施之先，当与龙门同一崄岨矣。②

《观风录》载云：“灵石僻在万山中，财货不通，其人勤苦，多致盖

① 《太平寰宇记》卷四一《河东道二》，第 870 页。

② 《天下郡国利病书·山西备录》，第 1855—1856 页。

藏。弟子（生?）员皆守章句，不敢背师说。仕宦尚气节，婚姻不计财贿。盖前辈皆然，而今时少替焉。”①

又如金代诗人萧贡《灵石县》一诗为我们描述了诗人路经灵石县之感受：

古道行人少，荒城乱石侵。
天横机素直，河入土囊深。
涧近云长润，山高日易沉。
田翁乐丰岁，歌笑下崎嵚。②

绵山为介休、灵石两县所共有，随着山区土地开发的深入，分界之争也就不可避免。根据嘉庆《介休县志》记载：

康熙初年，灵石与邑民争介山，知县李钟盛立分界碑。经（以）介山之南坡为阳坡，有北塔钩、红岩村、柏沟峪、大小柏沟村、介神庙诸处，属灵石县；山北之坡为阴坡，有说法台、抱搂山、陶圪塔、馒头山、兴地坡等处，属介休县。俱以山岭中脊阴阳为界，下以柏沟村、兴地村二沟合流总渠水心为界。③

“小灵石县”的出现，在介休与灵石的建置历史上是一个有趣的插曲。我们看到，以所谓“雀鼠谷”为代表的汾河谷地，实际上形成了一个较为特殊的区域。介休与灵石县之间以冷泉关为界。雍正《山西通志》卷九“关隘”记云：

冷泉关，（灵石县）北四十五里，即古川口也，关外迤北，皆平原旷野，而入关则左山右河，中通一线，实南北咽喉要地。

① 引自民国《灵石县志》卷一《地舆志》，民国二十三年铅印本。

② 《翰苑英华中州集》卷五，《四部丛刊》本。

③ 嘉庆《介休县志》卷二《山川》，山西人民出版社2012年版点校本，第25页。

这段文字十分明白地道出了介休与灵石两地之间地貌上的明显差异。“古川口”，即所谓“灵石口”。关北即进入太原盆地，故有“平原旷野”之风貌，而进入关南，则为山区河谷，对比十分清晰。如据《嘉庆重修一统志》载云：

> 冷泉关，在灵石县北四十五里，接汾州府介休县界，一名冷泉镇，因冷泉水为名，又名古川口。明沈复礼《修冷泉关记》：山西平阳为畿辅右翼，灵石之冷泉，尤捍卫平阳之重地。余增建官舍、角楼、壁垒、陴堞，两月工竣。天险屹然。《旧志》：关外迤北皆平原旷野，入关则左山右河，中道一轨，实为南北咽喉①。

为了充分发挥其军事及战略的地位与作用，故而元朝时在灵石与介休之间又曾有小灵石县之设。《元史·地理志》载云：“介休，下，元初，直隶太原府，至元二年来属，仍省小灵石县入焉。”又如雍正《大清一统志》又记云：“小灵石废县，在灵石县北五十五里，接汾州府介休县界。《元史·地理志》：元初，灵石县析置小灵石县，至元二年，省入介休。《旧志》：旧有灵石口巡司，因故小灵石县为名，今冷泉关也，即唐冷泉驿。”

又如《天下郡国利病书》记云：“灵石口，在灵石县北四十里冷泉镇，洪武八年，置巡检司。”② 显然，冷泉镇因关而设，实为小灵石县之所在地。可以说，小灵石县为典型的“驿道”之县，因交通驿站管理而设置。实际上，关口之外，又有渡口。“冷泉渡，在灵石县北四十里汾河岸，灵石口。其南三十里，有夏门渡，相近又有小水渡。”③

---

① 《嘉庆重修一统志》卷一五三《山西统部·霍州直隶州》“关隘”下，《四部丛刊》本。

② 《天下郡国利病书·山西备录》，第1841页。

③ 《嘉庆重修一统志》卷一五三《山西统部·霍州直隶州》“津梁”下。

小 结

一 介休市境内的古县建置及治所问题

历史时期介休市境内政区设置问题相当复杂。据上文考述，与今天介休市相关的古县就有邬县、界（介）休、绵上、平昌、平都（陶）、沁源、灵石、小灵石等。这些古县的设置，都是与介休市及周边地区的历史地理发展历史有着密切的关联，因而也就有着相当高的研究价值。

如就古县县治而言，最早设置的邬县，自然就是介休市境内最早的聚落集中区及最早开发的区域。邬县处于昭余祁之南缘，而古昭余祁，即邬城泊，曾经在相当长的时间里是面积广袤的湖泊及沼泽湿地，与汾河干流相接为一体。可以反映出当时介休境内早期聚落区的地理区域特征。古邬城可谓为“湖畔之城”。邬城居民迁居于武城，从一个方面来讲，是从近水低地向更高台地的迁徙，不仅是避“人祸”，也极可能是避“水患”。而邬县故治居北，与平陶（遥）县之兼并或分离问题，实则为介休与平遥县之分界问题。而遗憾的是，由于缺乏更确切的史料，我们对古代邬城县的地域范围难以做出合理的评估。

历史时期的介休县城经历过一个较大的改变，秦汉时期设置了界休县，而在北朝时期动乱之后又设置了平昌县，后又将介休故县归并。隋唐以后，直至今天的介休城，都是北朝时期所置平昌县城之所在。在地理方位上则接近汾河之滨，可谓“水（河）滨之城”。而秦汉介休故县的所在地，长期以来成为研究者所关注的问题①。

① 关于介休故县研究的最新成果，当属李书吉教授所著《张壁古堡的历史考察》（三晋出版社 2007 年版）一书。作者在书中提出，秦汉介休故城，就是今天的灵石县旌介村（第 20 页），很有参考价值与启发意义。

笔者以为，古“界休县”之得名，应为纪念介子推之故。“绵上之田”的故事早在先秦时期就为时人所熟知，而就文字训诂学而言，《说文解字》中“界”原为“畍”，为“介”与“田”二字之合体，应含“介子之田”之意。因此，最初设置之介休县治，应该更与绵山主体山地相接近。

其次，古代文献中所载的界休，与今天介休市的地域范围存在较大的差异。这突出地反映在介休与今天灵石、沁源之间的关系。就地域范围而言，最初设置的界休故县范围，应该涵盖了今天绵山的主体部分，即包括了灵石县以及沁源北部的绵上之地，是相当典型的“依山之县”。因此，在这种条件下，界休故县之治所理应设置于地势较高之山间台地，一方面可与邬县之辖地拉开一定距离，另一方面也便于控制绵山以东及以南地带。

因此，笔者愿意大胆地提出，今天介休县东南方向的宋壁（即东宋壁、西宋壁两村）之地，最有可能是秦汉时界休县之故治所在地，而以此为址的界休故城可称为“山间之城”。

二　介休县之政区归属问题

在历史时期介休的政区沿革中，还有一个有趣的问题，就是高层政区的归属问题。中国历史悠久，幅员辽阔，从首都到边疆，不同层级政区的设置不可避免，而由此引发的不同层级政区的归属问题十分复杂。关于政区归属中运用的主要原则，中国自古便有“山川形便”与“犬牙交错”两个主要取向。归属问题，就实质而言，不仅是一个交通问题，还与整体政治形势有关。

就高层政区归属而言，历史时期，介休地区面临的最主要问题就是归属于太原的晋中地区，还是归属于吕梁地区的汾州府。

时段划分	王朝及高层政区名称	时间（年）	合计（年）
归于太原（晋中）时期	秦（太原郡）	14	423
	前汉（太原郡）	214	
	后汉（太原郡）	195	
归于汾州（西河）时期	西晋（西河国）	51	1518
	北魏以后（汾州）	182	
	隋朝（西河郡）	37	
	唐朝（西河郡、汾州）	289	
	北宋（汾州）	167	
	金（汾州）	152	
	元（汾州）	97	
	明（汾州、汾州府）	276	
	清（汾州府）	267	

从地理位置来看，介休地区位于太原盆地南部边缘，正处在晋中（太原盆地）与吕梁（山地）、晋东南高地等三个地理区域之交会处。太原盆地开发较早，由于介休地处交通干线，南北交通略无阻碍，因此，与晋中盆地各县归属于太原郡管辖，应该是早期开发的必然结果。而在具体方位上，介休长期隶属于汾州府，似乎更具有合理性。更重要的是，吕梁山区开发较晚，处于太原盆地南缘的平遥、介休的加入，必然对于这一地区的发展产生良好的助益。而且，历史时期西河郡乃至汾州府的出现，还是一个重要的政治地理问题，已有学者进行关注并讨论，在此就不再赘述了①。

（本章由安介生撰写）

① 参见杨帆《北魏汾州东迁背景探析》，《理论界》2010年第11期；韩磊《万历年间汾州升府与地方控制》，《太原理工大学学报》（社会科学版）2012年第5期等。

第四章　介休的村落及村落地名

征途聊因当胜游，庶饶哪复数中州？
雪融隙地培桑枣，日出通衢喧马牛。
望望绵山侵面出，时时汾水避人流。
太行春色黄河外，犹自严寒满敝裘。

——（明）程可中“介休道中”[①]

诗的作者是明后期徽州府休宁人程可中，字仲权，善于写诗，著有《程仲权诗集》。在其遨游各地经过介休时，目见介休的山水形势与民众富庶而写此诗。诗中不但描绘出介休东依太行山、西近黄河水的壮美形势，还对当时介休的社会情况做了生动的描述。其时介休土地富饶即使空出来的隙地也种上了桑树枣树，商业繁荣即使天气严寒道路沿线仍是车水马龙。下文将对这片富饶土地上的村落地名与村落历史分别进行论述。

地球上存在着的自然、人文地理实体有专属于自己的名称，即地名。一个简简单单的地名除了指示特定的地理实体为人们日常生活交往提供便利外，其背后还蕴藏着十分丰富的信息。揭开地名这个宝藏可以发现当地独特的文化风俗，山川河流，地势地貌，奇妙的传说，一段特定的历史，民族的分布迁徙，以及物产、矿藏、建筑、方言、宗族、宗教信仰，等等。

---

① 乾隆《介休县志》卷十三《艺文·诗》，山西人民出版社 2012 年版点校本，第 369—370 页。

按不同的原则地名可以分为不同种类，如自然地名与人文地名，通名与专名。在行政区划地名中，村落地名较之于高层政区地名有其独特之处。村落地名数量巨大，较多地保留了历史时期出现过的通名，如堡、寨、哨、屯、营、塘、里、坊等。村落地名还常用当地的姓氏、物产、景观、地形地貌命名。也正是由于这些特点，我们才能通过研究一个地区村落地名来解读出丰富的信息。

村落地名不是一成不变的，由于时代的变迁，观念的变化，地理的变迁等，村落地名随之增加、消失或者改变。从现存大量的明清方志文献中来看，明朝到现在六百多年间中国的村落地名变化不大，可见在长期以农业为主自给自足的自然经济中，中国基层社会有很强的稳定性。但是如同坚硬的铁器仍会不断地氧化生锈，村落地名中微小的变化从未停止。我们可以通过这些微小的变化解读出一个地区历史与地理的变迁。

位于山西省中部的介休市，地处太原盆地的南缘，吕梁山与太岳山之间，汾河从其境西北面流过，绵山坐落于其东南方。在其 743.7 平方千米的土地上分布着 272 个自然村落，其中行政村 231 个。这些村落及村落地名与黄土高原上其他地区有诸多相同之处，对于介休市村落及村落地名的研究可以成为管窥黄土文明村落与村落地名的一个范例。另外，在更大的区域范围中由于各地历史、地理、语言、族群、风俗、文化等存在差异，村落地名也大不相同。例如，西南边疆的西双版纳州，东南沿海的舟山市与介休市的村落地名就明显不同。因此，对于介休市村落及村落地名的研究还可以更加凸显出黄土文明的区域特色。

第一节　介休村落地名分析

每一个村落地名背后都有生动的故事，众多村落地名和它们的故事组合起来就是一本经典的著作，讲述着一个地区的过往。与地名相关的著作或者文章中通常有对单个地名的论述，也有对一个区域全体地名的研究。笔者对介休市境内十个乡镇的 272 个村落地名进行研究，首先按照这些村落不同的命名方式将其分类并做出统计，结果如表 4-1 所示。

表 4-1　　介休市村落地名分类统计表

类别	姓氏	方言	物产	美好意愿	上下	方位	军事	景观	传说	地形地貌	村落总数
城关乡	5					3	1		2	1	10
义安镇	15	2	3	3		9	13	5	1	1	31+3
绵山镇	14		1	3	2	14	5	8	10	14	37+9
连福镇	8	3	3	6	2	18	9	11	13	19	42+10
张兰镇	9		3	1	4	7	11	1	5	11	31+8
义棠镇	8	2	2	3		11	8	3	4	9	30+5
宋古乡	6		1	2	2	6	5	1	1	1	14
三佳乡	1			2	1	4		2	3	4	11
龙凤镇	2	3				5	4	1	1	10	14+2
洪山镇	3		1	1	1		4	2	4	3	11+4
总计	63	10	14	21	12	76	60	34	44	73	231+41

资料来源：介休市地名委员会办公室、介休市地名志编辑委员会编：《介休市地名志》，内部印行 2011 年版。其中村落总数为行政村与非行政村之和。

表中各类命名方式的村落地名总数与 10 个乡镇的村落总数不等，因为在进行地名分析时可以从一个地名中解读出不止一种信息，如义安镇的南盐场、北盐场就有方位与物产两种地名命名方式，而宋古乡的东段屯、西段屯更是结合方位、姓氏与军事三种地名命名方式。

通过表 4-1 可以看到，介休市的村落地名主要依据方位、地形地貌、姓氏、传说、景观、美好意愿、物产等进行命名。下面将对这些分类与统计数据进行具体分析。

介休村落地名中以方位命名的有 76 个，所占比重最大。以方位命名的村落地名常常成对或成组出现，如义棠镇的师屯北、师屯南，义安镇的北堡、中堡、南堡。介休市境内的方位地名没有统一的地理坐标，往往是两个村落互为参照，如果两个村落东西向分布则命名为东某某、西某某，南北向分布则称为南某某、北某某。这说明了介休村落地名命名主要源自当地居民的地理认识，而并不出自地方政府统一的行政设置。成对或成组的地名除了以方位命名的29对/组59个外，还有以大小、上下、新旧命名的，其中以大小命名的村落地名现存有2对4个，以上下命名的有6对12个，以新旧命名的有2对/组5个，总计介休市境内成对或成组命名的村落地名有39对/组80个，占全部村落的29.41%。大量成对成组出现的地名显示出介休村落间联系的密切程度。相邻村落取名趋同，例如分处一湖东西的两村一称东湖龙另一个就叫西湖龙。一个村落长期发展分出两个或者三个村落，例如义安镇的南盐场、北盐场本系一村“仁安里”，后汾河改道将村分为两截，分称南北盐场，再如义安镇的北堡、中堡、南堡本为同一村落“万户堡”，长期发展扩大后三堡分治。村落间的交往因距离较短不受交通条件的制约而便捷、频繁，各个村落因长期的经济、姻亲、文化交流而相互融合彼此密不可分。这是黄土文明在基层社会中的一个重要特质。

以地形、地貌命名的村落地名在介休市共有73个，将这些地名按照山、水、谷地、平地再次进行细分，制出表4-2。在分析以地形地貌命名的村落地名时，除了解读地名中地形地貌信息外，对介休市境内各镇的土地面积、村落数量、人口、耕地面积的了解也不可或缺，现将这些情况制成表4-3。

表4-2　介休市地形地貌类村落地名分类统计表

类别	山	岭	坡	梁	河	泉	溪	湾	峪	沟	壁	凹	坪	塬	总计
城关乡					1										1
义安镇								1							1
绵山镇	2				2		1	5	3				1		14
连福镇	7	2	2		2	1		1		3	1				19
张兰镇	1	3		2	1	1				2				1	11
义棠镇	4					1				2	1	1			9
宋古乡					1										1
三佳乡					2	2									4
龙凤镇		1			3				1		4		1		10
洪山镇	1	1								1					3
总计	15	7	2	2	12	5	1	7	4	8	6	1	2	1	73

资料来源：介休市地名委员会办公室、介休市地名志编辑委员会编：《介休市地名志》，内部印行2011年版。

介休市以地形地貌命名的地名与介休市的地理态势有着很强的一致性。在以平原为主的城关乡、义安镇、宋古乡、三佳乡，没有以山、岭、坡、梁命名的地名，而这类地名则集中分布于以山地丘陵为主的绵山镇、连福镇、义棠镇和张兰镇的南部。同样河流与泉水周围通常会出现以河、泉、溪等命名的地名，如龙凤河沿岸就有龙凤、河东、石河（龙凤河旧称石河）等地名。为数不少的以壁、凹、峪、沟、湾命名的村落地名地处山地丘陵区，多分布于以此类地形为主的绵山镇、连福镇、义棠镇、龙凤镇。介休市平川面积237.6平方千米，占全市总面积的31.95%，但以塬、坪命名的地名却为数不多。这与地名命名习惯与其功能相关。村落地名一个主要功能就是指示方位，具有明显特征且相对稳定的山、水受到偏爱而常常出现在地名当中，而平原地形不易于确定方位，在村落地名命名中受到冷落。

表4-3　　介休市乡镇概况统计表

类别	城关乡	义安镇	绵山镇	连福镇	张兰镇
面积（平方千米）	23.7	86.2	158.6	101.5	101
村落数量	10	34	46	52	39
人口	24000	52752	31000	31793	51000
耕地面积（亩）	9100	70911	58000	40000	缺
村落密度（个/平方千米）	0.42	0.39	0.29	0.51	0.38
人口密度（人/平方千米）	1012.66	611.97	529.01	313.23	504.95
类别	义棠镇	宋古乡	三佳乡	龙凤镇	洪山镇
面积（平方千米）	77.82	34	17.9	108	27
村落数量	35	14	11	16	15
人口	32761	29201	18000	13065	13000
耕地面积（亩）	25405	33000	12000	34792	7000
村落密度（个/平方千米）	0.45	0.41	0.61	0.15	0.56
人口密度（人/平方千米）	420.98	858.85	1005.59	120.97	481.48

资料来源：介休市地名委员会办公室、介休市地名志编辑委员会编：《介休市地名志》，内部印行2011年版。

一个区域的地理环境对于该地村落的命名、分布、数量、规模、经济状况等都产生着影响。介休市境内河流泉水众多，有着平原、丘陵、

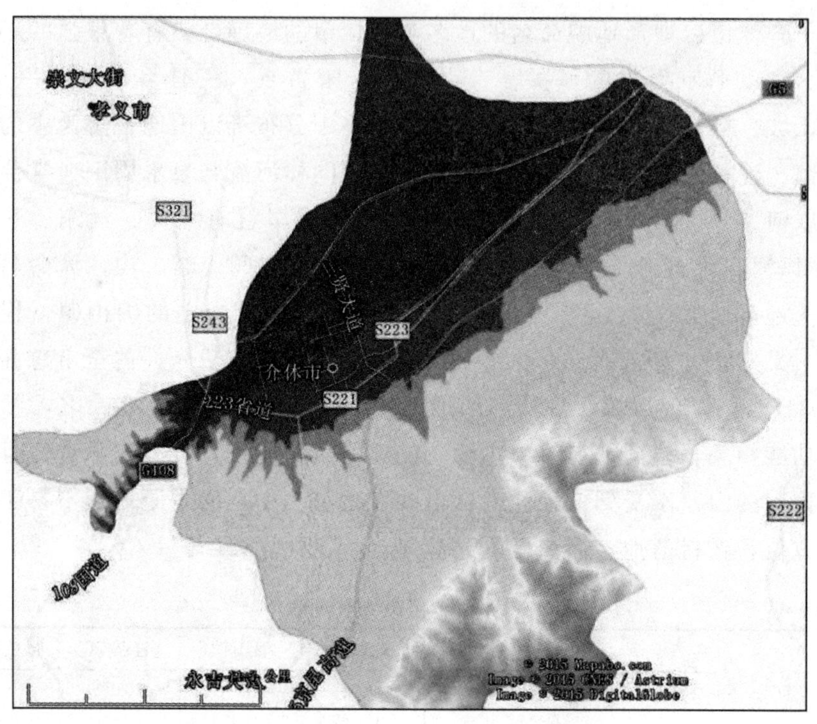

图 4－1　介休市地形示意图

山地多种地形，地理形势较为复杂，不同小区域的村落密度、人口密度以及耕地比重不尽相同，不同小区域的村落地名随之呈现出不同的特征。笔者认为，按地貌与村落分布、命名不同可以将介休市村落分为三区，其中城关乡、宋古乡、义安镇、三佳乡以及张兰镇的北部为一区，这一区域地形以平原为主且多条河流经过，村落密度适中，人口密度与耕地比重较大，是全市农耕条件好、农业经济发达地区。同时该区域地形地貌类村落地名稀少。洪山、连福、义棠及张兰镇东南，地处山地丘陵区，支离的地形造成了村落众多，村落密度大，但各村人口与耕地面积较少的特点。这一区域以山水等命名的村落地名数量除连福较多外，其余地区则较少。绵山镇、龙凤镇地处介休市东南山地丘陵区，山势高峻，绵山镇海拔高度在 750—2078 米，龙凤镇海拔高度在 800—1200 米，更有全市最高峰绵山，此外绵山镇水源较缺乏，龙凤镇虽有龙凤河流经但是龙凤河为洪水河，当地引洪灌溉的利用率很低。因此，这一区域虽然面积广大，但村落较少，村落密度不大，同时人口密度与耕地比重也是本市最低的。与之相应，这一区域山水类村落较多。

姓氏常常用于村落地名中，介休市共有姓氏村落地名 63 个。这些村落地名出现的时间较早，从现存完整记录有介休村落地名的方志中看，康熙《介休县志》就已经有大部分现有的姓氏村落地名，之后略有增加。介休市姓氏村落地名的命名主要由于某姓最早定居于此，某姓人数在该村居多，或者某姓为当地巨户。姓氏村落地名反映出血缘在村落形成中起着重要作用，然而单纯的血缘聚落并不多见，介休地处战略要地，战乱时有发生且明清以来经商之风兴盛，因此人口易于流动。即使以单一姓氏命名的村落通常也居住有多种姓氏的居民，而姓氏地名则习惯性地保存下来了。

表 4-4　介休市军事类村落地名分类统计表

类别	堡	寨	屯	壁	总计
城关乡	1				1
义安镇	10	3			13
绵山镇	3		2		5
连福镇	3		5	1	9
张兰镇	9	2			11
义棠镇	2	1	4	1	8
宋古乡	2		3		5
三佳乡					
龙凤镇				4	4
洪山镇	1		3		4
总计	31	6	17	6	60

资料来源：介休市地名委员会办公室、介休市地名志编辑委员会编：《介休市地名志》，内部印行 2011 年版。

介休地处交通要冲之地，境内有京昆高速、大运高速以及南同蒲铁路经过，民国以前亦有由省会南下的京陕驿道穿过。交通之便利与介休所处地理位置及其地形地势相关 ，介休与省会太原同处太原盆地，南北相对，南部通过雀鼠谷连接临汾盆地，东西是高耸对峙的太岳山与吕梁山，因此由北方省会南下抑或由南部临汾、运城地区北上必然经过介

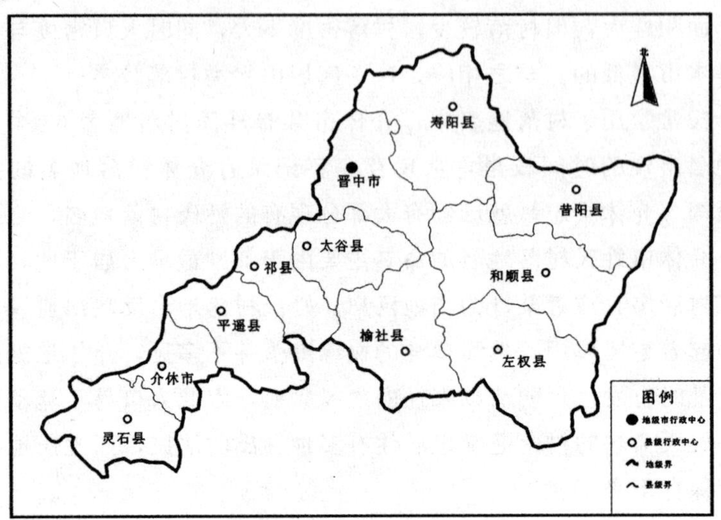

图 4－2　介休市区位图

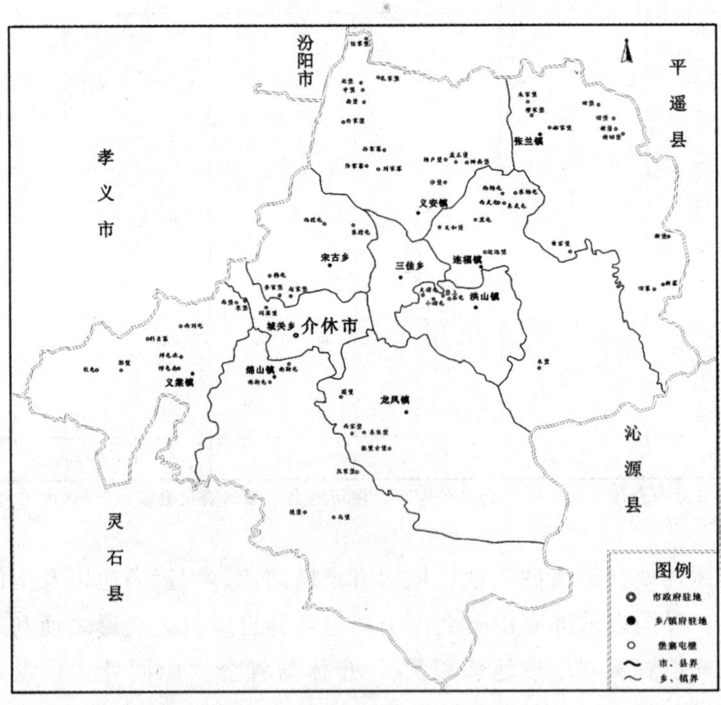

图 4－3　介休市堡寨屯壁分布图

休。例如明朝蒙古军南下想要进入平阳（今山西临汾市）有三条道路，其中两条经由介休“至于贼入平阳盖有三路。中由灵石冷泉口趋霍州以入。东由介休张南店趋沁州经岳阳浮山以入，西由石州趋隰、吉、石楼等处以入，窃计灵石天险势难突至”①。在史籍、方志中所见，北方游牧民族南下，南部军队、流寇的北上频繁经过介休，对介休造成破坏。影响较大的如嘉靖、隆庆年间北方蒙古入寇及崇祯、顺治时期南方流民的肆虐。②而隆庆年间蒙古的掳掠竟造成州县官员与中央联系的中断，“免北直隶、山西虏所残破州县……介休……等县各正官朝觐”③。介休战略地位十分重要，使得政府军队常在此设堡立屯，为了应付频繁争战，一些村落也修造堡寨进行防御。

介休以军事设置命名的村落名称为数不少，以堡、寨、壁、屯命名的村落共计有 60 个，占村落总数的 22.43%。经过百余年的风雨，这些军事实体少部分保存至今。有些村落的防御土墙部分已被拆除，笔者 2013 年 11 月 30 日考察所经过的洪山镇上曹麻村，当地一温姓老人所言其儿时尚在完整的土墙上玩耍，大约在 1958 年土墙部分被拆毁。有些村落的防御性土墙保存完好，如笔者 2013 年 12 月 1 日考察所经过的张兰镇张村，四周黄土砌成的高约 4 米的土墙以及门楼完整保存，村子内部大户人家的庭院层层叠叠的建构也显示出其建筑之时军事防御的目的。甚至有些村落还建有结构复杂的军事性地道，如现在颇为出名的张壁古堡。这些黄土构筑起的军事防御设施在当今已经无法发挥其最初的职能了，但作为历史遗迹为我们了解相关历史、文化、建筑等提供了最为直观的范例。

表 4-5　　介休市传说类村落地名分类统计表

类别	三贤传说	秦汉传说	北魏传说	隋唐传说	宋代传说	明代传说	清代传说	不明年代	总计
城关乡	2								2
义安镇								1	1

① 《明世宗实录》卷二六四，嘉靖二十一年七月庚戌。

② 康熙《介休县志》，山西人民出版社 2012 年版点校本，第 9 页。

③ 《明穆宗实录》卷一四，隆庆元年十一月壬子。

续表

类别	三贤传说	秦汉传说	北魏传说	隋唐传说	宋代传说	明代传说	清代传说	不明年代	总计
绵山镇	1			7				2	10
连福镇		7		3		1		2	13
张兰镇		1		2			1	1	5
义棠镇				2	1		1		4
宋古乡							1		1
三佳乡				1	2				3
龙凤镇				1					1
洪山镇			1	2		1			4
总计	3	8	1	18	3	2	3	5	44

资料来源：介休市地名委员会办公室、介休市地名志编辑委员会编：《介休市地名志》，内部印行 2011 年版。

传说类村落地名与一个地区的历史密不可分，一个具有丰富传说类村落地名的地区必然有着悠久的历史，而一个新近开发的地区此类村落地名必定鲜少。一些传说类地名仅仅是对于历史的附会，另一些则是真实历史的反映。介休历史悠久，从最早有史料记录，《左传》卷一记有隐公五年（前 718 年）“曲沃庄伯伐翼，翼侯奔随（今介休城东）”至今已有两千多年的历史。因此，介休传说类村落地名丰富，内容包括逸事、名人、战争等，并跨越了从春秋至清代多个时期。

介休有“三贤故里”之称，介休村落地名中也有三个分别与三贤相关，绵山镇的坂地与春秋时期晋国贤臣介子推相关，传说“介子推背母来上绵山，路经此处，藏于一坂壁以避晋文公觅得，后此处建立居民点，取名坂地”[①]。乾隆《介休县志》中对此也有记载：“忌坂：在县西南十二里，世传介子推避晋文公于此，后人忌之。”[②] 城关乡的郭家村是东汉末年名臣郭林宗之故乡，城关乡的文家庄则是北宋时期著名宰相文彦博的故乡。除了相关地名外，当地流传着更为丰富精彩的关于介子

① 介休市地名委员会办公室、介休市地名志编辑委员会编：《介休市地名志》，内部印行 2011 年版，第 53 页。

② 乾隆《介休县志》，山西人民出版社 2012 年版点校本，第 44 页。

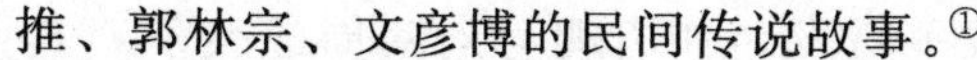
推、郭林宗、文彦博的民间传说故事。①

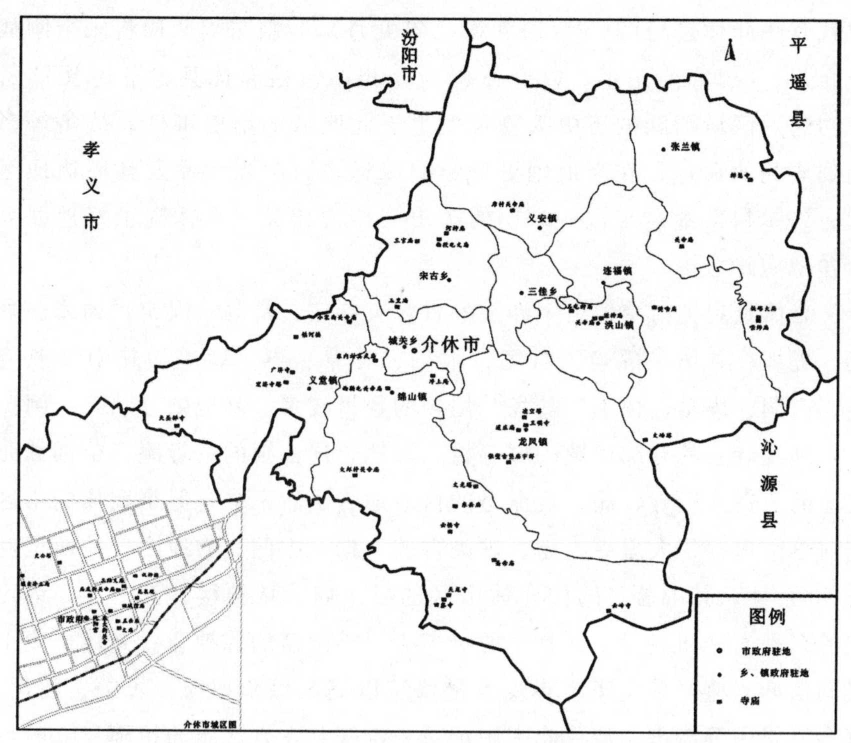

图 4-4　介休市庙宇分布示意图

资料来源：国家文物局主编：《中国文物地图集·山西分册》，中国地图出版社 2006 年版。

介休传说类村落地名中，隋唐部分所占比重最大，共 18 个，其中又有 9 个与秦王李世民相关，分别是西靳屯、东内封、西内封、南靳屯、东欢、西欢、兴地、崇贤、遐壁，此外西刘屯、东内封、西内封、崇贤与刘武周相关，旧寨、新寨、大安与程咬金相关，东杨屯、西杨屯与杨素相关，大褚屯、小褚屯与褚遂良相关。山西尤其是太原及其周边地区在唐代地位重要，隋末唐高祖李渊以太原为基地起兵反隋，太原可谓唐朝的兴起之地，唐太宗李世民也称“太原王业所基，国之

① 见介休民间文学集成委员会《介休民间故事集成》，山西人民出版社 1991 年版。

根本”[①]。唐初在此区又有多场战争爆发，如唐朝与刘武周的战争，其中就有在介休进行的，“（唐武德二年九月）裴寂与刘武周将宋金刚战于介州。（唐武德元年，以介休郡为介州，包括介休县、平遥县）”[②]。唐初这一区域活跃的历史人物及发生于此区域的历史事件、战争等影响到唐朝的命运，在当地则更是影响深远，因此在太原及其周边地区就有许多村落地名与这一时期的历史与传说相关，介休则正好地处太原盆地南缘。

介休景观类村落地名中涉及的景观有寺庙、窑洞、煤窑、树木、盐场、堤坝、谷场、桥梁、石场、木场、甘草、枣、席等。其中涉及寺庙、窑洞、煤窑、树木、盐场、堤坝的数量较多，其他则分别只1例。

涉及寺庙的有绵山镇的城寺村、兴地，连福镇的王寺庵、苗沟和张兰镇的南贾。以寺、庙、观命名的村落地名虽然不多，但是介休的市区与村落中保存了大量寺、庙、观类古迹。据《中国文物地图集》所记就有50余处。其中著名的如介休市区的后土庙、祆神楼、五岳庙，绵山镇的东岳庙、回銮寺，义棠镇的虹霁寺，洪山镇的源神庙。介休历史上民间信仰兴盛，各类庙宇寺观大量修筑以满足民众招财、求福、祈雨、聚会、娱乐等需求。清代志书中记录一次知县在真武庙的祈雨竟立时灵验，“刘屯村盘龙寨祀真武，久著灵应，嘉庆丙子大旱，知县陆元穗祷雨立至”[③]。我们姑且不去深究是否真有如此神奇，知县的祈雨活动表明民间信仰不但在民众间盛行，还得到了官府的参与与支持。

涉及窑洞的村落地名有绵山镇的四家窑，连福镇的窑则头、神光窑。窑洞为黄土高原上特有的房屋建筑形式，典型样式是利用黄土高原有利的地形与厚质的土层挖洞而居。在介休各个村落中也保留有不少窑洞式建筑，但形式有所不同，多为平地而起，只是外部样式与内部结构和典型的窑洞类似。介休窑洞类建筑造型古朴优美、样式繁多，笔者考察期间经过张兰镇的张村一户张姓村民家中，见其所居窑洞就有无梁

① （后晋）刘昫撰：《旧唐书·本纪二》，中华书局2011年版，第25页。

② （后晋）刘昫撰：《旧唐书·本纪一》，中华书局2011年版，第9页。

③ 光绪《介休县志》，山西人民出版社2012年版点校本，第202页。

窑、十字窑、卧窑等多种样式。

涉及煤窑的村落地名有连福镇的化家窑、赵家窑和张兰镇的南窑头。山西省是我国著名的产煤大省，介休市的煤炭储量丰富，“有煤面积569平方千米，占全市总面积的76.5%，总储量达62亿吨，可采量32亿吨”[①]。介休以煤窑命名的村落清前期就已存在，说明其时煤炭已经开采、利用，唯其规模尚小。

与煤炭开发古代规模较小当代规模较大的趋势相反，介休的盐业在清代、民国产量较大当今则明显衰落。介休市义安镇有南盐场、北盐场两村，是天然的盐产区。介休地势由东南向西北逐渐降低，南、北盐场地处介休西北，地势低洼，汾河从村旁流过，提供了充足的水源，这些都是盐场形成的有利地理条件。这一区域在清代、民国盐产量尚足本地居民利用，多种介休旧志对此多有记录“盐：出县东北张南、辛武、盐场等村，近河遇旱碱生，不能种田，居民取碱土煎盐，以资日用。近因严禁私盐，贫民不敢煎煮”[②]。“按邑中特产甚少，北辛武、盐场等村，滨河之田，遇旱生碱。民取土煮盐，以供民食，名曰小盐。”[③] 但毕竟规模太少，现在已不产盐，唯有以盐场命名的村落地名保存了下来。笔者于2013年11月30日在其地考察，还能看到大片的芦苇与渗出地面薄薄的白色盐渍。

第二节　介休村落的历史演进

村，《说文解字》写作“邨”、“邨”，解释为“地名。从邑，屯声”。有屯聚之意。现在“村”主要指乡、镇下的一种聚落，分自然村与行政村。先秦时期已经存在村的早期形态如庐、丘、聚，南北朝时期

① 介休市地名委员会办公室、介休市地名志编辑委员会编：《介休市地名志》，内部印行2011年版，第1页。

② 康熙《介休县志》，山西人民出版社2012年版点校本，第93页。

③ 民国《介休县志》，山西人民出版社2012年版点校本，第195页。

“村”的名称泛化，其作为最基层的行政组织单位确立于唐朝。[①]

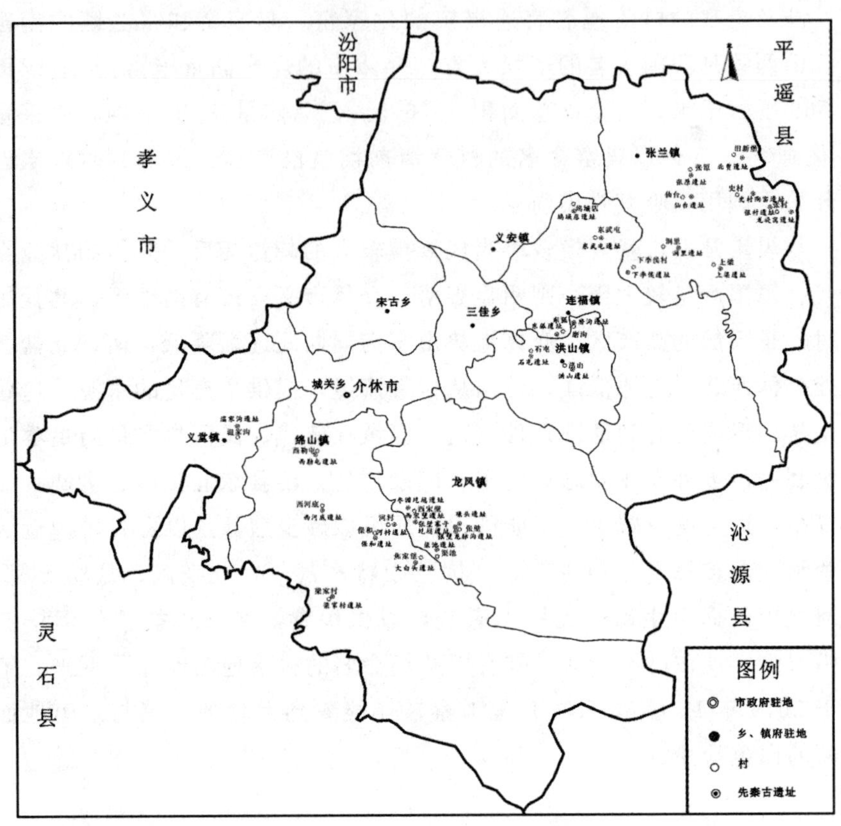

图 4－5　介休市先秦文化遗址分布图

资料来源：《介休市第三次全国文物普查成果名录》。

对于一个区域村落的概况，如数量、村落名称、方位等，在地方志出现之前是无法完全获悉的。考古资料显示，介休境内存在多处新石器时代到战国的聚落遗址[②]，遗址中常见的遗物有陶片、陶罐、陶盆、陶缸等日常生活用品，说明了其时介休就有人类聚居。此外在中国浩如烟

① 刘再聪：《村的起源及“村”概念的泛化——立足于唐以前的考察》，《史学月刊》2006 年第 12 期。

② 《介休市第三次全国文物普查成果名录》。

海的史料中，有时可以找到聚落零星的记载。《续汉书·郡国志》所记绵上聚、千亩聚是史籍所载介休较早的聚落形态。“界休有界山，有绵上聚。《左传》曰晋文公以绵上为介之推田。界山，推焚死之山，故太原俗有寒食。有千亩聚。《左传》曰：‘晋为千亩之战’，在县南。”[①]《续汉书·郡国志》记录的虽然主要是东汉一朝的情况，但是也有汉之前的“行政设置、重要地名、旧址遗迹等历史地理要素”[②] 记录。绵上聚、千亩聚是先秦时期介休的聚落名称。[③]

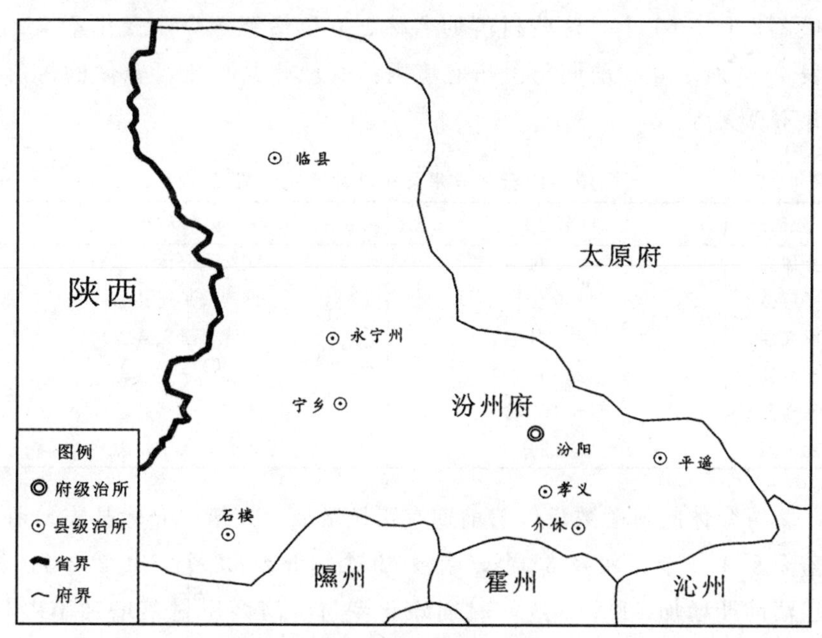

图 4-6　清代介休区位示意图

底图来源：谭其骧主编：《中国历史地图集》第八册第 20—21 页清代“山西”，地图出版社 1987 年版。

① 司马彪：《续汉书·郡国志》，中华书局 2011 年版，第 3523 页。

② 辛德勇：《〈后汉书〉对研究西汉以前政区地理的史料价值及相关文献学问题》，《中国历史地理论丛》2012 年第 4 期。

③ 王永莉、何炳武：《汉代史籍之“聚”蠡测》，《历史地理》第三十辑。认为汉籍之“聚”内涵明显大于现代地理学意义上的聚落，或许是中国古代早期城市的雏形。笔者认为汉籍之“聚”与现在的村落或城市皆无法精确匹配，唯可知其是较大聚落。

到了明清，介休有方志修撰，明代介休县志已经佚失。据成化《山西通志》零散记录介休境内的村落有义棠村、刘同村、马壁村、张壁村，铺舍有宋胡铺、湛泉铺、王里铺、南张铺、田堡铺、内封铺、桑平峪铺、义棠铺、刘同铺等。可推测当今介休村落的形态其时就已形成。清朝前期介休的村落，康熙《介休县志》、乾隆《介休县志》、嘉庆《介休县志》的记录完全相同。方志记录，清前期介休村落东乡 102 个，西乡 22 个，南乡 62 个，北乡 25 个，共 211 个，较之于当今介休村落的数量 272 个少 61 个。这些村落的名称、方位沿袭至今，变化不大。另据表 4-6 所示，清前期与汾州府境内的其他州县相比，介休的村落数量并不算太多。

表 4-6　　清前期汾州府州县村落数量统计表

政区	村落总数	史料来源
介休县	211 村	康熙《介休县志》
平遥县	205 村	康熙《平遥县志》
孝义县	400 村	乾隆《孝义县志》
宁乡县	226 村	康熙《宁乡县志》
石楼县	西乡 169 村	雍正《石楼县志》
永宁州	384 村	道光《永宁州志》

晚清介休的村落数量较清前期有明显增加。光绪《介休县志》所记村落东乡 129 个，西乡 32 个，南乡 69 个，北乡 22 个，共 252 个，较之于清前期增加 41 个。这一时期除北乡与汾河两岸村落增加不多外，其他区域新增村落分布较为均匀。原因是北乡及汾河沿岸水土条件良好，利于传统农业发展，清前期这些地区村落已经分布较为密集。清中后期人口增长，新增人口主要流向开发不充分的山区。这一时期有官村的记录，光绪《介休县志》所载介休官村共九十六个[①]。有的官村只管本村事务，也有的官村代管一个或多个村落的事务。村落设官管理说明了清朝对于地方社会的管控深入到最基层。

民国时期介休村落的变化较之前不大。民国《介休县志》记载，

① 光绪《介休县志》，山西人民出版社 2012 年版点校本，第 200 页。

介休村落第一区有 67 个，第二区有 39 个，第三区有 63 个，第四区有 53 个，共 222 个。比光绪《介休县志》中的记录略有减少，应是受当时抗日战争与国共内战影响所致。这一时期介休村落分布的特点是，各区的村落数量相差不大，较之于清代各乡间悬殊较大的村落数目，分布更趋合理。

较之于清代、民国，介休当今的村落数量略有增加。当今介休存在的 272 个村落与晚清的 252 个相比增加 20 个。新增的村落多数集中于介休东南部及绵山之上。可见，中华人民共和国成立之后介休的新增村落继续向更为偏僻的山区推进。不过较之于平原地区，山区村落的人口稀疏，特别是改革开放以后大量农村人口进城务工，农村人口大幅减少，笔者考察所见时至今日，绵山一带的村落人烟稀少，有些村落甚至无人居住。

边界地带的村落演变还可以帮助我们了解一个地区行政区域的变迁。成化《山西通志》记载明朝介休的行政区域是“介休县在州东南七十里，东抵平遥县马壁村，西抵灵石县常义村，广八十五里，南抵沁源县张壁村，北抵孝义县双桥。袤七十里”。到了清代前期，介休的行政区域变化不大，康熙《介休县志》记载其时介休的行政区域“东至平遥县界马壁村六十里。西抵灵石县界谷口铺二十里。南至沁源县界张壁村五十里。北抵县双桥村二十里。东南抵沁源关子岭六十里。西北抵孝义县王同铺二十里。西南抵灵石县旌介村四十里。东北抵平遥县田堡村五十里”[①]。其实介休南部边界远远超过了张壁村，到达了马跑泉与沁州沁源县接界。晚清介休县之区域仍然变化不大，只有岭北村一地划归孝义。到了民国时期介休马跑泉村划归沁源县，介休东南角略有缩小。中华人民共和国成立后，“在 1953 年撤区设乡时，汾阳县北万户堡、中万户堡、田李村、任家堡和孝义县南万户堡、白家堡等村划归介休县。1958 年介休、灵石、孝义三县合并为介休县，疆域包括灵石、孝义县域。1961 年三县分开，将介休县北张家庄、小圪塔等村划入孝义镇公社；将灵石县沙木墕村划归介休义棠公社；将介休县马壁村划归

① 康熙《介休县志》，山西人民出版社 2012 年版点校本，第 14 页。

平遥县”[①]。之后一些村落划入邻县又复归介休或从邻县划入又复归原县，时间较短且实际并无增减。这样形成了如今介休的行政区域。

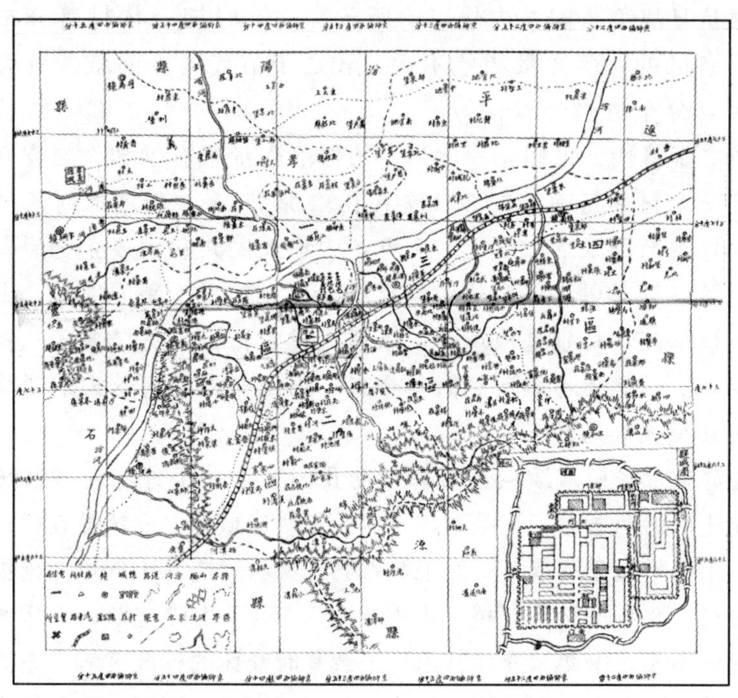

图4－7　民国介休县全图

资料来源：民国《介休县志》，山西人民出版社2012年点校本。

村落与县之间存在着一级或多级行政分区，或者可以称为行政区划。明清以来县级之下的行政分区有乡、都、里、图、区、公社、镇等，在此之下就是一个一个单独的村落了。

与村落的较小变化相比，介休村落之上行政分区变迁繁复。明清县下行政分区一般分设乡、都、里相统属。明朝介休的行政分区成化《山西通志》记载“编户四十五里”。康熙《介休县志》中有更为详细的记录“旧额编四十五坊里，在城曰坊，近城曰厢，在乡曰里。每坊里各编

① 《中国国情丛书—百县市经济社会调查·介休卷》，中国大百科全书出版社1994年版，第7页。

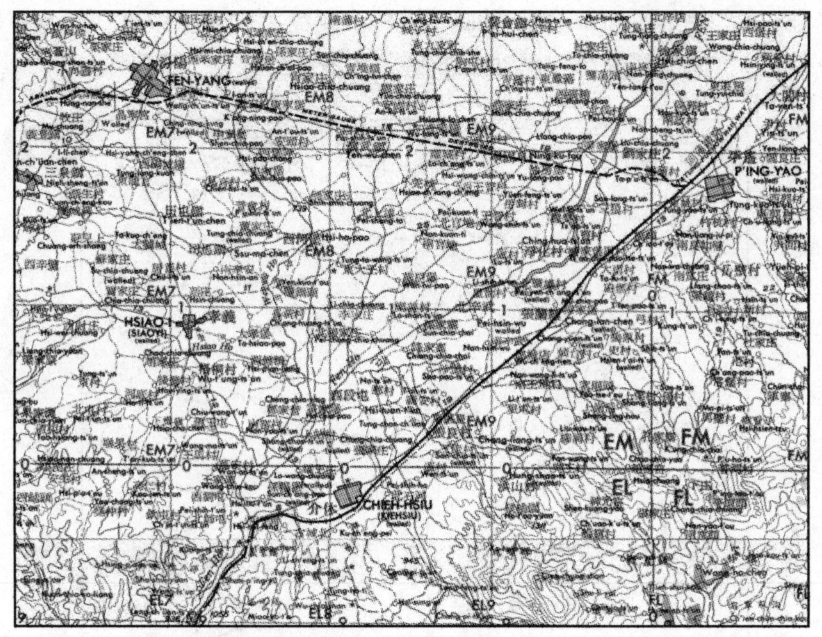

图 4－8　1955 年美国陆军制图局根据日本参谋本部民国三十一年（1942）至三十二年（1943）华北十万分之一地形图编制（截取介休部分）

十甲，各里有里长，各甲有户长，一应差徭，顺甲应当。万历间史记事于年终金差役，见一甲有数百丁，有十余丁，甚有二三丁者，殊为不均。二十七年审编，议合甲并里，为二十四坊里”①。

清初顺治九年（1652 年）时介休全县分为东、南、西、北四乡，“城郭之有乡村，犹省会之有郡邑。大小相统，远近相属，棋布星罗，户口于焉，占籍征收于焉。分隶，犹有经界则壤遗意，人与地相随，地与粮相系，是在体国经野者加之意耳。”② 又有十二坊里，分别是“西北坊、西东坊、城北厢、洞安里、韩张水里、三宋义里、席遐里、安大里、王相里、东梁上下里、谷张里、北史里”③。到了同治六年（1867

---

① 康熙《介休县志》，山西人民出版社 2012 年版点校本，第 39 页。

② 同上书，第 36 页。

③ 同上书，第 41 页。

年）将十二坊里改为十二都，即“潞公、槐板、坞城、东作、东原、歧阳、绵麓、绵上、西谷、汾阴、北滩、汾北”[①]。

图 4-9　清前期介休县村落分布图

资料来源：康熙《介休县志》。未定点村落：东乡，新庄儿、宋家村、新庄、弹花沟、掰男村、北张村、小田堡、桃花沟、狮子崖头、陆家庄、东神村；西乡，吉那村；南乡，东区村。

另外有个现象值得注意，清代介休的邻县孝义有“介佃里”“汾介里”这样的里名存在，乾隆《孝义县志》记“十二里之外又另有汾佃里、介佃里、汾介里，三里俱属汾阳、介休之民在孝义食租纳税，其户口悉不归孝义编审”[②]。介休的民众大批地到邻县耕种土地，这样的人口流动不但影响到了孝义里名的命名，还影响到了其户籍管理与税收管理。“按计粮则里甲为确纪，户则村庄为实，故户数注于村下而居民籍贯必据粮册，故又并载各里名，当编里之始，固户聚于村，村隶于里，

① 光绪《介休县志》，山西人民出版社 2012 年版点校本，第 31 页。

② 乾隆《孝义县志》，乾隆三十五年刻本。

本聊住址为籍贯，逮为时既久则户或别徙而粮册终不得改易，籍贯与住址乃厘而为二，里遂统户而不能统村，于是立保甲稽查之法，虽粮名或分隶数里而住址同在一村，必按村始能计户也。”①如果人口固定，户聚于村，村隶于里，按里计粮则没有问题。然而人口的流动使得里甲之下的纳粮单位户与实际居住于村落中应该纳粮的户并不一致，因此在管理中不得不按照固定的村落方能统计实际的户数，单纯的纳粮单位里甲则逐渐消失了。这样的情况介休也存在。

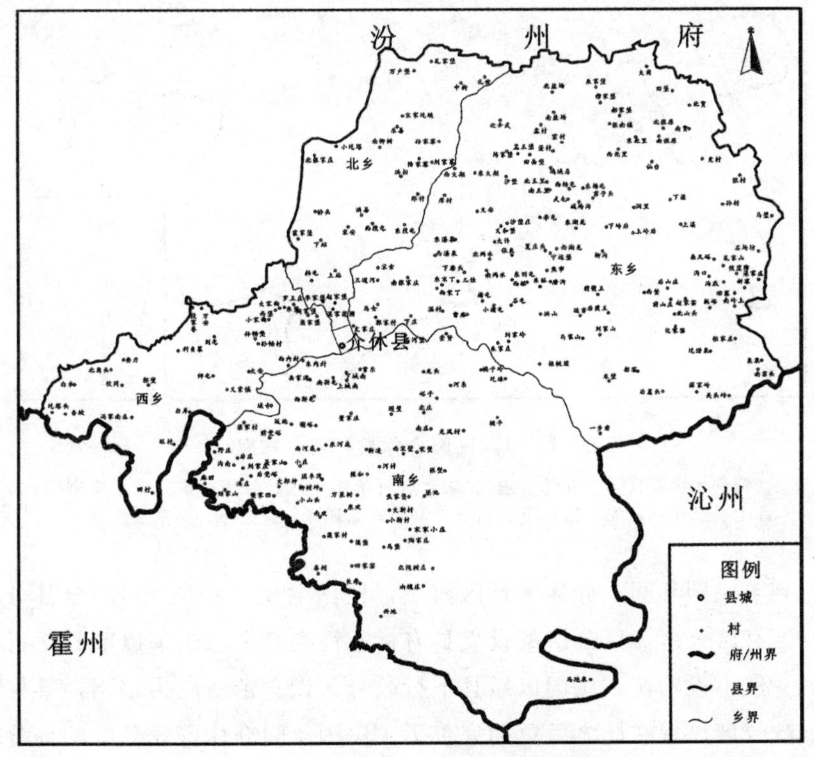

图 4－10　晚清介休县村落分布图

资料来源：光绪《介休县志》。未定点村落：东乡，栖凤堡、沟东、沟西、东堡、王里店、桑涧沟、胡家庄、舜南村、梁家堡、马家堡、人和堡、张原庄、场则、狮子崖头、孟沟村、史村寨、和田村、大山村；西乡，吉那村、郭家堡、莲花沟、要桥；南乡，东原村、核桃坪、岭上、西沟、窑崖、新庄。

① 乾隆《孝义县志》，乾隆三十五年刻本。

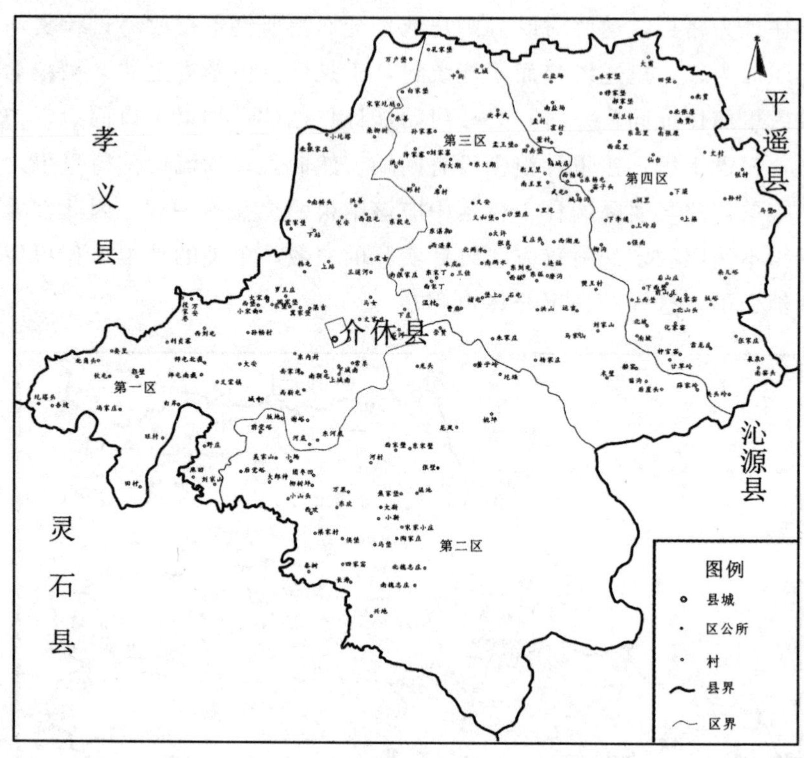

图 4－11　民国介休县村落分布图

资料来源：民国《介休县志》。未定点村落第一区，红庄；第二区，梁家园、东原上、新庄村；第三区，下马村、上马村；第四区，梁家堡、马家堡。

到了民国年间，介休实行区村制，民国七年（1918 年），全县分四区，区有区公所。区公所的设立具有标志性的意义，民国以前县下行政分区一般不设治所，民国以后县下行政分区设立治所成为定制，县村间的行政分区设置在此之后更加完善了。民国年间介休行政分区的划分变化频繁，民国二十八年（1939 年）分为八区，民国三十一年（1942 年）与灵石合并成立介灵联合县介休境内分为四区，民国三十七年（1948 年）又分为六区。[①] 中华人民共和国成立后，介休的区划变化更为繁复，1953 年实行区、乡、村制，介休分为 4 区 56 乡。1958 年以后实

① 见《中国国情丛书—百县市经济社会调查·介休卷》，中国大百科全书出版社 1994 年版。

行人民公社、大队制，介休分为1镇20人民公社。1984年后实行乡（镇）、村制，介休分为6镇14乡4办事处。2000年撤乡并镇，至今介休分为7镇3乡。①

介休村落之上的行政分区从清代的四乡、民国四区发展到今天稳定为七镇三乡，数量增加了。这与清代至今介休的村落总数不断增加相关，同时国家行政管理不断深入到基层的村落，行政成本与行政分区随之增加。

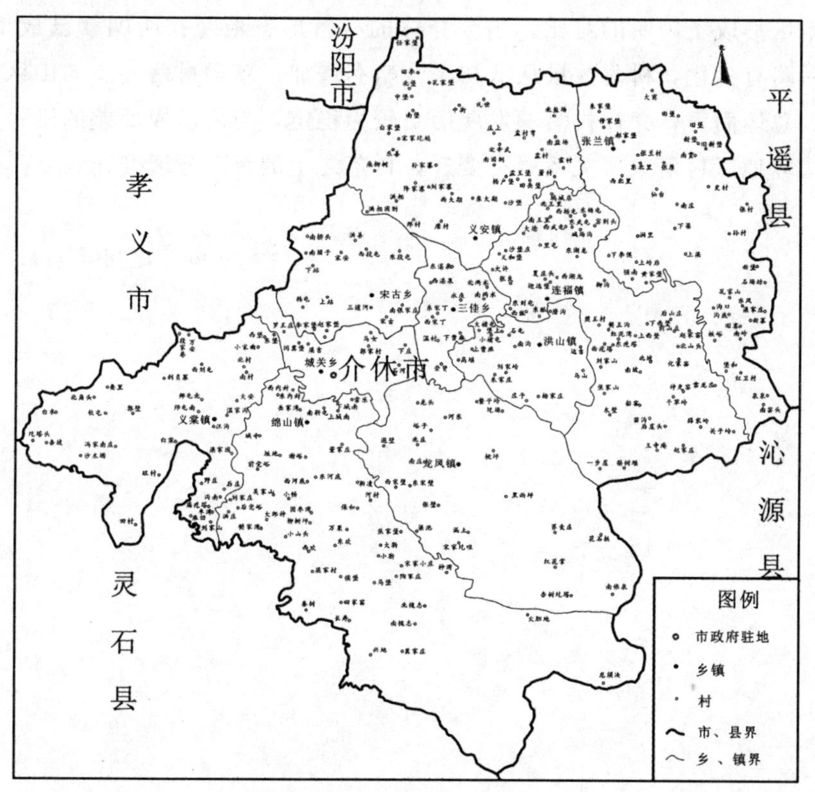

图4-12 介休市村落分布图

综上所述，介休处于不断变迁中的村落与村落地名具有独特的地域

① 见介休市地名委员会办公室、介休市地名志编辑委员会编《介休市地名志》，内部印行2011年版。

特色。介休以方位、地形地貌、姓氏、军事、传说、景观、美好意愿、物产命名的村落地名与当地的地理环境、历史发展、文化风俗等融为一体。其中尤以大量存在的堡、寨、屯、壁类村落地名最具区域特色，这些村落地名与介休地处战略要地为南北交通枢纽历史上战争较为频繁相关，亦与介休背依太岳山的自然地貌相应。介休的聚落历史悠久，据考古资料显示，早在新石器时代，就有聚族而居的聚落存在。以汉族居民为主的介休村落，较早地纳入了中国整体历史的发展进程之中，这与边疆地区形成了鲜明的对比。当今介休的村落形态最晚在明朝就已成型，之后略有变化，村落数量从清初至今略有增加，新增村落逐步向山区推进。总体而言，介休村落的发展历史较为稳定，与之形成反差的则是介休边界地区村落隶属关系屡有变迁，村落之上的行政分区变迁繁复。

（本章由姜建国撰写）

聚落地理篇

在我国，“聚落”一词起源甚早。《史记·五帝本纪》言：“一年而所居成聚，二年成邑，三年成都。”[①] 这里的“聚”应即指有别于都邑的“村落”。《汉书·沟洫志》曰：“或久无害，稍筑室宅，遂成聚落。”[②] 这是“聚落”连称首次出现在中国典籍中。作为研究聚落问题的重要学科，现代聚落地理学重视对聚落与环境关系、聚落规模与布局、聚落体系、聚落现代化与城镇化、村镇规划、聚落类型与聚落区等问题的研究。[③] 其中聚落规模问题是十分重要的研究领域，这是因为，聚落自形成之日起就处于不断变化之中，聚落规模正是体现这一变化的最直接指标。陈芳惠在《村落地理学》[④]、金其铭在《农村聚落地理》[⑤] 中均对聚落规模有较系统的论述，尤其是后者，至今仍是该学科最为重要的参考书之一。

在历史时期，聚落规模很集中地体现在两个方面，一是在某一时间节点（或较短的时段）上聚落规模的空间差异性，二是聚落规模在某一较长时段中的变化过程，也即其在共时性与历时性方面表现出的差异性。但学界对历史时期聚落规模问题进行专门考察的成果却并不多见，其中王庆成、黄忠怀、鲁西奇等学者的研究值得关注。王庆成与黄忠怀对河北平原的村落规模进行了探讨，王氏的基本观点是，晚清华北平原（主要指河北平原）百户以上的大村并不占多数，多见的是数十户以至数户、十数户的小型村落。[⑥] 黄忠怀的观点基本与王庆成一致，认为，“如果我们动态地考察明清以来河北平原的村落规模，就会发现在历史时期，河北平原的村落里像今天那样的百户乃至数百户的巨型村落并不多见，今天的村落形态

---

① （汉）司马迁：《史记》卷一《五帝本纪》，中华书局 1997 年版《二十四史》合订本，第 34 页。

② （汉）班固：《汉书》卷二十九《沟洫志》，中华书局 1997 年版《二十四史》合订本，第 1692 页。

③ 参见金其铭《农村聚落地理》，科学出版社 1988 年版，第 4—7 页。

④ 陈芳惠：《村落地理学》，台北五南图书出版公司 1984 年版，第 133—139 页。

⑤ 金其铭：《农村聚落地理》，科学出版社 1988 年版，第 99—106 页。

⑥ 参见王庆成《晚清华北村落》，《近代史研究》2002 年第 3 期；王庆成《晚清华北村镇人口》，《历史研究》2002 年第 6 期；王庆成《晚清华北乡村：历史与规模》，《历史研究》2007 年第 2 期。

乃是长期发展的结果”[①]。鲁西奇的关注点主要集中于南方江汉平原的聚落规模上，其认为传统时代江汉平原的乡村聚落多见人口规模极小的散落型居民点，且这一散居方式得到了长期延续。[②]

检讨以上成果可以发现，其一，学界对历史时期黄土高原的聚落规模问题缺乏研究。作为有着鲜明特性的自然区域，黄土高原地带的聚落规模必定有着自身的内在特征，对该问题进行讨论，无疑十分有利于聚落规模研究的深入进展，对于推进历史聚落地理研究有着重要意义。其二，学界在讨论历史时期聚落规模问题时，所界定的区域往往比较辽阔，以一个“县域”为研究对象的成果很少见。我们知道，乡村聚落作为人类最基层的聚居单元，数量庞大且相对密集，在一县之内往往就有着成百上千的乡村聚落，如若界定的研究区域过于辽阔，包含的村落数量多至数千甚至数万，势必会影响到对相关问题的探讨深度。因此，笔者认为，历史时期“县域”单元的聚落规模研究亟待开展。其三，自觉从共时性与历时性角度对历史时期某一特定区域的聚落规模进行考察的成果较为少见。

基于以上认识，本篇选择黄土高原地带的山西介休县为研究区域，从共时性与历时性两个角度，对近百年来的聚落规模问题进行集中探讨。在共时性方面，本篇将以1924年前后为研究时点，具体考察这一时空范围内介休乡村聚落的规模等级结构、造成聚落规模差异性的驱动因素等问题。缘何选定1924年这一年份呢？这是因为，山西省图书馆藏有一份1924年的村落人口资料——《山西省各村户口调查表》，这份形成于民国前期的文献，是阎锡山政府为推行“村本政治”而开展的全省性的村落户口调查，具体由山西

① 黄忠怀：《整合与分化——明永乐以后河北平原的村落形态及其演变》，复旦大学博士学位论文，2003年，第37页。

② 参见鲁西奇、韩轲轲《散村的形成及其演变——以江汉平原腹地的乡村聚落形态及其演变为中心》，《中国历史地理论丛》2011年第4辑，第77—91、104页；相关研究还可参见鲁西奇《散村与集村：传统中国的乡村聚落形态及其演变》，《华中师范大学学报》（人文社会科学版）2013年第4期。

自治筹备处编印，原共19册，现存第二、第三、第五、第六、第十九册，涉及25个县份，介休县即为其一。各县分别以表格的形式将每个村落——包括单村、主村、联村——的民户、商户、民商合计、男口、女口、全村人口一一列出，无疑是开展聚落规模研究的极好资料，同时对于探讨村落的商业发展态势、家庭规模、男女性别比等亦有着十分重要的利用价值，理当引起学界的重视。[①] 需要强调的是，在共时性研究方面，本篇将高度重视区域比较方法的运用，首先当然是介休县域内部的比较；另一方面也将本着“在更大范围内审视介休”的理念，重视介休与相邻的汾阳、平遥、孝义三县的比较。之所以如此，是因为汾、平、介、孝四县在相当长的历史时期内属于同一个统县政区所辖，先隶属汾州后隶属汾州府，也因为四县在地貌形态上十分相近，都处于太原盆地的南部，平原与山地均占相当比例，完全具备相互比较的前提条件。

在历时性方面，本篇将以1924年、1964年、1982年、2008年四个时间节点的村落户口数据为核心资料，考察近百年来介休乡村聚落规模的变迁实态，并进一步探讨促发这一变迁的驱动力所在。1924年的资料即前文提及的《山西省各村户口调查表》。1964年资料来自山西省人口普查办公室编印的《山西省第二次人口普查资料·晋中专区部分》[②]。该资料是第二次全国人口普查的组成部分，详细记载了以1964年6月30日24时为标准时点的人口数据，精度达到生产大队一级，涉及每个生产大队的总户数、总人口数（又分男口、女口）、非农业人口数等内容，借此可以审视1964年前后介休聚落规模的详细情形。1982年资料来自晋中地区人口普查办公室编印的《山西省晋中地区第三次人口普查手工

① 必须提及的是，齐大英利用《山西省各村户口调查表》以及部分地方志中的村落户口资料，对民国时期山西中南部的乡村聚落规模作过考察。但因作者并非着眼于介休一县，具体的研究框架与本篇之旨趣也颇为不同，相关问题亦大有进一步深化的空间，故而并不能代替本篇的探讨。参见齐大英《民国时期山西中南部乡村聚落的规模和形态结构》，王社教主编：《黄土高原地区乡村地理研究（1368—1949）》，三秦出版社2009年版，第284—322页。

② 山西省人口普查办公室编：《山西省第二次人口普查资料·晋中专区部分》（上册），内部印行1964年版。

汇总资料汇编》[1]。此为第三次全国人口普查的一部分，标准时点为1982年7月1日零时，精度达致每个生产大队的总户数和总人口数（包括男口、女口），由此可以观察20世纪80年代初期介休县的聚落规模。2008年介休村落人口资料则来自于2011年印行的《介休市地名志》[2]，按照该书《后记》所言："本志中时间下限为2010年年底，乡镇、村的数字为2008年年底，其他一少部分数字延到2011年初"，因此所反映的是2008年前后的聚落规模情况。其权威性如何呢？该书的《后记》载："《介休市地名志》……是一部具有法定性和权威性的地名典籍，属于国家地名档案的一部分。"可见书中的相关数据是基本可靠的。[3] 纵观本篇确定的这四个时点可以发现，1924年尚为民国前期，1964年正处于集体化的高潮时段，1982年的中国农村则处在人民公社制度解体、家庭联产承包全面铺开的转折点上，2008年已是改革开放实行近30年后的时期。这四个时点涵括了民国时期、集体化时代、改革开放时期三个历史时段。其间的中华大地在方方面面均发生了翻天覆地的巨大变化，本篇所关心的正是这些变化是否映射在了乡村聚落规模的变迁上。

---

① 晋中地区人口普查办公室：《山西省晋中地区第三次人口普查手工汇总资料汇编》，内部印行1983年版。

② 介休市地名委员会办公室、介休市地名志编辑委员会编：《介休市地名志》，内部印行2011年版。

③ 必须指出，《介休市地名志》中有极少数的村落（行政村）人口数据是失载的，有极少数村落的人口数据颇不合常理，对此，笔者用"介休市阳光农廉网"（网址：http://www.jznlw.gov.cn：8088/nlw/html/07050000/index.html）所载之村落人口进行了补充和校正。还须指出的是，1996年版《介休市志》在"乡（镇）村"章下曾专辟一表，罗列1949年、1978年、1991年、1994年四个时点介休县内各村人口、耕地、人均收入变化情况，但所指各村人口仅为农业人口数，这在改革开放以前的1949年、1978年两个时点可能大体能反映村落总人口，但1991年和1994年时，与实际出入可能就比较大。再者，这份表格的资料来源无从知晓，为谨慎起见，本篇未采用这份表格中的数据。参见新修《介休市志》第一编《建置·乡（镇）村》，海潮出版社1996年版，第25—35页。

第五章　大小有别:1924 年介休聚落规模的差异性

第一节　1924 年介休乡村聚落的规模等级结构

金其铭在《农村聚落地理》一书中，以 200 人和 1000 人为区分点，对我国的农村聚落规模作了分级，即 200 人以下为小村，200—1000 人为中等村庄，1000 人以上为大村。[①] 笔者根据民国介休聚落规模的基本态势，接受这一分级标准，并将其进一步细化，具体为：100 人以下为超小型聚落，100—200 人为小型聚落，200—500 人为中型偏小聚落，500—1000 人为中型偏大聚落，1000—2000 人为大型聚落，2000 人以上为超大型聚落。根据这一划分，介休及相邻汾阳、平遥、孝义的聚落规模等级结构为：

表 5－1　1924 年汾、平、介、孝四县乡村聚落规模等级结构一览

等级	100 人以下		100—200 人		200—500 人		500—1000 人		1000—2000 人		2000 人以上		合计
项目	个数	比例	个数	比例	个数	比例	个数	比例	个数	比例	个数	比例	个数
汾阳	72	22.1	60	18.4	98	30.1	70	21.5	21	6.4	5	1.5	326
平遥	60	16.7	44	12.1	94	26.1	87	24.2	64	17.8	11	3.1	360
介休	25	11.5	21	9.8	98	45.6	40	18.6	21	9.8	10	4.7	215
孝义	126	30.0	103	24.5	137	32.7	42	10.0	11	2.6	1	0.2	420

资料来源：山西自治筹备处编：《山西省各村户口调查表》之“汾阳县”“平遥县”“介休县”“孝义县”，民国十三年铅印本。

① 金其铭：《农村聚落地理》，科学出版社 1988 年版，第 104 页。

展开讨论之前，有必要交代表中所列各县村落总数的认定问题。《山西省各村户口调查表》（以下简称“调查表”）不仅载有各县的村落人口数据，亦载有城市人口数，这就存在一个城市与乡村的识别问题。对此，笔者的一个基本判断是，降至民国时期，随着商品经济的发展，城市早已突破了城墙的限制而在关厢地带发展了它的街区，因此不应该仅将城墙围合之内的区域视作城区，关厢地带亦应看作城区的组成部分。基于此，调查表中所列的汾阳县之“城内”“东关”“西关”“北关”“大南关”“小南关”，平遥县之“城内”，介休县之“城内”“西关”“顺城关”“文家庄”，孝义县之“城内”“桥南厢”“桥北厢”“东关街”“西关街”“城东街”“北关街”均应视作城区范围，剩余其他聚落方为乡村，由此得出上表四县之326（汾阳）、360（平遥）、215（介休）、420（孝义）的村落总数。[①]

上表首先揭示出的一个突出特征是，虽然100人以下的超小型聚落占有较高比例，但占比最大的却是中等规模村落，其中以介休县表现最为突出。除孝义县之外，其他三县之内的中等规模村落所占比重均超过50%，介休县更是以64.2%的比重居于首位。就此而言，似乎与王庆成、黄忠怀所研究的近代河北平原多见小型村落的状况有所不同。其次，进一步来看，200—500人的中等偏小型聚落最为常见，比重排名第二的聚落类型缺乏一致性。例如，介休与平遥二县500—1000人的中等偏大型村落比重居第二位，汾阳与孝义二县居第二位的则是不足100人的超小型聚落。这可能与介休、平遥二县的平原面积较大而其他二县的平原面积较小有关联。再次，四县中1000人以上的大型村落数量均为最少，但平遥与介休县的情况较为特殊。平遥县的特殊性在于1000—2000人的村落数量在四县之中遥遥领先；介休县的特殊性在于2000人以上的超大型村落在四县中所占比重最高。

---

① 需要指出的是，调查表中还有少数以“镇”命名的聚落，此类聚落实际上是十分复杂的，有些镇有着较为发达的商品经济或者手工业职能，非农化倾向较为明显，这些镇既具备城市的某些职能，也有着明显的村落功能；但也有一些镇实质与普通村落无疑，其职能方面的复杂性甚至不如一些以村命名的聚落。基于这一情形，本篇将以“镇”命名的聚落统一视作乡村。特此说明。

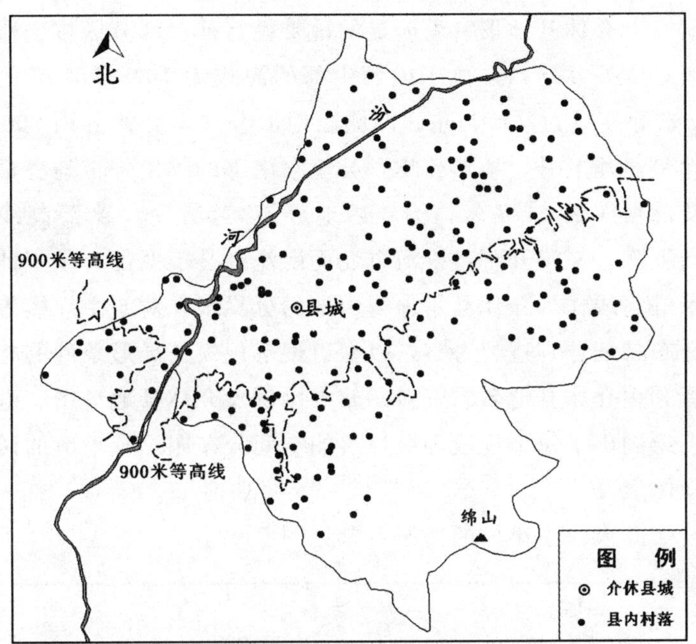

图5-1　1924年介休县213处村落地理坐落示意图

说明：底图采自山西省、山西省军区测绘处编制：《山西省地图集·介休县》，内部印行1973年版，第61页（下文的多幅1924年介休县地图均以此1973年地形图为底图绘制而成，不再说明）。1924年介休县凡有村落215个，其中上马、下马二村地理坐落失考，无法上图。故本图实有村落213处，其中900米等高线以下的平地区村落131处，900米等高线以上的山地区村落82处。

第二节　地形因素与聚落规模：聚落规模在不同地形条件下的分异特征

金其铭在《农村聚落地理》一书中指出，地形地貌对农村聚落的影响十分显见，山地与平原地带一般有着截然不同的聚落分布态势，包括密度、规模、布局、住宅形态等，[①] 但并没有以具体区域个案的形式进

① 金其铭：《农村聚落地理》，科学出版社1988年版，第65—70页。

行全面研究。介休县地形有着明显的地带性特征。部分区域坐落于太原盆地之内，太原盆地乃是位于山西中部的海拔为700—900米的大型盆地，900米等高线为盆地与东西两侧山地的分界，介休县内900米等高线以东地势迅速上升，地形崎岖，县境东南部的绵山一带地势最高，东峰极顶艾蒿坡海拔2478米，为境内地势最高点；900米等高线以西地势则逐渐下降，平坦开阔，汾河自北而南流经县境西部。基于此，笔者将900米等高线作为介休县平地与山地的分界线，对6个规模等级村落的地理分布特征分别进行考察，以探讨聚落规模与地形条件的相关性问题。笔者利用介休县地名志资料、较大比例尺介休县地形图、电话访谈等方法，绘制出了每个规模等级村落的空间分布图。本小节的讨论将围绕这些地图展开。

先看200人以下小村的情况，参见图5-2。

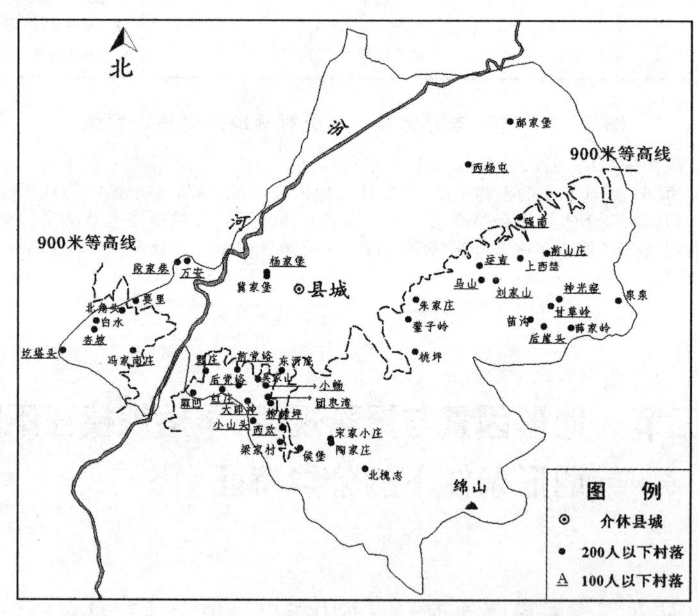

图5-2　1924年介休县小型村落空间布局示意图

说明：1924年时上马村有193人，但该村地理坐落失考，无法上图，故图中实有村落45处。

可以看出，以900米等高线为界，小型聚落在空间上呈现出极为明显的分异性。位处平地区的仅有郝家堡、西杨屯、杨家堡（即阎家堡）、冀家堡、万安、段家巷、要里7村，占总数45处村落的15.6%，占131处平地村落的5.3%；位于山地区的小型村落38个，占82处山地区村落的46.3%。由此可见，小村与山区地貌的高度相关性。笔者在图5－2中还标绘出25处100人以下聚落的空间布局情况。可以看出，位处平地的超小型聚落有4处，在25处聚落中占16%。

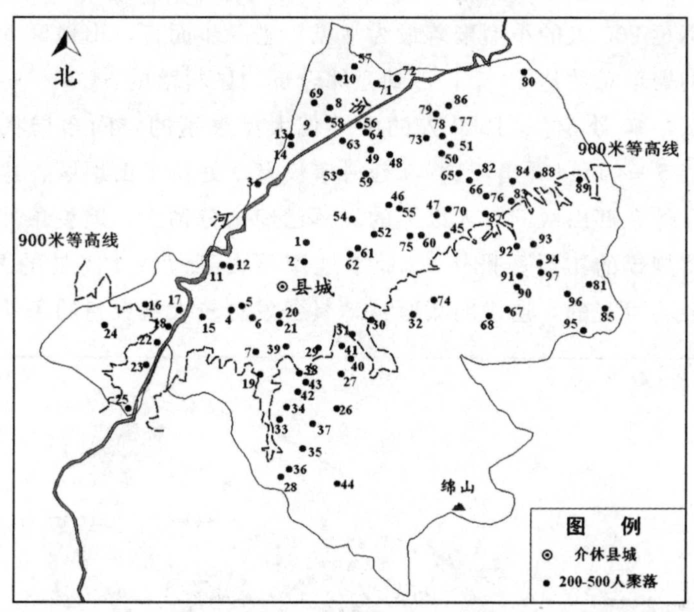

图5－3　1924年介休县中等偏小型村落空间布局示意图

说明：1. 三道河　2. 马女村　3. 南桥头　4. 西内封　5. 东内封　6. 岳家湾　7. 谢峪村　8. 宋家圪塔　9. 桑柳树　10. 万户堡　11. 大宋曲　12. 东堡　13. 北张家庄　14. 小圪塔　15. 大安村　16. 利贞寨　17. 师屯北　18. 师屯南　19. 西河底　20. 下城南　21. 上城南　22. 白岸村　23. 旺村　24. 钦屯村　25. 田村　26. 焦家堡　27. 宋壁村　28. 长寿村　29. 遐壁村　30. 河东村　31. 峪子村　32. 圪垛村　33. 东欢村　34. 万果村　35. 马壁　36. 四家窑　37. 小靳村　38. 靳凌村　39. 董家庄　40. 南庄　41. 北庄　42. 保和村　43. 河村　44. 南槐志庄　45. 磨沟村　46. 义和堡　47. 夏庄头　48. 东大期　49. 西大期　50. 北王里　51. 坞城店　52. 永庆村　53. 那村　54. 西湛泉　55. 大许村　56. 孙家寨　57. 孔家堡　58. 乐善村　59. 席村　60. 西湖村　61. 东宋丁村　62. 西宋丁村　63. 降家寨　64. 刘家寨　65. 武屯村　66. 碱场沟　67. 船窟村　68. 木壁村　69. 白家堡　70. 西湖龙　71. 中街村　72. 礼城村　73. 田岳堡　74. 杨家庄　75. 东刘屯　76. 下李侯　77. 霍村　78. 董村　79. 孟村　80. 大甫村　81. 张家庄　82. 窑则头　83. 上岭后　84. 涧里村　85. 南窑头　86. 南盐场　87. 柳沟村　88. 下梁村　89. 孙村　90. 南坡村　91. 北坡村　92. 下西埜　93. 后山庄　94. 北山头　95. 关子岭　96. 靠龙庄　97. 化家窑　另，1924年时下马村人口为450人，但该村地理坐落失考，无法上图，故图中凡有村落97处。

再看200—500人中等偏小型聚落的空间布局特征，该等级村落有98个，数量最多。图5-3标示了其中的97处，可以发现，其在介休县域的分布较为平衡，山区与平原地带均有大量布局。详细来看，97处村落中有31处位于山地区，占到山地全部村落总数的37.8%；66处平地区村落占到131处平地区村落的50.4%。至此，我们可以得出结论，民国前期介休县平地区村落的最常见规模为200—500人，而同期山地区则以不足200人的小型聚落最为常见，进一步而言，山地区500人以下规模的聚落总数达69个，占到介休全部山区村落的84.1%。

那么，40处500—1000人的中等偏大型聚落的空间布局状况如何呢？由图5-4可以看出，这40处村落仅有9处位于山地区，这说明民国前期介休东部山区500人以上的聚落已经十分稀少，地貌条件极大限制了村落规模的扩展；另外31处平地聚落占到总数131处的23.7%，比例是较为可观的，这说明太原盆地具备发育较大型聚落的条件。

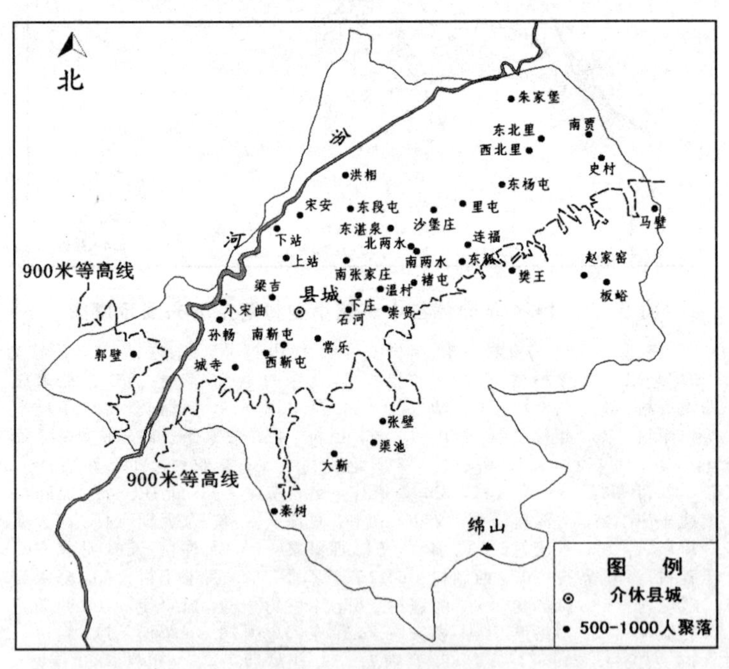

图5-4 1924年介休县中等偏大型村落空间布局示意图

最后再看 1000 人以上大型聚落的空间布局情况。从图 5－5 来看，介休 31 处大型村落有 26 处位于平地区，山地区仅有上梁、桑儿峪、洪山、龙凤、兴地 5 处，总体上表现出向平地区高度集中的特点，这与介休超小型聚落的空间布局态势恰成强烈反差。

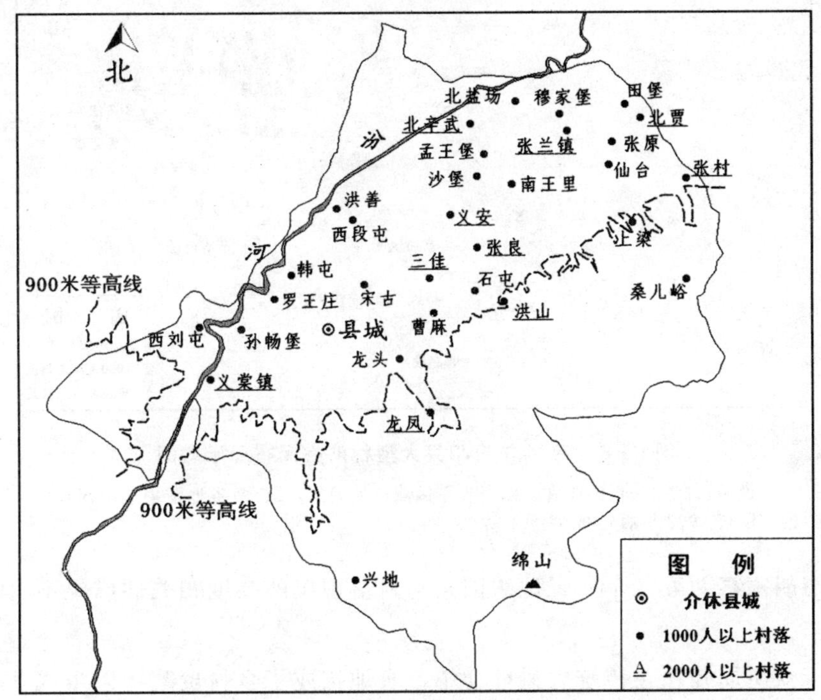

图 5－5　1924 年介休县大型村落空间布局示意图

为进一步阐明地貌因素与大型聚落的相关性，笔者对与介休相邻、地貌类型相近的汾阳、平遥、孝义三县 1000 人以上大型聚落的地理分布情况作了考察。通过图 5－6、图 5－7、图 5－8 可以发现，汾阳县有 26 处 1000 人以上的大型村落，其中坐落于山地区的仅有张家堡 1 村，况且这个张家堡处在出山口的位置上，交通区位甚为便利。平遥县有 75 处大型村落，坐落于山地区的有 16 处，需要注意的是，这 16 处村落中的大部分实际上位于山地与平地的交接地带，这类聚落的实体虽然位处山地，但村民所依恃的农田的相当一部分可能已经处在山原之下的平地区。孝义县的大型村落最少，仅有 12 个，坐落于山地区的仅有后

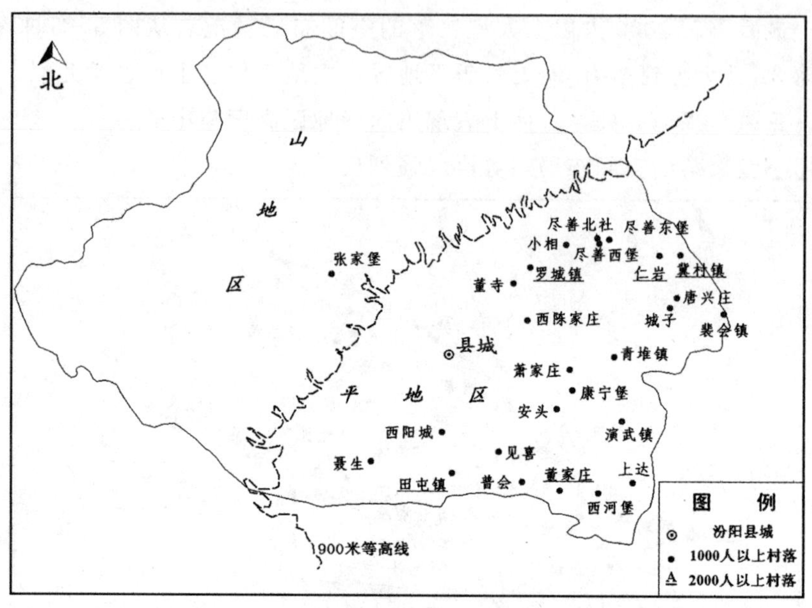

图 5-6 1924 年汾阳县大型村落空间布局示意图

说明：底图采自山西省、山西省军区测绘处编制：《山西省地图集·汾阳县》，内部印行 1973 年版，第 67 页。

庄与胡家窑两处。至此，地貌因素与村落规模的高度相关性已经不言自明了。

众所周知，在传统农耕社会中，农地构成了乡村聚落得以生成并在规模上盈缩变迁的最基本条件，农地的空间范围可视为传统时代支撑乡村聚落的“腹地”[①]。在农业开发未竟的前提下，农地面积的扩展意味着两种可能结果，其一是该聚落规模进一步扩大，其二是生成新的聚落[②]。但实际上，农地面积并不可能无限扩大，它受到该聚落民众来往农地的时间和能量投入能力、相邻聚落农地边界、微地貌、官府政策等诸多因素的制约。当该聚落的农地面积无法进一步扩大时，提高农地的

① 请注意，笔者在这里强调的是“传统农耕社会”。其他如山林、河湖、湿地、碱滩、矿产等资源亦为传统社会中影响聚落生成与规模变迁的重要因素，但农地无疑是其中居第一位的、最主要的因素。

② 当一聚落之民众来往其农地的时间、能量超出了可承受的上限时，新的聚落就会生成。有些“衍生村”的产生就是出于这一结果。

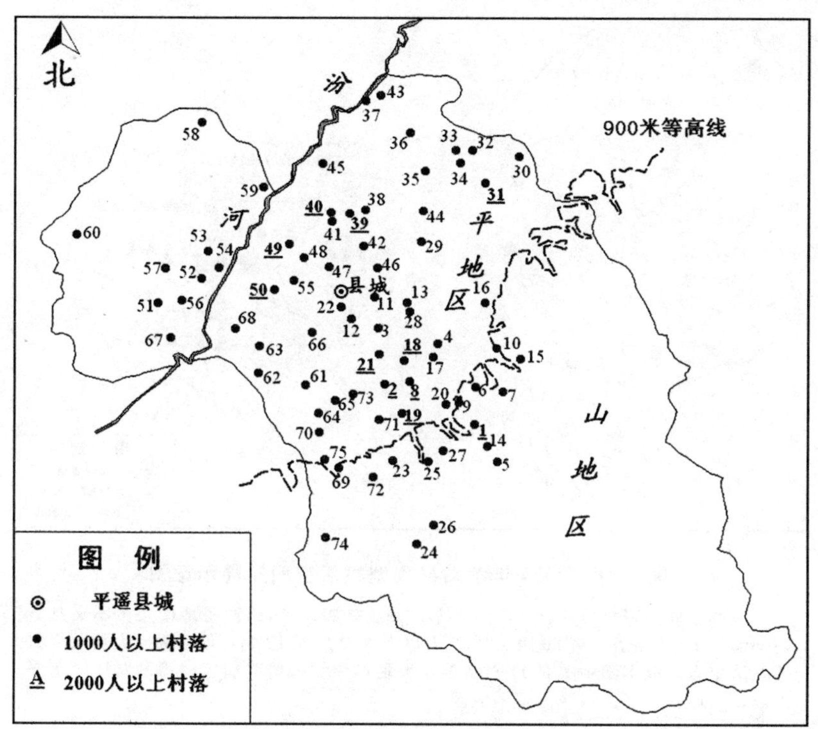

图 5－7　1924 年平遥县大型村落空间布局示意图

说明：底图采自山西省、山西省军区测绘处编制：《山西省地图集・平遥县》，内部印行 1973 年版，第 55 页。1. 东泉村　2. 黎基村　3. 尹回村　4. 邢村　5. 水磨头　6. 戈山村　7. 侯修马村　8. 西源祠　9. 遮胡村　10. 郭修村　11. 西郭村　12. 干坑村　13. 金庄　14. 圪塔村　15. 乔家山　16. 汪湛村　17. 西赵村　18. 梁村　19. 西泉村　20. 赵壁村　21. 岳壁村　22. 城南堡　23. 卜宜村　24. 石城村　25. 偏城村　26. 菓则沟　27. 梁坡底　28. 东郭村　29. 沿村堡　30. 郝开村　31. 襄垣村　32. 梁官村　33. 桑曹冀村　34. 郝同村　35. 洪善村　36. 北营村　37. 门世村　38. 东游驾　39. 西游驾　40. 道备村　41. 侯郭村　42. 尹村　43. 北长寿　44. 西大阎　45. 王家庄　46. 阎良庄　47. 新南堡　48. 南头庄　49. 刘家庄　50. 达蒲村　51. 岳封村　52. 油房堡　53. 梁家堡　54. 左家堡　55. 娃留堡　56. 王郭村　57. 宁固阜　58. 仁庄　59. 南良庄　60. 香乐村　61. 梁赵村　62. 杜村　63. 桥头村　64. 七洞村　65. 大小胡村　66. 道虎壁村　67. 净化村　68. 曹村　69. 段村　70. 安社村　71. 林泉村　72. 军寨村　73. 靳村　74. 普洞村　75. 常堡村

单位产出量就成为支撑聚落规模扩大的首选。现在看起来，较之山地区，平地区具备支撑更大型聚落生成的诸多优势，平地区地形平坦，土壤肥力相对较高，耕作半径较小，耕作方便，水源条件较为优越，也易于较大型农具的使用和新技术的推广；而山地区恰恰相反，地形崎岖，耕地面积狭小且零碎，耕作不便，缺水易旱，水土流失较为严重。这直

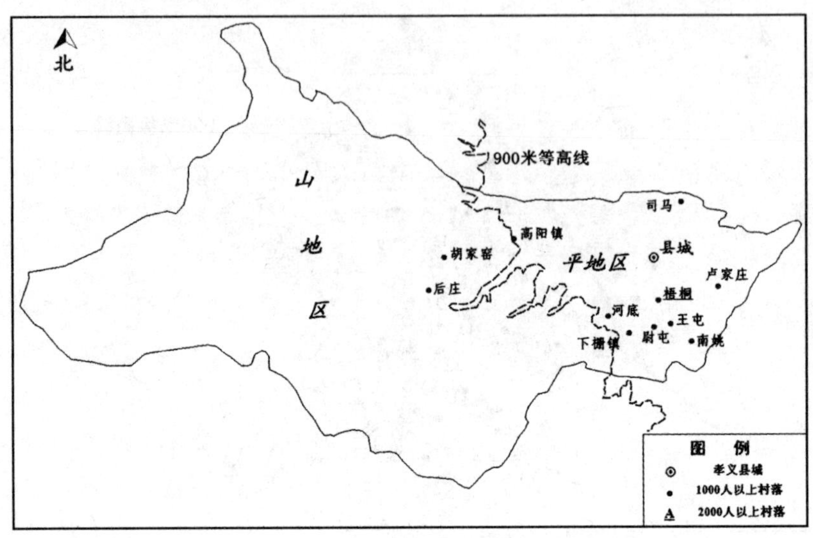

图 5-8　1924 年孝义县大型村落空间布局示意图

说明：底图采自山西省、山西省军区测绘处编制：《山西省地图集·孝义县》，内部印行 1973 年版，第 69 页。1000 人以上大村凡有 12 个，但名为“大村”之村落无法定点，故本图中实有 11 村。但从原资料中“大村”前后村落的具体坐落来推断，可以肯定“大村”位于平地区。

接导致了两种地貌条件下农地的生产量及生产率的巨大差异，最终体现在村落规模上即是平地与山地之间的明显分异性。

第三节　交通因素与聚落规模：义棠与张兰的例子

导致聚落规模差异性的因素仅仅出于地貌一途吗？当然不是，从以上的地图中可以看出，介休的平地区也有着不少小型甚至超小型的聚落，而山地区则不缺乏超大型聚落的存在。经验提醒我们，在从事聚落地理研究时，不能仅关注自然要素，而忽视人文要素。交通因素对聚落的影响就很值得重视，“水陆交通方便是农村聚落最初形成的重要条件之一，集镇形成后，商业贸易、文化生活等的交往又促进了交通的发展。农村聚落的大小、分布与交通状况有密切的关系”①。这样的例子在黄土高原地带是十分常见的，譬如坐落于孝义县西部山地丘陵间的兑九峪镇就是因交通区位优势而成长起来的重要集镇。该镇坐落于孝河支流兑镇河畔，沿河谷发展起来的东西向交通大道成为兑镇对外联系的生命线，依托这一交通线，该镇很早就成为远近闻名的粮食交易中心。一通道光年间的石碑刻文称：

> 今我兑九峪乃孝（义）属之首镇，实聚粮之马［码］头。曩规以二、四、七、九日为集期，乃缘本镇东界平（遥）、介（休）等属，西通隰州，自陕省延安、榆林一带，每遇集期，即有商民兴贩西产粮粟到镇粜卖，而东路府属平（遥）、介（休）以及太原府等属十余州县磨贩纷纷云集粜卖。②

碑文将兑九峪镇在粮食贸易中承东启西的交通区位特征详细地刻画出来，因交通之便，该镇的辐射范围可远及陕西。1924 年该镇人口为 2136 人，但商户却多达 99 户③，商贸繁盛程度在周边区域是十分突出的。那么在民国介休县是否也存在像兑九峪镇这样因交通因素而导致聚落规模扩展的例子呢？答案是肯定的，而且较之兑九峪镇更为典型，义棠镇与张兰镇正是其例。

一　义棠镇

作为一个聚落，义棠村久已形成，光绪《介休县志》说：“普照寺金大定三年碑作义唐，又作常。”④ 可见早在金代即有此村。此后的义

① 金其铭：《农村聚落地理》，科学出版社 1988 年版，第 77 页。

② （清）冯如川：《兑镇录两县详文并告示碑》，杜红涛主编：《三晋石刻大全·吕梁市孝义市卷》，三晋出版社 2012 年版，第 356 页。

③ 在《山西省各村户口调查表》中，兑九峪镇人口为 982 人，商户为 83 户；后庄村人口为 1154 人，商户为 16 户，实际上这两个聚落紧相毗连，实为一个自然聚落实体，正文中的数据乃是计算这两个聚落之和后的结果。特此说明。

④ 光绪《介休县志·建制志·坊里》，山西人民出版社 2012 年版点校本，第 202 页。

棠聚落有了明显的发展，明万历《汾州府志》“介休县图”所绘地理要素十分稀少，城治之外的乡村聚落仅绘两处，“义棠镇”即为其一，可见明代的义棠镇无疑已是县内十分重要的居民点了。降至清代康熙年间，县内称“镇”者增加为三处，义棠镇仍居其一①。随着聚落规模的不断扩展，其商业职能随之产生。康熙时期的义棠镇“月十五市”②，乾隆以迄光绪时期均仍之③，嘉庆《介休县志》记载义棠镇在每年的三月十七日、九月十七日还设有庙会④。降至民国前期的1924年，义棠镇有360户，总人口2071人，是县内10个超过2000人的特大型聚落之一；其中有商户13户，经商户数除县城外，仅次于张兰镇，县内排名第二。

义棠镇的聚落规模缘何如此庞大？商业为何较为兴盛？仔细分析起来，与其长期以来所发挥的沟通东西南北的交通枢纽特征有直接关联。这从明清时期介休铺舍系统的设置情况就清晰可见：

> 总铺，在县治大门外，……西五里至内封铺，十五里至义棠铺，十里至灵石县冷泉铺，凡二铺。西北由义棠铺十里至刘屯铺，又十里至孝义县王同铺。⑤

可以看出，义棠镇既是由介休县城南下灵石的必经之地，也是由县城西赴孝义的大道所经。既处在沟通三晋的南北向交通大道上，也处在介休城与汾州府城联系的东西干道上。有史料记载：“（义棠）镇南依山阜，北临汾水，为通衢锁钥，实一邑藩篱。”⑥ 进一步而言，坐落于此

① 参见康熙《介休县志》卷二《建置·镇店》，山西人民出版社2012年版点校本，第32页。

② 康熙《介休县志》卷二《建置·市集》，山西人民出版社2012年版点校本，第42页。

③ 参见乾隆《介休县志》卷一《疆域·市集》，山西人民出版社2012年版点校本，第21页；光绪《介休县志·建制志·坊里》，山西人民出版社2012年版点校本，第202页。

④ 嘉庆《介休县志》卷一《疆域·集会》，山西人民出版社2012年版点校本，第18页。

⑤ 乾隆《介休县志》卷一《疆域·驿站》，山西人民出版社2012年版点校本，第16—17页。

⑥ （清）董醇：《度陇记》，收入中国西北文献丛书编辑委员会编《西北稀见丛书文献》第4卷，兰州古籍书店1990年版，第362页。

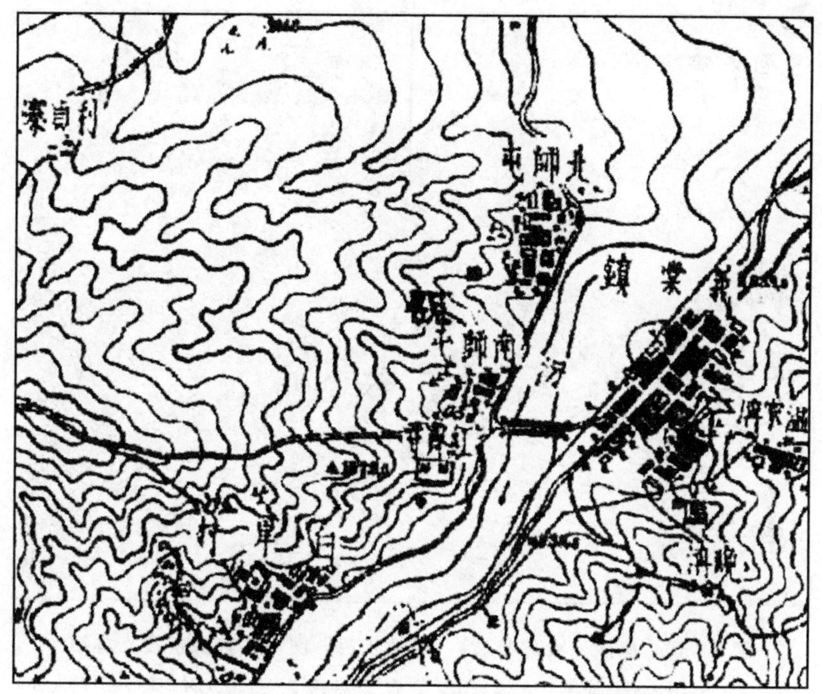

图 5－9　1920 年义棠镇的地理坐落及聚落占地规模图

说明：底图采自参谋本部陆地测量总局编绘：《中国五万分之一地形图》“介休县”图幅，民国九年测绘。

的横跨汾河之上的虹霁桥就是使义棠镇成为沟通汾河东西功能的“关键”，也就是说，虹霁桥之修建与义棠镇兴衰之间存在极为密切的联系。该桥创建于明洪武年间，初名永利桥，又名师屯桥，后经多次修筑，成为“长七十余步，孔十三”[①] 的壮观建筑，是入列介休“三篇文字”[②] 的胜景佳地。

问题是虹霁桥为何选址于此呢？明末邑人马初登的一番话颇值得重视：

① 乾隆《介休县志》卷二《山川·津梁》“虹霁桥”条，山西人民出版社 2012 年版点校本，第 41 页。

② （清）王鼎起：《雨后复游洪山泉记》，乾隆《介休县志》卷十二《艺文二》，山西人民出版社 2012 年版点校本，第 336 页。

图 5-10 康熙《介休县志》“虹桥夜月”图中的虹霁桥及义棠镇

说明：图片裁自康熙《介休县志》卷前《舆地图》“虹桥夜月”图，山西人民出版社 2012 年版点校本，第 15 页。图中可见十三孔虹霁桥及汾河侧畔义棠聚落一角。

> 吾独美虹霁一桥，盖晋阳土易，汾水善溃，倏忽迁流，桥梁罔功，故斯所径，非舟莫渡。惟此谷（即雀鼠谷——笔者注）连山参差，土劲多石，是以泛滥横肆之势，至此若听约束，而津梁不受冲损。……斯桥独以天边一虹，通全省之血脉。是非太原一川之脉关阑于斯，实太原一川之脉疏通于斯也。①

汾河在进入以义棠镇为北端节点的雀鼠谷之前，流经盆地腹心，地势平衍，土质疏松，河道不稳，游荡改道情形在所难免，以至于两岸很难架设桥梁。河流行至义棠镇，两岸土质开始变得坚硬，且土中多石，这使得修建桥梁成为可能。康熙《介休县志》记载虹霁桥说：“跨汾河，

① （明）马初登：《重修虹霁桥碑记》，康熙《介休县志》卷八《艺文志上》，山西人民出版社 2012 年版点校本，第 213 页。

为吾邑与郡之通衢。"[①] 乾隆《介休县志》言"虹霁桥，在义棠镇，跨汾河之上，为汾州孔道"[②]，光绪《介休县志》将虹霁桥沟通两岸的功能表述得更为精细："石桥跨汾水上，曰虹霁，夹以雕栏，高二十尺，长三百五十尺，十三孔，为汾州驿路。桥西十五里产石炭，炭车舆辕僮僮然接轸，由桥上行，昼夜无停轨，供县境数十万家炊爨。……一有险工，车不能行，数十万家居民遂有断炊之虑。"[③] 正是虹霁桥的沟通功能，使得汾河天堑一变而为通途，桥畔的义棠镇因之受益无穷。时至今日，义棠镇仍是介休南部最为重要的政治、经济中心，2008 年人口达到 5076 人[④]。毫无疑问，支撑义棠聚落长盛不衰的关键在于交通因素。

图 5－11　民国时期义棠镇虹霁桥照片

说明：照片原载《中国抗战画史》，1947 年版，第 213 页。

① 康熙《介休县志》卷二《建置·桥梁》"永利桥"条，山西人民出版社 2012 年版点校本，第 33 页。笔者按，虹霁桥原名永利桥，万历十七年重修后更名"虹霁"。

② 乾隆《介休县志》卷二《山川·津梁》"虹霁桥"条，山西人民出版社 2012 年版点校本，第 41 页。

③ 光绪《介休县志·地理志·关隘》，山西人民出版社 2012 年版点校本，第 15 页。

④ 这里指的是义棠、汪沟、温家沟三个聚落的人口总和，三村原为一村，均为民国时期"义棠镇"的一部分，后因南同蒲铁路的分隔方分治为三个村落。参见介休市地名委员会办公室、介休市地名志编辑委员会编《介休市地名志》，内部印行 2011 年版，第 88—89 页。

二 张兰镇

张兰镇，亦称张南镇、南张堡、张兰堡、张难堡。1924 年调查表中的张兰镇有人口 3410 人，为介休县第一大村，其中有民户 804 户、商户 36 户，共 840 户，亦为当时介休县商户最多的聚落（县城除外）。在此，需要特别注意调查表中“民户”与“商户”的指代对象。此处“商户”的内涵是什么呢？这可以依靠平遥县道备村的有关资料加以考索。该调查表中显示，1924 年道备村有 2701 人，其中商户为 12 户、民户 565 户，但在 1935 年对道备村一份更为详细的调查资料中，则显示该村商户数为 198 户，占到总数 415 户的 47.72%，这 198 户人家实际上大部分是亦商亦农的。[①] 虽然两份资料相差 11 年，但商户的变化绝不可能有 12 户与 198 户如此大的差别，这在笔者对道备村长达 5 年的田野调查中也能真切感受到。基于这一分析，笔者认为，1924 年道备村的 12 家“商户”当是经政府认定的以经商为主的家户，经商乃是其衣食之源，甚至可能有政府颁发的经商营业证照，而这里的“民户”绝不能等同于“农户”，“民户”中当存在不少亦农亦商的情况。因为 1924 年整份调查表的统计口径是一致的，由此推彼，则张兰镇的情况亦与道备村相同，即民国张兰镇的经商业者绝非仅有 36 户，而实际要数倍于这个数字。这充分说明了 1924 年时张兰镇在介休县首屈一指的庞大聚落规模与商业发达程度。

实际上，张兰镇的发达绝非仅表现在民国时期。顾炎武在《肇域志》中引其他文献说：“唐太宗自介休追宋金刚数十里，至张难堡，今名张兰堡。”[②] 可知张兰聚落很早就已经形成了。张兰很早就修筑有城

① 刘容亭：《山西祁县东左墩西左墩两村暨太谷县阳邑镇平遥县道备村经商者现况调查之研究》，《新农村》1935 年第 22 期。

② （清）顾炎武：《肇域志・山西・汾州府・介休县》，上海古籍出版社 2012 年版点校本，第 1486 页。

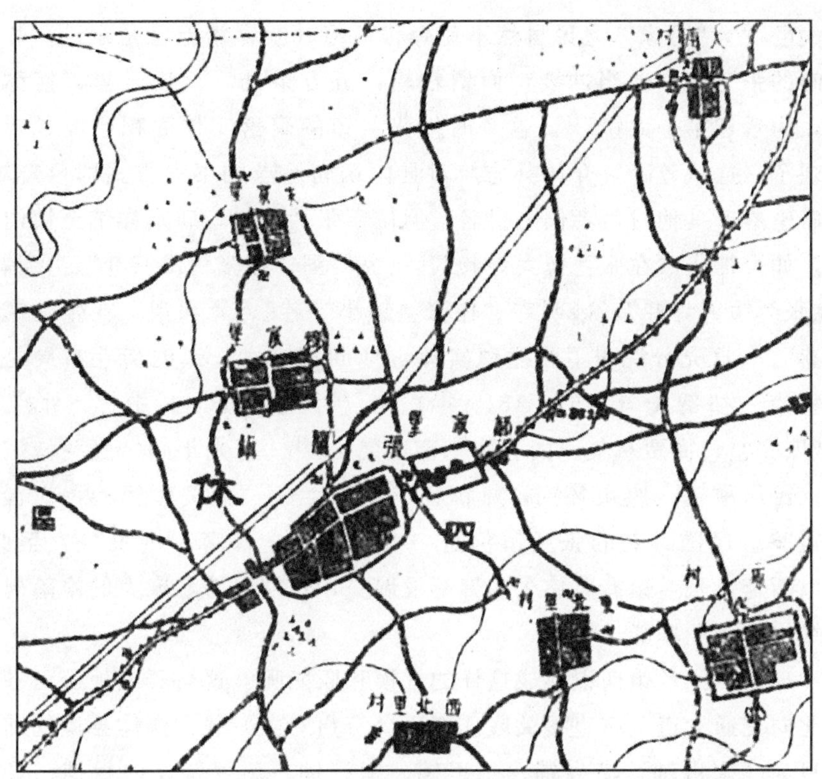

图 5－12　1919 年张兰镇的地理坐落及聚落占地规模图

说明：底图采自军事委员会军令部陆地测量总局编绘：《中国五万分之一地形图》“平遥县”图幅，民国八年三月测绘。

墙，“镇向有城，不知建自何时”①。明代名宦石玠（1463—1521 年）曾因公在张兰镇停留，有感而发，作诗曰：“迢递张南驿，萧然动客愁，天风吹木叶，落日尽城头。”②“城头”二字揭示出弘治正德年间张兰镇已经修筑起城墙。这是聚落发展的重要标志。清代康熙后期的张兰城“周五里，屋舍鳞次，不下万家，盖藏者什之三，商贾复四方辐辏，俨

① （清）刘尔聪：《修张兰城记》，乾隆《介休县志》卷十二《艺文二》，山西人民出版社 2012 年版点校本，第 339 页。

② （明）石玠：《途次张南》，嘉庆《介休县志》卷十三《艺文·诗》，山西人民出版社 2012 年版点校本，第 518 页。

如大邑”[①]，“万家”之说虽然不免夸张，但其殷盛繁庶已是定论。乾隆年间的张兰镇“地当冲要，商贾辐辏，五方杂处，百货云集，素称富庶，为晋省第一大镇”[②]。这个时候张兰镇的聚落实体面积已经是十分可观了，这从乾隆《介休县志》对县内坛庙地点的书写方式即可窥知。坛庙坐落于其他村落者仅书村名，但位于张兰镇之坛庙则详细至镇内街巷，如火神庙“在张兰镇大寺巷”、三灵侯祠“在张兰田家巷”、兴福寺“在张兰镇大寺巷”、妙明寺“在张兰镇小寺巷”、元和观“在张兰镇金砂巷”。[③] 这充分说明了张兰镇实体占地面积庞大、镇内街巷布局复杂的特点。祁韵士（1751—1815 年）在《万里行程记》中称：张兰镇“城堞完整，商贾丛集，山右第一富庶之区”[④]。道光年间“张兰城垣完固，民居稠密，廛市环列，雄镇也”[⑤]，张兰镇“商贾颇辐辏，为晋省之冠”[⑥]。民国时期的张兰镇仍是“市廛稠密，晋南一雄镇”[⑦]。至此，可以断定，张兰镇有着悠久的聚落发展史，长期保持着庞大的聚落规模和突出的商业职能。

那么，张兰镇何以形成这样的规模和职能呢？这与其地处汾河谷地南北向交通大道上有直接关联。万历《汾州府志》载，介休县境的铺舍名目为“宋古铺、湛泉铺、王里铺、南张铺、田堡铺、内封铺、义棠铺、刘同铺”[⑧]，康熙《介休县志》载：“东路五铺：宋古铺，十里接湛泉铺，十里接王里铺，十里接张南铺，十里接田堡铺，十里接平遥县陈

---

① （清）刘尔聪：《修张兰城记》，乾隆《介休县志》卷十二《艺文二》，山西人民出版社 2012 年版点校本，第 339 页。

② 乾隆二十一年十月十二日山西巡抚明德奏折，《宫中档乾隆朝奏折》第 15 辑，台北故宫博物院 1982 年版，第 714 页。

③ 乾隆《介休县志》卷三《坛庙》之“火神庙”条、“三灵侯祠”条、“兴福寺”条、“妙明寺”条、“元和观”条，山西人民出版社 2012 年版点校本，第 58—63 页。

④ （清）祁韵士：《万里行程记》，山西人民出版社 1992 年版，第 3 页。

⑤ （清）董醇：《度陇记》，收入中国西北文献丛书编辑委员会编《西北稀见丛书文献》第 4 卷，兰州古籍书店 1990 年版，第 361 页。

⑥ （清）陶澍：《蜀輶日记》卷一，氏撰：《陶澍全集·8·专书》，岳麓书社 2010 年版，第 254 页。

⑦ 陈万里：《西行日记》，氏撰：《陈万里陶瓷考古文集》，紫禁城出版社 1997 年版，第 328 页。

⑧ 万历《汾州府志》卷三《建置类·铺舍》，山西人民出版社 1994 年版点校本，第 45 页。

村铺"[1]，两条引文中的南张铺、张南铺均为张兰镇之地，可见明清时代张兰镇是介休北上平遥的大道所经。问题是，处在此条交通大道上的聚落数量可观，非独张兰一处，为何张兰镇能最终成为它们中的翘楚呢？一则乾隆《介休县志》中的驿路史料颇值得重视：

> 义棠驿路较他邑最长，东至平遥洪善驿，中四十里为张兰镇，必于此少息，中夜或竟入旅店就宿，未免扰累。乾隆三十三年，知县王谋文即就张兰赁店一间为驻足之所。岁给赁银二十四两，于间款项下支销，庶无骚扰之虞，而马亦不疲劳也。[2]

引文显示，张兰镇恰处在义棠驿与洪善驿之间八十里路程的中点位置上，四十里大约为半日所行的距离，则张兰镇就成为北上、南下之人中途休憩的最佳地点。官家办差人员如此，对于长途跋涉的商旅亦复如是，在张兰镇休整、住宿成为该地商业繁盛的巨大支撑，也必然有利于聚落规模的不断扩大。

因为张兰镇重要的交通区位与庞大的聚落规模，很早就有佐杂分防机构的派驻，先是介休县的巡检司衙门驻扎于此。按，巡检司产生于五代北宋时期，明代开始在全国普遍设置，"扼要道，验关津"[3]，扼关盘查、弹压地方的色彩十分浓厚，关隘要口是设置巡检司的重点区域；进入清代，巡检司开始在市镇中大量设置，治安巡缉仍是其最为常见的职责。张兰镇的巡检司具体设置于乾隆十七年（1752年），乃是将静乐县之巡检移驻于此。关于张兰巡检的职能，史料记载说："除命盗大案仍归该县审理外，其一切奸匪逃窃，以及赌博、斗殴、追比客欠等事，悉令该巡检稽查办理。"[4] 可以看出，张兰巡检明显带有综合性的市镇管

① 康熙《介休县志》卷二《建置·递铺》，山西人民出版社2012年版点校本，第32页。

② 乾隆《介休县志》卷一《疆域·驿站》，山西人民出版社2012年版点校本，第16页。

③ 张德信、毛佩琦主编：《洪武御制全书》卷七《敕》之"谕各处巡检"，黄山书社1995年版，第111页。

④ 乾隆十七年四月二十五日山西按察使唐绥祖奏，《宫中档乾隆朝奏折》第2辑，台北故宫博物院1982年版，第792页。

理性质，这实际上已经与巡检司以治安巡缉为核心的职能明显不符，山西巡抚明德因而奏称："巡检品秩卑微，此等富商巨贾会集之所，或有奸牙蠹棍妄行滋事，既不足以弹压。"[①] 必须有品秩更高的官员驻扎方能起到职能与官品名实相符。降至乾隆二十一年，官府终将汾州府同知移驻张兰镇以代替品级低微的巡检。明德在关于申请移驻的奏折中说："汾州府介休县之张兰镇，地当冲要，向仅巡检驻扎，应以汾州府同知移驻，管理该镇及附近村庄事务，其张兰镇巡检应裁，即以巡检旧署，酌改同知衙署，员缺定为要缺，在外拣补。"[②] 由此得知，官府对该同知所负责的市镇管理职能给予明确规定，而且其管辖范围不独限于镇域本身，对周边村庄亦一并管理。从以上的缕述中能够发现，张兰镇因为人烟繁庶、商品经济发达，最终在行政职能上得到了不断提升。总之，从张兰镇的聚落发展史可以看出，突出的交通区位优势是其长期繁盛的关键。

第四节 资源因素与聚落规模：洪山与北辛武的例子

现实中存在这样一些聚落，聚落本体并不具有地貌方面的优势，聚落所依恃的耕地面积或质量亦不突出，交通条件也并非得天独厚，但同样成长为规模可观的聚落实体。此类聚落发展的驱动力何在呢？在这里，特有资源的禀赋可能就是要关注的重要因素了。嘉庆《介休县志》记载说："北乡芦苇，西南煤炭，辛武盐场，义棠铁器，洪山瓷器，一邑之利溥焉。"[③] 所言是指清代介休县域地方物产的空间布局，细查起来，这些物产的所在地往往都有规模可观的聚落存在。其中，洪山村与北辛武两个超大型聚落就是较为典型的例子。

① 乾隆二十一年十月十二日山西巡抚明德奏，《宫中档乾隆朝奏折》第15辑，台北故宫博物院1982年版，第715页。

② 《清高宗实录》卷五百二十八，乾隆二十一年十二月辛未日。

③ 嘉庆《介休县志》卷四《物产》，山西人民出版社2012年版点校本，第82页。

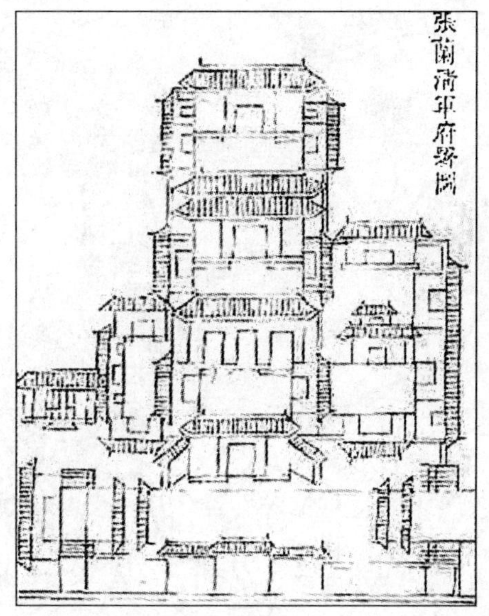

图 5-13　清嘉庆年间分驻张兰镇的汾州府同知衙门

说明：该图采自嘉庆《介休县志》卷前《图考》，山西人民出版社2012年版点校本，第18页。

一　洪山村

洪山村海拔909米①，虽然处在地形崎岖的丘陵地区，但依旧有着县内少见的聚落规模。1924年人口2949人，在介休县仅次于张兰镇，排名第二。为何在这样一个丘陵山地区能够生成如此大规模的聚落呢？现在追溯起来，水资源的丰富所导致的水利型产业的发达、陶土资源的丰富所形成的繁盛的瓷窑业是两个最为值得关注的因素。在介休坊间流传已久的民谣《数村村》中说道：“洪山产香又产瓷，国内国外有名气。”② 所言正是洪山村的资源优势。

① 介休市地名委员会办公室、介休市地名志编辑委员会编：《介休市地名志》“洪山村”条，内部印行2011年版，第114页。

② 佚名：《数村村》，介休市志编纂委员会编：《介休市志·附录》，海潮出版社1996年版，第815页。

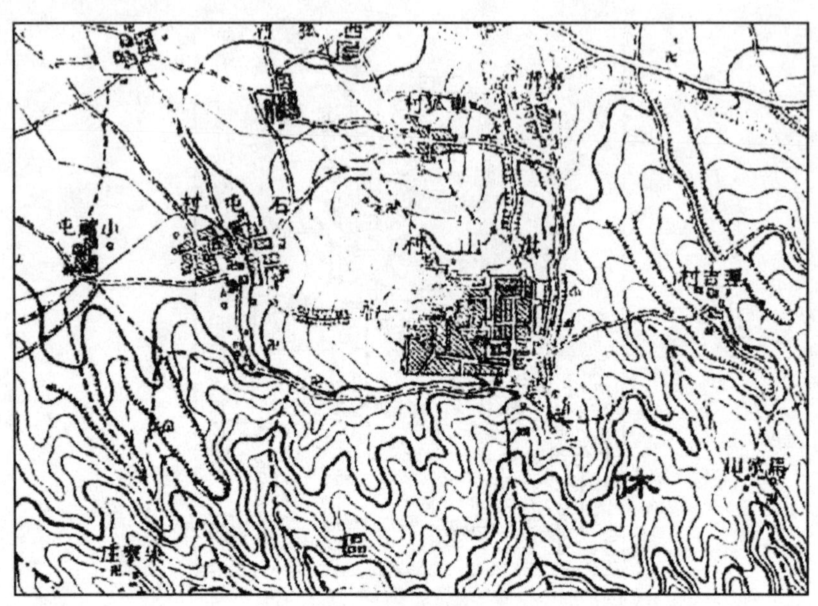

图 5-14　1920 年洪山村的地理坐落及村落占地规模图

说明：底图采自军事委员会军令部陆地测量总局编绘：《中国五万分之一地形图》“洪山村”图幅，民国九年二月测绘。

洪山村有洪山泉，为介休泉水之最，是介休水利所在，自北宋时代文彦博开东、中、西三河引水灌田以来，水利开发不断深入。洪山村作为泉源之所在，成为水资源相对丰富的地带，因之衍生出颇为发达的水利型产业，成为村落民众的重要谋生手段。洪山村水利型产业中最重要者首推制香业。洪山村的香业生产有着悠久的历史，康熙《介休县志》载曰“香出洪山”[①]，可见至少已有 300 多年的制造史。所产之香可分檀香和普通香两种，檀香的制作方法是：“先将木质磨成粉末，和以水并掺以香料，用板压之，即成香柱。”普通香的制作方法为：“原料采用柏树或桦树榆皮等，研磨成末，不加香料。”[②] 不论何种香，水均是必需的，而这所需之水正是来自于源神庙下的洪山泉。20 世纪 20—30 年代洪山村每年出产的檀香约 20000 把，生产的普

① 康熙《介休县志》卷四《食货・物产》，山西人民出版社 2012 年版点校本，第 93 页。

② 实业部国际贸易局编：《中国实业志・山西省》，1934 年铅印本，第 578 页（己）。

通香可达100000把，“由产地洪山村运至（介休）县城售与铺户，各地商人至介休县城购买，其销路可及于东三省一带”[①]。1924年成书的《介休县志》记载说：“洪山香房共百四十余家，行销最广，近售于本省各县，远及于河南、两湖等处。”[②]于此可见洪山香销路之广。1944年，洪山制香业有400余户，从业人员达1200人。[③]笔者收集到两份民国年间洪山村香业生产商的商标广告，广告词基本相同，其言：“本公司开设历有年所，专门改良精制，供佛祈福，却疫卫生，各种异味名香、板尔线香、最灵煤香、寿香、盘香、冰麝加料檀香，应有尽有。”这可算是当时洪山村香业生产繁盛的缩影。

水磨业亦是洪山村水利型产业发达的重要表现。当地民众将水磨架设于洪山河之上，用水流作动力推动水磨，以为制香或粮食加工之用。介休水磨的主要分布地区就在洪山、石屯、磨沟等村。据新修《介休市志》记载，民国时期由洪山村至石屯村沿河1.5公里的范围内，计有武家磨、桑树底磨、宋家磨、玉皇桥磨、上南崖底磨、乔家磨、三和磨、水碾磨、老磨、桃沟磨、梨园磨、圪洞磨、下南崖底磨、贾磨、下新磨、刘家磨、枣园磨、王大磨、小磨、花椒树底磨、华严寺磨等，共21盘。[④]为何在短短的1.5公里河道上有如此发达的水磨产业呢？根本原因在于两村之间有着十分明显的河道落差，河流经过洪山村时海拔方为909米，但至石屯村时，地势迅速下降至793米[⑤]，这种大落差当然蕴藏有十分可观的水流动力，水磨业因之而盛。

洪山村附近蕴藏有非常适合制作瓷器的陶土——洪山土，俗名黑碱，这直接促成了洪山陶瓷业的产生及发达。1957年时考古工作者就曾在源神庙东北百米的碱车沟内发现大量的陶瓷碎片，这些陶瓷片

① 实业部国际贸易局编：《中国实业志·山西省》，1934年铅印本，第578—579页（已）。

② 民国《介休县志》卷七《物产谱·出境物产谱》，山西人民出版社2012年版点校本，第196页。

③ 转引自《介休市志》第五编《工业·其他工业》“制香”，第153页。

④ 《介休市志》第八编《水利水保·利用》“水磨”，第226页。

⑤ 介休市地名委员会办公室、介休市地名志编辑委员会编：《介休市地名志》“石屯村”条，内部印行2011年版，第115页。

早者可及唐末五代。[①] 北宋大中祥符元年（1008 年）《源神碑记》中载有“磁窑税务任韬”“前磁窑税务武忠”字样[②]，可见早在北宋前期，官家已在此设置了专门的瓷器征税机构，这足以说明洪山陶瓷业早在宋代就已经形成规模。明清时期洪山陶瓷更是极负盛名，康熙《介休县志》记载：“惟北乡芦苇、西南煤炭、辛武盐场、义棠铁器、师屯、磨沟、洪山等处瓷器，则颇足为利。”[③] 嘉庆《介休县志》记载：“北乡芦苇、西南煤炭、辛武盐场、义棠铁器、洪山瓷器，一邑之利溥焉。”[④] 可以看出洪山是介休瓷器的主产区。1924 年时，洪山“瓷器窑共二十三家，亦为多年工业”[⑤]。1935 年的报纸记载：“本县各项瓷器悉产自洪山村，现共有二十六家，年可获利一万五千余元。”[⑥] 1934 年成书的《中国实业志》记载了当时介休 5 家最为主要的陶瓷窑坊，全数位于洪山村，具体情形见表 5－2。

表 5－2　1934 年介休县瓷器窑业生产状态一览

窑坊名	地址	设立年月	资本额	工人数	出品名称	年产量
福盛窑	洪山村	唐贞元 13 年	1500 元	8	碗、碟、盘、卤壶	220000 件
万顺窑	洪山村	明永乐 22 年	820 元	6	杯、碗、钵、匙	150000 件
全盛窑	洪山村	明崇祯 16 年	540 元	4	盆、壶、盔、碾	96000 件
三盛窑	洪山村	清顺治 18 年	350 元	4	罐、香炉、壶、盆	42000 件
四盛窑	洪山村	清雍正 13 年	480 元	4	盔、盆、盂、缸、杯	58000 件

资料来源：实业部国际贸易局编：《中国实业志・山西省》，1934 年铅印本，第 338 页（己）。

上表显示有些窑坊有着十分悠久的历史，出产主要以日常用瓷为主，产量可观。

缕述至此，我们可以认为，洪山村之所以有着可观的聚落规模，与

① 吴连城：《山西介休洪山镇宋代瓷窑址介绍》，《文物参考资料》1958 年第 10 期。

② （宋）赵琈：《源神碑记》，收入黄竹三、冯俊杰等编著《洪洞介休水利碑刻辑录》，中华书局 2003 年版，第 144 页。

③ 康熙《介休县志》卷四《食货・物产》，山西人民出版社 2012 年版点校本，第 90 页。

④ 嘉庆《介休县志》卷四《物产》，山西人民出版社 2012 年版点校本，第 82 页。

⑤ 民国《介休县志》卷七《物产谱・出境物产谱》，山西人民出版社 2012 年版点校本，第 196 页。

⑥ 《监政周刊》1935 年第 127—128 期。

该地丰富的水、土资源有直接关联，在这一资源基础上发展起来的制香业、水磨业、陶瓷业必然会产生明显的“集聚效应”，聚落规模在周边聚落因之而具备优势。

二　北辛武村

北辛武村位于今介休市北部，汾河左岸，海拔 737 米[①]。1924 年人口数为 2309 人，聚落规模在县内排名第四，次于张兰镇、洪山村、义安村。因为该村地势平衍，且距离汾河甚近，历史上经常遭受河流泛滥之害。明代且不论，仅以清代而言，史料明确记载北辛武村遭受汾河洪水之害就有多次，譬如乾隆二十二年（1757 年）“秋七月，淫雨，汾河溢，淹中街、辛武等八村田禾八十余顷，庐舍大半冲塌”[②]；再如光绪四年（1878 年）“九月，中街、礼城村、宋家圪塔、小圪塔、桑柳树、乐善村、孙家寨、宋家寨、北辛武、万户堡、孔家堡、那村等十三村，汾河出，淹没秋禾”[③]；光绪五年汾河再次淹没北辛武村：“汾河出岸，淹没北张家庄、北辛武、乐善村……等村。”[④] 此外，另有一些汾河水溢为害村落的资料并未直接记载北辛武之名，但从文献描述的村落与北辛武的实际空间距离来看，北辛武村极有可能遭受洪涛波及，诸如乾隆“二十三年六月望，大雨三日，汾河溢，淹礼城、盐场等十八村田禾三百余顷”、乾隆“三十三年夏六月，淫雨，汾河溢，淹下庄等三十六村禾稼”、乾隆“四十一年夏五月，汾河溢，淹北张家庄等十四村禾稼”、民国“二年八月，山水暴涨，汾河水出岸，淹没……东乡孟村等十余村”、民国三年“七月，汾河、文峪河二水出岸，北张家庄等四十三村秋禾淹没”，等等。[⑤] 河流泛滥之余经常在此停蓄不流，在高蒸发量的作用下，

① 介休市地名委员会办公室、介休市地名志编辑委员会编：《介休市地名志》“北辛武”条，内部印行 2011 年版，第 43 页。

② 乾隆《介休县志》卷一《祥异》，山西人民出版社 2012 年版点校本，第 26 页。

③ 民国《介休县志》卷三《大事谱》，山西人民出版社 2012 年版点校本，第 44 页。

④ 同上书，第 45 页。

⑤ 同上书，第 43—47 页。

极易形成大片盐碱地。多部《介休县志》均记载有北辛武村盐碱广布的情形，如乾隆《介休县志》记载称："县东北张南、辛武、盐场等村，滨河之田遇旱生碱，不可种。"①

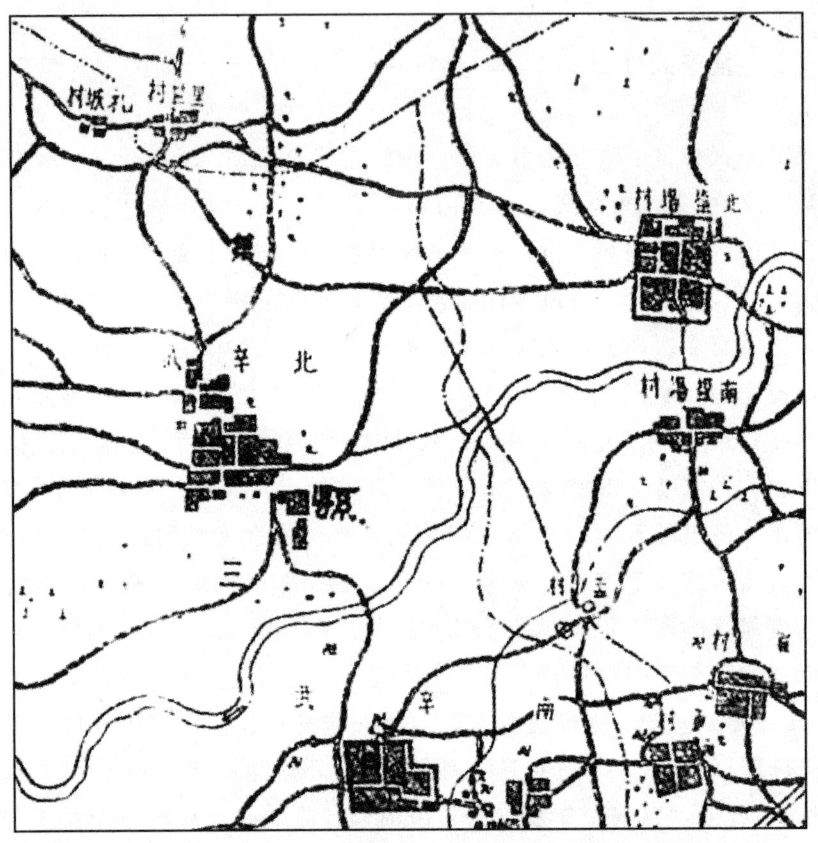

图 5-15　1919 年北辛武及其周边村落的聚落形态与交通线

说明：底图采自军事委员会军令部陆地测量总局编绘：《中国五万分之一地形图》"平遥县"图幅，民国八年三月测绘。

长远来看，土地质量低劣与聚落规模的持续扩张之间是背道而驰的，但北辛武村为何有着县内少有的聚落规模呢？笔者认为，这与当地民众因地制宜，适应盐碱广布的实际而发展出颇具规模的土盐产业有一

① 乾隆《介休县志》卷四《物产·杂产》，山西人民出版社 2012 年版点校本，第 93 页。

定关联。文献记载北辛武等村的土盐生产说："盐，出县东北张南、辛武、盐场等村，滨河之田遇旱生碱，不可种，居民即取土煮盐，以资日用，官亦不加饬禁，民得私煮。"[①] 实际上土盐生产不仅是当地民众自产自用，而且成为不少家户从事谋生致富的交易商品。笔者在山西省档案馆发现一份1950年盐民生活情况调查表，表中被调查的北辛武村盐民有近10户，其中不缺乏土盐生产能力颇为可观的大户，如该村盐民冀真贵，1950年时总产量为6269斤，其中农业产量为599斤，土盐产量（年熬盐数）高达5400斤，杂项数270斤，由此可见，土盐生产在该农户生活中所占的重要位置。[②] 像冀真贵这样的农户在北辛武村并不在少数。由此推之，土盐资源与北辛武聚落规模之间存在较为密切的关联性就不难理解了。

（本章由李嘎撰写）

① 嘉庆《介休县志》卷四《风俗·杂产》，山西人民出版社2012年版点校本，第87页。

② 山西省盐务局：《介休县盐民生活收入消耗比算表》，1950年，山西省档案馆藏，档号：C28-1-7-19。

第六章　时代脉动：近一百年介休聚落规模的演化

第一节　近一百年介休聚落规模的变迁过程

本小节将以表格的形式对近一百年来介休聚落规模的变迁过程进行全面复原。在列表之前，有必要做出如下说明：

第一，由于探讨的起始时点是1924年，终结时点是2008年，为便于讨论，同时考虑到逻辑上的通畅性，表格以1924年的村落名目为基准，将其置于2008年时的乡镇辖区范围内加以呈现，其间少数村落名称发生过改变，对此可参见介休市地名委员会办公室、介休市地名志编辑委员会编《介休市地名志》中的相关词条，在此恕不一一指出。

第二，1924年资料所载介休村落名目共215个，本表显示了其中的207个，另有8村未予显示。原因分三种，其一，红庄、野庄、蘼凹3村在新中国成立之后仅红庄在2008年有人口数据，3村各时点之间根本无法相互比较，故而从略；其二，上马、下马2村在新中国成立后失载，当然亦无人口数据，故无法入表；其三，马壁村因在新中国成立后划归平遥县，北张家庄、小圪塔在新中国成立后划归孝义县，3村无须入表。

第三，新中国成立后三种资料所载村落人口数据乃是指大队（行政村）而非自然村。在介休，大部分的情形是一个自然村即为一个大队（行政村），但也有少数大队（行政村）包括两个或两个以上的自然村。这类村落具体有：郝家堡 1964 年、1982 年、2008 年的人口数归入所属之张兰大队（行政村）；泉泉村 2008 年的数据归入所属之南窑头行政村；杨家庄 1982 年、2008 年的人口数归入所属之孟王堡大队（行政村）；碱场沟 1964 年、1982 年、2008 年的人口数归入所属之东武屯大队[①]（行政村）；苗沟村 2008 年的人口数归入所属之西湖龙行政村；南坡村 2008 年的人口数归入所属之夏庄头行政村；神光窑 2008 年的人口数归入所属之甘草岭行政村；前山庄 2008 年的人口数归入所属之后山庄行政村；桃坪村 2008 年的人口数归入所属之龙凤行政村；北角头、杏坡、圪塔头三个自然村 1964 年各自的人口数归入所属之白水大队；团枣湾、柳树坪、小山头、小畅、大郎神、樊家湾[②] 6 个自然村 1964 年、2008 年各自的人口数归入所属之西靳屯大队（行政村）；西河底 1964 年的人口数归入所属之东河底大队。

第四，新中国成立后介休县有少数村落出现分治的情况，因本表系以 1924 年村落名目为基准，故而因分治而产生的新的行政村人口数是无法体现在表中的，这类村落的人口数以“数据相加”“名目归并”的方式体现在民国时的“母村”名目之下。这类村落有：北贾村一分为三而为旧堡、新堡、旧新堡三村，桑儿峪一分为七而为旧寨、新寨、沟口、沟底、孔家山、南岭、新堡七村[③]，武屯村一分为二而为东武屯、西武屯，樊王村一分为二而为樊王村与樊王沟两村，曹麻村分治为上曹麻、下曹麻两村，石屯村分治为石屯村、堡上（原称石屯堡子）村，褚屯村分治为大褚屯、小褚屯两村，宋壁村分治为东宋壁、西宋壁两村，义棠镇一分为三而为义棠、汪沟、温家沟三村。

第五，新中国成立后介休县亦有村落出现归并的情况，也即杨家堡（亦称阎家堡）、冀家堡两村合并为阎冀堡一村，对此本表也作了相应处理。

---

① 新中国成立后武屯村分治为东武屯和西武屯两个大队（行政村），碱场沟作为自然村归属东武屯大队（行政村）管辖，因本表是以民国村落名目为基准，故而表中显示的新中国成立后碱场沟的归属为武屯村。

② 必须指出，1924 年资料中未见樊家湾村名目，基于保持比较对象一致性的考虑，暂将樊家湾列入表中。

③ 新中国成立后新产生的桑儿峪七村有一定特殊性，即有的为行政村，有的为自然村。参见介休市地名委员会办公室、介休市地名志编辑委员会编《介休市地名志》相关词条。

表6-1　民国所见村落近百年间规模变迁态势一览

2008年乡镇名	民国村名	1924年	1964年		1982年		2008年		地貌
		人数	人数	变迁率	人数	变迁率	人数	变迁率	
张兰镇域	张兰镇	3410	3224	－10.1％	4146	＋28.6％	12000	＋189.4％	平地
	郝家堡	177							平地
	穆家堡	1013	1154	＋13.9％	1715	＋48.6％	1950	＋13.7％	平地
	朱家堡	556	1027	＋84.7％	1376	＋33.9％	1825	＋32.6％	平地
	大甫村	379	803	＋111.9％	1139	＋41.8％	1450	＋27.3％	平地
	田堡村	1907	1686	－11.6％	2495	＋48.0％	3400	＋36.3％	平地
	北贾村	2268	1912	－15.7％	2743	＋43.5％	3220	＋17.4％	平地
	南贾村	547	423	－22.7％	665	＋57.2％	680	＋2.3％	平地
	张原村	1079	1262	＋17.0％	1788	＋41.7％	2312	＋29.3％	平地
	东北里村	666	765	＋14.9％	1103	＋39.1％	1181	＋7.1％	平地
	西北里村	997	1316	＋32.0％	2153	＋63.6％	2427	＋12.7％	平地
	仙台村	1011	1877	＋85.7％	2634	＋40.3％	2703	＋2.6％	平地
	史村	667	1035	＋55.2％	1545	＋49.3％	1758	＋13.8％	平地
	张村	2089	2110	＋1.0％	2889	＋37.0％	3299	＋14.2％	平地
	孙村	432	787	＋82.2％	1225	＋55.7％	1386	＋13.1％	山地
	上梁村	1263	1513	＋19.8％	2229	＋47.3％	2258	＋1.3％	山地
	下梁村	381	598	＋57.0％	984	＋64.5％	1116	＋13.4％	平地
	涧里村	423	777	＋83.7％	1217	＋56.6％	1500	＋23.3％	平地
	上岭后	461	747	＋62.0％	1104	＋47.8％	1258	＋13.9％	平地
	下李侯	455	533	＋17.1％	893	＋67.5％	968	＋8.4％	平地
	强南村	62	160	＋158.0％	203	＋26.9％	207	＋2.0％	山地
	桑儿峪	1534	1372	－10.6％	1854	＋35.1％	2000	＋7.9％	山地
	板峪村	575	768	＋33.6％	966	＋25.8％	1306	＋35.2％	山地
	张家庄	359	578	＋61.0％	739	＋27.9％	745	＋0.8％	山地
	南窑头	303	453	＋49.5％	531	＋17.2％	576	－18.3％	山地
	泉泉村	199	166	－16.6％	174	＋4.8％			山地
义安镇域	义安村	2663	2988	＋12.2％	4369	＋46.2％	11800	＋170.0％	平地
	席村	297	398	＋34.0％	623	＋56.5％	794	＋27.4％	平地
	那村	375	712	＋89.9％	1028	＋44.4％	1500	＋45.9％	平地
	洪相村	882	1734	＋96.6％	2564	＋47.9％	3283	＋28.0％	平地
	降家寨	237	638	＋169.2％	866	＋35.7％	1130	＋30.5％	平地
	刘家寨	210	263	＋25.2％	399	＋51.7％	505	＋26.6％	平地

续表

2008年乡镇名	民国村名	1924年	1964年		1982年		2008年		地貌
		人数	人数	变迁率	人数	变迁率	人数	变迁率	
义安镇域	孙家寨	436	804	+84.4%	1094	+36.1%	1478	+35.1%	平地
	东大期	385	476	+23.6%	670	+40.8%	900	+34.3%	平地
	西大期	484	794	+64.0%	1085	+36.6%	1500	+38.2%	平地
	北辛武	2309	3001	+30.0%	4613	+53.7%	5894	+27.8%	平地
	孟王堡	1043	1076	+3.2%	387	−7.7%	1674	+20.7%	平地
	杨家庄	286	426	+49.0%					平地
	沙堡村	1369	1416	+3.4%	2185	+54.3%	2680	+22.7%	平地
	田岳堡	300	531	+77.0%	689	+29.8%	902	+30.9%	平地
	董村	491	360	−26.7%	450	+25.0%	550	+22.2%	平地
	霍村	476	747	+56.9%	1042	+39.5%	1162	+11.5%	平地
	孟村	410	909	+121.7%	1340	+47.4%	1778	+32.7%	平地
	南盐场	378	651	+72.2%	782	+20.1%	1056	+35.0%	平地
	北盐场	1849	2457	+32.9%	3036	+23.6%	4095	+34.9%	平地
	中街村	470	1350	+187.2%	1781	+31.9%	2230	+25.2%	平地
	礼城村	424	890	+109.9%	1237	+39.0%	1500	+21.3%	平地
	孔家堡	411	830	+101.9%	1045	+25.9%	1148	+9.9%	平地
	万户堡	250	556	+122.4%	823	+48.0%	1025	+24.5%	平地
	白家堡	340	452	+32.9%	611	+35.2%	765	+25.2%	平地
	宋家圪塔	360	654	+81.7%	940	+43.7%	1137	+21.0%	平地
	乐善村	481	1104	+129.5%	1592	+44.2%	1993	+25.2%	平地
	桑柳村	257	727	+182.9%	1032	+42.0%	1360	+31.8%	平地
连福镇域	连福村	663	911	+37.4%	1339	+47.0%	1610	+11.6%	平地
	东狐村	562	650	+15.7%	845	+30.0%	875	+3.6%	平地
	西湖村	278	368	+32.4%	501	+36.1%	545	+8.8%	平地
	东刘屯	243	341	+40.3%	456	+33.7%	538	+18.0%	平地
	张良村	2050	2183	+6.5%	2977	+36.4%	3211	+7.9%	平地
	大许村	249	344	+38.2%	506	+47.1%	679	+34.2%	平地
	义和堡	232	279	+20.3%	421	+50.9%	585	+39.0%	平地
	沙堡庄	625	630	+0.8%	879	+39.5%	1130	+28.6%	平地

续表

2008年乡镇名	民国村名	1924年	1964年		1982年		2008年		地貌
		人数	人数	变迁率	人数	变迁率	人数	变迁率	
连福镇域	里屯村	538	847	+57.4%	1257	+48.4%	1370	+9.1%	平地
	坞城店	317	517	+63.1%	787	+52.2%	991	+25.9%	平地
	北王里	349	296	−15.2%	419	+41.6%	552	+31.7%	平地
	南王里	1189	947	−20.4%	1295	+36.7%	1545	+19.3%	平地
	东杨屯	610	674	+10.5%	974	+44.5%	1084	+11.3%	平地
	西杨屯	86	117	+36.0%	198	+69.2%	251	+26.8%	平地
	武屯村	323	498	−16.7%	735	+47.6%	776	+5.6%	平地
	碱场沟	275							平地
	窑则头	466	685	+47.0%	988	+44.2%	1151	+16.5%	平地
	西湖龙	270	465	+72.2%	575	+23.7%	756	+14.2%	平地
	苗沟村	128	89	−30.5%	87	−2.3%			山地
	夏庄头	279	272	−2.5%	386	+41.9%	650	−10.6%	平地
	南坡村	294	265	−9.9%	341	+28.7%			山地
	柳沟村	367	570	+55.3%	819	+43.7%	850	+3.8%	平地
	樊王村	622	685	+10.1%	1036	+51.2%	1033	−0.3%	山地
	刘家山	26	265	+919.2%	398	+50.2%	360	−9.5%	山地
	木壁村	268	343	+28.0%	419	+22.2%	179	−57.3%	山地
	船窟村	322	355	+10.2%	478	+34.6%	350	−26.8%	山地
	后崖头	88	454	+415.9%	373	−17.8%	262	−29.8%	山地
	薛家岭	105	146	+39.0%	324	+121.9%	—	—	山地
	关子岭	245	295	+20.4%	350	+18.6%	359	+2.6%	山地
	甘草岭	50	112	+124.0%	144	+28.6%	286	−2.7%	山地
	神光窑	68	98	+44.1%	150	+53.1%			山地
	靠龙庄	228	228	+0.0%	279	+22.4%	224	−19.7%	山地
	化家窑	259	384	+48.3%	523	+36.2%	534	+2.1%	山地
	北坡村	263	339	+28.9%	471	+38.9%	409	−13.2%	山地
	北山头	222	196	−11.7%	234	+19.4%	199	−15.0%	山地
	赵家窑	621	840	+35.3%	1162	+38.3%	1045	−10.1%	山地
	后山庄	291	430	+47.8%	624	+45.1%	560	−27.5%	山地
	前山庄	70	93	+32.9%	148	+59.1%			山地
	上西埜	118	309	+161.9%	419	+35.6%	394	−6.0%	山地
	下西埜	231	210	−9.1%	240	+14.3%	165	−31.3%	山地
	宋古村	1018	1466	+44.0%	2276	+55.3%	4200	+84.5%	平地

续表

2008年乡镇名	民国村名	1924年	1964年		1982年		2008年		地貌
		人数	人数	变迁率	人数	变迁率	人数	变迁率	
宋古乡域	三道河	420	842	+100.5%	1285	+52.6%	1675	+30.4%	平地
	南张家庄	715	1289	+80.3%	1898	+47.2%	2393	+26.1%	平地
	东段屯	871	1392	+59.8%	2107	+51.4%	2800	+32.9%	平地
	西段屯	1936	2145	+10.8%	2829	+31.9%	3800	+34.3%	平地
	洪善村	1106	1316	+19.0%	1734	+31.8%	1930	+11.3%	平地
	宋安村	810	1103	+36.2%	1532	+38.9%	1912	+24.8%	平地
	南桥头	273	694	+154.2%	1071	+54.2%	1286	+20.1%	平地
	上站村	926	1645	+77.6%	2469	+50.1%	3470	+40.5%	平地
	下站村	800	203	−74.6%	382	+88.2%	487	+27.5%	平地
	韩屯村	1166	1649	+41.4%	2349	+42.4%	3264	+39.0%	平地
三佳乡域	三佳村	2017	2116	+4.9%	3025	+43.0%	3500	+15.7%	平地
	东宋丁村	368	411	+11.7%	594	+44.5%	655	+10.3%	平地
	西宋丁村	330	462	+40.0%	666	+44.2%	755	+13.4%	平地
	温村	913	1163	+27.4%	1791	+54.0%	2049	+14.4%	平地
	崇贤村	964	932	−3.3%	1254	+34.5%	1543	+23.0%	平地
	曹麻村	1324	1653	+24.8%	2478	+49.9%	3035	+22.5%	平地
	南两水	724	1151	+59.0%	1618	+40.6%	1779	+10.0%	平地
	北两水	814	1096	+34.6%	1610	+46.9%	2010	+24.8%	平地
	东湛泉	982	923	−6.0%	1253	+35.8%	1800	+43.7%	平地
	西湛泉	253	710	+180.6%	977	+37.6%	1162	+18.9%	平地
	永庆村	285	451	+58.2%	624	+38.4%	800	+28.2%	平地
洪山镇域	洪山村	2949	3293	+11.7%	4164	+26.5%	6000	+44.1%	山地
	石屯村	1260	1567	+24.4%	2156	+37.6%	2287	+6.1%	平地
	褚屯村	557	682	+22.4%	960	+40.8%	1263	+31.6%	平地
	朱家庄	173	491	+183.8%	712	+45.0%	558	−21.6%	山地
	马山村	29	134	+362.0%	193	+44.0%	140	−27.5%	山地
	运吉村	42	176	+319.0%	308	+75.0%	278	−9.7%	山地
	磨沟村	389	528	+35.7%	732	+38.6%	796	+8.7%	平地
城乡乡域	马女村	414	500	+20.8%	759	+51.8%	922	+21.5%	平地
	石河村	710	937	+32.0%	1480	+58.0%	2053	+38.7%	平地

续表

2008年乡镇名	民国村名	1924年	1964年		1982年		2008年		地貌
		人数	人数	变迁率	人数	变迁率	人数	变迁率	
城乡乡域	下庄村	563	702	+24.7%	1146	+63.2%	1596	+39.3%	平地
	梁吉村	658	915	+39.1%	1502	+64.2%	2170	+44.5%	平地
	杨家堡	83	332	+64.4%	585	+76.2%	1033	+76.6%	平地
	冀家堡	119							平地
	罗王庄	1179	1213	+2.9%	1788	+47.0%	2638	+47.5%	平地
龙凤镇域	龙凤村	2025	1898	−6.3%	3043	+60.3%	3699	+13.3%	山地
	桃坪村	195	194	−0.5%	222	+14.4%			山地
	圪垛村	384	603	+57.0%	792	+31.3%	601	−24.1%	山地
	鳌子岭	191	354	+85.3%	438	+23.7%	300	−31.5%	山地
	河东村	490	632	+29.0%	879	+39.1%	1045	+18.9%	山地
	龙头村	1298	1589	+22.4%	2343	+47.5%	2850	+21.6%	平地
	峪子村	328	397	+21.0%	592	+49.1%	675	+14.0%	平地
	北庄	203	139	−31.5%	218	+56.8%	183	−16.1%	山地
	南庄	285	224	−21.4%	345	+54.0%	315	−8.7%	山地
	遐壁村	350	480	+37.1%	755	+57.3%	800	+6.0%	平地
	宋壁村	466	750	+60.9%	1123	+49.7%	220	−80.4%	山地
	张壁村	572	709	+24.0%	977	+37.8%	1064	+8.9%	山地
	渠池村	542	358	−33.9%	478	+33.5%	350	−26.8%	山地
义棠镇域	义棠镇	2071	2289	+10.5%	3758	+64.2%	5076	+35.1%	平地
	大安村	267	144	−46.1%	254	+76.4%	336	+32.3%	平地
	孙畅村	761	1081	+42.0%	1626	+50.4%	1998	+22.9%	平地
	孙畅堡	1079	1074	−0.5%	1764	+64.2%	2230	+26.4%	平地
	小宋曲	557	673	+20.8%	1076	+59.9%	1500	+39.4%	平地
	东堡	439	215	−51.0%	376	+74.9%	522	+38.8%	平地
	大宋曲	470	491	+4.5%	736	+49.9%	902	+22.6%	平地
	万安村	32	281	+778.1%	467	+66.2%	561	+20.1%	平地
	段家巷	28	185	+560.7%	305	+64.9%	325	+6.6%	平地
	西刘屯	1184	1268	+7.1%	2159	+70.3%	2780	+28.8%	平地
	师屯北	417	796	+90.9%	1348	+69.3%	1600	+18.7%	平地
	师屯南	487	478	−1.8%	877	+83.5%	1116	+27.3%	平地
	利贞寨	307	318	+3.6%	490	+54.1%	641	+30.8%	平地

续表

2008年乡镇名	民国村名	1924年	1964年		1982年		2008年		地貌
		人数	人数	变迁率	人数	变迁率	人数	变迁率	
义棠镇域	郭壁村	620	957	+54.4%	1527	+59.6%	1838	+20.4%	山地
	钦屯村	330	317	-3.9%	535	+68.8%	619	+15.7%	山地
	要里村	120	244	+103.3%	345	+41.4%	373	+8.1%	平地
	白水村	144	1056	+141.1%	522	+14.1%	575	+10.2%	山地
	北角头	124			348		410	+17.8%	山地
	杏坡村	99			140		44	-68.6%	山地
	圪塔头	71			195		40	-79.5%	山地
	冯家南庄	114	254	+122.8%	391	+53.9%	494	+26.3%	山地
	白岸村	491	799	+62.7%	1443	+80.6%	1750	+21.3%	平地
	旺村	410	805	+96.3%	1402	+74.2%	1635	+16.6%	平地
	田村	350	804	+129.7%	1351	+68.0%	1580	+17.0%	平地
绵山镇域	西靳屯	853	698	-41.4%	1045	+203.9%	1289	-39.2%	平地
	团枣湾	85			120				山地
	柳树坪	67			182				山地
	小山头	54			143				山地
	小畅村	39			186				山地
	大郎神	94			264				山地
	樊家湾	—			181				山地
	东内封	346	501	+44.8%	810	+61.7%	1200	+48.1%	平地
	西内封	338	541	+60.1%	908	+67.8%	1400	+54.2%	平地
	岳家湾	320	340	+6.3%	550	+61.8%	801	+45.6%	平地
	南靳屯	531	336	-36.7%	515	+53.3%	800	+55.3%	平地
	上城南	296	577	+94.9%	914	+58.4%	730	-20.1%	平地
	下城南	324	348	+7.4%	537	+54.3%	1194	+122.3%	平地
	常乐村	717	822	+14.6%	1282	+56.0%	1862	+45.2%	平地
	城寺村	524	943	+80.0%	1579	+67.4%	2097	+32.8%	平地
	前党峪	41	277	+575.6%	373	+34.7%	377	+1.1%	山地
	后党峪	18	624	+3366.7%	1004	+60.9%	1144	+13.9%	山地
	吴家山	192	1042	+442.7%	313	-70.0%	265	-15.3%	山地
	西河底	256	772	+73.1%	353	+17.9%	385	+9.1%	平地
	东河底	190			557		672	+20.6%	平地

续表

2008年乡镇名	民国村名	1924年	1964年		1982年		2008年		地貌
		人数	人数	变迁率	人数	变迁率	人数	变迁率	
绵山镇域	谢峪村	347	445	+28.2%	637	+43.1%	780	+22.4%	平地
	董家庄	222	185	−16.7%	275	+48.6%	310	+12.7%	平地
	靳凌村	273	300	+9.9%	490	+63.3%	486	−0.8%	山地
	河村	267	257	−3.7%	330	+28.4%	334	+1.2%	山地
	保和村	292	324	+11.0%	495	+52.8%	488	−1.4%	山地
	东欢村	468	367	−21.6%	546	+48.8%	568	+4.0%	山地
	西欢村	60	217	+261.7%	293	+35.0%	303	+3.4%	山地
	梁家村	174	291	+67.2%	414	+42.3%	360	−13.0%	山地
	秦树村	579	687	+18.7%	1054	+53.4%	1196	+13.5%	山地
	长寿村	449	465	+3.6%	601	+29.2%	544	−9.5%	山地
	兴地村	1185	2245	+89.5%	3033	+35.1%	3300	+8.8%	山地
	四家窑	211	334	+58.3%	407	+21.9%	433	+6.4%	山地
	侯堡	198	393	+98.5%	488	+24.2%	400	−18.0%	山地
	马堡	297	568	+91.2%	709	+24.8%	720	+1.6%	山地
	小靳村	306	247	−19.3%	369	+49.4%	365	−1.1%	山地
	大靳村	564	496	−12.1%	685	+38.1%	624	−8.9%	山地
	焦家堡	361	653	+80.9%	816	+25.0%	843	+3.3%	山地
	宋家小庄	128	436	+240.6%	573	+31.4%	483	−15.7%	山地
	陶家庄	100	107	+7.0%	159	+48.6%	125	−21.4%	山地
	万果村	202	199	−1.5%	290	+45.7%	286	−1.4%	山地
	北槐志庄	193	246	+27.5%	331	+34.6%	269	−18.7%	山地
	南槐志庄	245	336	+37.1%	446	+32.7%	402	−9.9%	山地

资料来源：1924年数据来自山西自治筹备处编：《山西省各村户口调查表》之“介休县”，民国十三年铅印本。1964年数据来自山西省人口普查办公室编：《山西省第二次人口普查资料·晋中专区部分》（上册），内部印行1964年版。1982年数据来自晋中地区人口普查办公室：《山西省晋中地区第三次人口普查手工汇总资料汇编》，内部印行1983年版。2008年数据来自介休市地名委员会办公室、介休市地名志编辑委员会编：《介休市地名志》，内部印行2011年版；2008年个别村落数据参考自“介休市阳光农廉网”（网址：http：//www.jznlw.gov.cn：8088/nlw/html/07050000/index.html）。

新中国成立之后，介休出现了一批新的村落名目，这些村落虽然数量不多，且有一部分因系自然村而没有具体的人口数据，但亦有部分村落存有人口数据。此类村落无疑是下一步探讨近百年聚落规模变迁的规律性问题时不容忽视的样本。笔者对这类村落也作了汇总，列为表6－2。

表 6－2　　新中国成立后介休县新见聚落之规模变迁态势一览

<table>
<tr><th rowspan="2">2008 年
乡镇名</th><th rowspan="2">民国
村名</th><th>1964 年</th><th colspan="2">1982 年</th><th colspan="2">2008 年</th><th rowspan="2">地貌</th></tr>
<tr><th>人数</th><th>人数</th><th>变迁率</th><th>人数</th><th>变迁率</th></tr>
<tr><td rowspan="4">张兰镇域</td><td>东风村</td><td>197</td><td>247</td><td>＋25.4％</td><td>241</td><td>－2.4％</td><td>山地</td></tr>
<tr><td>石场坊</td><td>579</td><td>713</td><td>＋23.1％</td><td>660</td><td>－7.4％</td><td>山地</td></tr>
<tr><td>梁家庄</td><td>226</td><td>246</td><td>＋8.8％</td><td>216</td><td>－12.2％</td><td>山地</td></tr>
<tr><td>堡和村</td><td>104</td><td>102</td><td>－1.9％</td><td>—</td><td>—</td><td>山地</td></tr>
<tr><td rowspan="5">义安镇域</td><td>孟村湾</td><td>618</td><td>907</td><td>＋46.8％</td><td>1200</td><td>＋32.3％</td><td>平地</td></tr>
<tr><td>任家堡</td><td>341</td><td>482</td><td>＋41.3％</td><td>511</td><td>＋6.0％</td><td>平地</td></tr>
<tr><td>田李</td><td>389</td><td>529</td><td>＋36.0％</td><td>704</td><td>＋33.1％</td><td>平地</td></tr>
<tr><td>北堡</td><td>602</td><td>833</td><td>＋38.4％</td><td>980</td><td>＋17.6％</td><td>平地</td></tr>
<tr><td>中堡</td><td>1062</td><td>1395</td><td>＋31.4％</td><td>1650</td><td>＋18.3％</td><td>平地</td></tr>
<tr><td rowspan="6">连福镇域</td><td>大埝</td><td>262</td><td>428</td><td>＋63.4％</td><td>527</td><td>＋23.1％</td><td>平地</td></tr>
<tr><td>东湖龙</td><td>1521</td><td>2085</td><td>＋37.1％</td><td>2360</td><td>＋13.2％</td><td>平地</td></tr>
<tr><td>迎远堡</td><td>339</td><td>408</td><td>＋20.4％</td><td>436</td><td>＋6.9％</td><td>平地</td></tr>
<tr><td>樊王沟</td><td>385</td><td>606</td><td>＋57.4％</td><td>610</td><td>＋0.7％</td><td>山地</td></tr>
<tr><td>东圪塔</td><td>161</td><td>230</td><td>＋42.9％</td><td>300</td><td>＋30.4％</td><td>山地</td></tr>
<tr><td>西圪塔</td><td>192</td><td>281</td><td>＋46.4％</td><td>286</td><td>＋1.8％</td><td>山地</td></tr>
<tr><td rowspan="3">宋古乡域</td><td>李家堡</td><td>223</td><td>399</td><td>＋78.9％</td><td>732</td><td>＋83.5％</td><td>平地</td></tr>
<tr><td>赵家堡</td><td>554</td><td>988</td><td>＋78.3％</td><td>1883</td><td>＋90.6％</td><td>平地</td></tr>
<tr><td>花园</td><td>186</td><td>323</td><td>＋73.7％</td><td>391</td><td>＋21.1％</td><td>平地</td></tr>
<tr><td rowspan="3">洪山镇域</td><td>南沟</td><td>206</td><td>272</td><td>＋32.0％</td><td>—</td><td>—</td><td>山地</td></tr>
<tr><td>堡上</td><td>334</td><td>536</td><td>＋60.5％</td><td>600</td><td>＋11.9％</td><td>平地</td></tr>
<tr><td>杨家庄</td><td>226</td><td>285</td><td>＋26.1％</td><td>200</td><td>－30.0％</td><td>山地</td></tr>
<tr><td>龙凤镇域</td><td>漏土</td><td>142</td><td>190</td><td>＋33.8％</td><td>210</td><td>＋10.5％</td><td>山地</td></tr>
<tr><td rowspan="7">义棠镇域</td><td>沙木塀</td><td>—</td><td>173</td><td>—</td><td>138</td><td>－20.2％</td><td>山地</td></tr>
<tr><td>枣湾</td><td rowspan="6">1070</td><td rowspan="3">707</td><td rowspan="6">＋65.0％</td><td rowspan="3">785</td><td rowspan="3">＋11.0％</td><td>山地</td></tr>
<tr><td>刘家山</td><td>山地</td></tr>
<tr><td>庙圪塔</td><td>山地</td></tr>
<tr><td>后庄</td><td rowspan="2">638</td><td rowspan="2">617</td><td rowspan="2">－3.3％</td><td>山地</td></tr>
<tr><td>梁家园</td><td>山地</td></tr>
<tr><td>沟南</td><td>420</td><td>352</td><td>－16.2％</td><td>山地</td></tr>
</table>

续表

2008年乡镇名	民国村名	1964年	1982年		2008年		地貌
		人数	人数	变迁率	人数	变迁率	
绵山镇域	冀家庄	135	160	+18.5%	—	—	山地
	神湾	109	110	+0.9%	—	—	山地

资料来源：相关年份数据来源参见表6-1，此处从略。

需要说明的是，表6-2的31处村落中有些是民国时期原属他县，新中国成立后因政区变革而归属介休的，具体是任家堡、田李、北堡、中堡四村（1956年由汾阳归属介休）和沙木墕（1962年由灵石划归介休）；另有些村落是新中国成立之前肯定久已存在而1924年资料失载的，具体有东湖龙、迎远堡、李家堡、赵家堡、花园等；剩余村落当属于民国时期或尚未形成居民点或虽已存在聚落但因人口极少而未予统计之情形。

第二节　近一百年介休聚落规模演变的规律性

表6-1、表6-2中所列出的大量数据可能是枯燥的，但“数据会说话”，从中能够折射出介休聚落规模在多方面的变迁规律。

其一，从1964年较之1924年聚落规模的变迁率来看，村落彼此之间相差悬殊。有的村落规模扩大了1倍甚至数倍以上，这类村庄有：大甫村、强南村、降家寨、孟村、中街村、礼城村、孔家堡、万户堡、乐善村、桑柳树、刘家山、后崖头、甘草岭、上西埜、三道河、南桥头、西湛泉、朱家庄、马山村、运吉村、万安村、段家巷、要里村、白水村、北角头、杏坡村、圪塔头、冯家南庄、田村、前党峪、后党峪、吴家山、西欢村、宋家小庄，凡34村；有些村落的规模却不增反减，即张兰镇、田堡村、北贾村、南贾村、桑儿峪、泉泉村、董村、北王里、南王里、武屯村、苗沟村、夏庄头、南坡村、北山头、下西埜、下站村、崇贤村、东湛泉、龙凤村、桃坪村、北庄、南庄、渠池村、大安村、孙畅堡、东堡、师屯南、钦屯村、西靳屯、团枣湾、柳树坪、小山头、小畅村、大郎神、樊家湾、南靳屯、董家庄、河村、东欢村、小靳村、大靳村、万果村，共42村；有些村落规模在期间的41年中几乎处于停滞状态，人口增加极少，诸如张村、孟王堡、沙堡村、沙堡庄、靠龙庄、罗王庄、大宋曲、利贞寨、岳家湾、下城南、靳凌村、长寿村、陶家庄等13个村落均属此类。从总体上看，不论规模明显扩大或萎缩或基本停滞不前的村落，其在山地区、平地区[①]均有分布（参见表6-1“地貌”一列），也即在地貌坐落上并没有规律可循。

那么究竟应怎样解释上述现象呢？首先，这一时段村落之间规模变化相差悬殊的现象是与整个介休县总人口在时段内增减不定的特征相吻合的。从1924年到1964年的41年中，有26年处于民国时代，其间介休县有人口记录者凡15年，从这15年的人口变动状况来看，或增加或减少，变动不居。从表6-3能够看出，民国期间的15年中有6年的总人口较之上年是减少的，另外有4个年份增长率极低，徘徊于0.1%—0.2%，1949年的人口数较之1924年仅仅多出了396人。新中国成立以后介休县总人口虽然进入了稳步增长的轨道，1964年全县总人口较之1924年已经增加了59510人，但将这近6万人落实于200余个境况彼此不同的村庄之上，村落人口出现有增有减、变动率相差悬殊的现象是完全可能的。

表6-3　介休县三十一个年份县域总人口年际变化一览

年份	总人口	较上年变迁率	年份	总人口	较上年变迁率
1924	134389	—	1949	134785	—
1925	138795	+3.3%	1950	140059	+3.9%
1926	130750	-5.8%	1951	143281	+2.3%
1927	134063	+2.5%	1952	147900	+3.2%
1928	122652	-8.5%	1953	154386	+4.4%
1929	125185	+2.1%	1954	157442	+2.0%

① 本篇将海拔900米等高线作为划分介休县平地区与山地区的分界线，主要是基于该等高线是太原盆地与周边丘陵山地分界线的考虑。特此说明。

续表

年份	总人口	较上年变迁率	年份	总人口	较上年变迁率
1930	125298	＋0.1％	1955	161300	＋2.5％
1931	122689	－2.1％	1956	168675	＋4.6％
1932	122971	＋0.2％	1957	173501	＋2.9％
1933	122850	－0.1％	1958	175101	＋0.9％
1934	123108	＋0.2％	1959	181300	＋3.5％
1935	111836	－9.2％	1960	184800	＋1.9％
1939	118736	—	1961	181400	－1.8％
1940	96469	－18.8％	1962	181500	＋0.1％
1941	138394	＋43.5％	1963	187538	＋3.3％
—	—	—	1964	193899	＋3.4％

资料来源：民国时期数据来自华北综合调查研究所编：《山西省历年县别户口统计》，1944年印行，笔者搜集自日本早稻田大学图书馆；新中国成立后数据来自介休市志编纂委员会编：《介休市志》第三编《人口》，海潮出版社1996年版，第69页。

关键问题在于，不论就村落个体的规模而言，还是就整个介休县人口总规模而言，其增减不定的背后因素是什么呢？这无疑与时代背景有着密切关联。民国时期地方不靖、战乱不断，自然灾害频仍而官府的救济措施又明显滞后且成效不彰，国家对基层乡村的控制力度也较为薄弱，凡此种种，必然会导致人口的大量死亡和流动。这样的事例比比皆是，首先，在战乱方面，抗日战争时期，1937年11月日军飞机曾轰炸张兰镇，造成严重人员伤亡；1938年3月，日军火烧梁家庄，烧毁民房200余间，烧死46人，同年5月，日军残杀张村群众69人，烧毁房屋200余间（孔）；1939年11月，冀家庄18名青壮年被日军抓捕并杀害；1943年10月间，日军对绵山、后崖头等地实行扫荡，杀害群众2人，抓走民夫130余人。解放战争时期，地方战事也是不断，譬如1946年6月，中共太岳部队与县地方武装相配合，攻克阎锡山军之洪山村据点，歼敌100余人；1947年4月，太岳军区袭击阎军张良村据点，歼敌84人。[①] 其次，民国时期介休的自然灾害同样十分严重。例

① 参见《介休市志·大事记》，海潮出版社1996年版，第769—771页。

如1922年7月介休城乡曾发生过一次严重的水灾，对多村造成重大人员伤亡，史料记载说：“（民国）十一年六月朔，大雨，辰刻，山水暴涨，自迎翠门入城，水势甚大猛，城不没者寸许，八坊被劫甚重，义棠、孙畅、大小宋曲等村，淹没亦多，常乐村阖村全没，房屋、牛马、积粮损失无算，伤人百十余。”[①] 新修《介休市志》记载，这次灾害造成100余人死亡[②]。像这样的灾害虽然并不经常发生，但程度稍轻者无疑是屡见不鲜的。此外，介休作为晋商发达之区，因经商而导致的人口流动也必然会表现在村落人口的增减上。再者，虽然民国时期有着较高的婴儿出生率，但因卫生条件和生活水平恶劣，同样有着很高的婴儿死亡率，这会使得诸多村落在人口的自然增长率方面表现得参差不齐，甚至相差悬殊。新中国成立以后虽然在社会稳定性和对自然灾害的防控力度上有了很大的改善，但仍不能全然根除严重自然灾害的发生。譬如1960年时，介休城乡各地浮肿病患者增多，仅城关、龙凤等6个公社患者即达数千人，死亡115人，全县的情况无疑更为糟糕。[③] 这种情况在1961年时仍旧在持续着，从表6－3能够看出，介休县1961年的人口数较之1960年减少3400人，乃是新中国成立后人口数量唯一出现逆增长的年份。这种情况在各个村落的表现是很不平衡的，有些村落人口损失无疑是相对严重的。

值得注意的是，在时段内聚落规模变迁率增减不一、相差悬殊的宏观特征之下，有一个相对微观的现象很引人注目，即少数山区村落规模的扩展极为明显，可谓是“井喷式”的，如刘家山（增919.2%）、后崖头（增415.9%）、朱家庄（增183.8%）、马山村（增362.0%）、运吉村（增319.0%）、前党峪（增575.6%）、后党峪（增3366.7%）、吴家山（增442.7%）、西欢村（增261.7%）、宋家小庄（增240.6%）等。从村落人口的高增长率来看，这已经不是人口自然增殖所能解释得通的。要彻底解答这一问题，有待于田野访谈工作的开展，但笔者认为

① 民国《介休县志》卷三《大事谱》，山西人民出版社2012年版点校本，第48页。

② 《介休市志》第二编《自然环境·自然灾害》，海潮出版社1996年版，第63页。

③ 《介休市志·大事记》，海潮出版社1996年版，第776页。

极可能与山地开发存在关联，乃是介休县地方开发循着“由平原到山地”不断推进的历史进程的体现。

其二，从1982年较之1964年聚落规模的变迁率来看，介休县域的村落规模呈现出大幅度膨胀的特点，无论山区聚落还是平川聚落，基本如是[①]。短短18年间，表6-1、表6-2所显示的200余个村落中有129村的人口增长率在40%以上，其中薛家岭、下站村、运吉村、阎冀堡、大安村、东堡、西刘屯、师屯南、白岸村、旺村、西靳屯、李家堡、赵家堡、花园等14个大队的增幅均在70%以上。再如龙凤大队由1964年的1898人迅速跃升至1982年的3043人，年均增加63人。总之，该时段内介休村落规模扩展的速度在历史时期是十分罕见的。

之所以如此，同样与1964年至1982年的时代背景紧密相关。早在1958年1月，《中华人民共和国户口登记条例》公布实施，新中国的户籍制度由此正式确立，它将居民分为农业户口和非农业户口，限制人口的自由流动，将农民群体限制在各自的村落、束缚在土地上。1958年开始的人民公社化运动，实行三级所有、队为基础、集体经营、按劳分配，农民进一步被固定于农村、土地和集体经营之中。[②]上述制度安排一直持续到20世纪80年代前半期方告瓦解。

另外，本时段内社会秩序基本稳定，虽然亦有严重自然灾害的发生，但由于防灾水平、救灾体制的进步，因灾造成的死亡人口较之1924年至1964年的时段已经大幅度减少。与人口死亡率明显下降相对应的，则是人口出生率长期在高位运行。早在1957年，马寅初在《新人口论》中就提出我国应该控制人口数量、提高人口质量，但随着年内反右派斗争的兴起，将适当控制人口增长视为马尔萨斯人口论进行批判，随之形成了“人口越多、劳动力越多、积累越多、发展越快”的错误认识。20世纪60年代前期，虽然中央领导人曾提出过控制人口和实行计划生育的主张，却没

---

① 介休全县200余村落中，仅有孟王堡（减7.7%）、苗沟村（减2.3%）、后崖头（减17.8%）、吴家山（减70.0%）、堡和村（减1.9%）5村较之1964年出现了人口减少的现象。原因不明。

② 参见谢志强、姜典航《城乡关系演变：历史轨迹及其基本特点》，《中共中央党校学报》2011年第4期。

有真正贯彻下去，随之而来的十年“文化大革命”，更使得我国的人口和计划生育政策处于停顿和半停顿状态。20 世纪 70 年代后期，面对经济短缺、人口和劳动力过剩的严重形势，中央领导人多次强调控制人口增长、加强计划生育工作，人口增长过快的势头方逐步得到控制。[①] 1980 年 7 月 13 日，新华社报道我国国民的平均年龄为 26 岁，是世界上人口构成最年轻的国家。[②] 这是新中国成立以来我国长期保持人口高出生率的自然结果。就介休县而言，借助表 6 - 4 我们可以看到自 1964 年至 1976 年短短的 12 年中，介休总人口由 19 万余人攀升至 27 万余人，增加近 8 万人，而在 1924 年至 1964 年 41 年的时段中介休人口增加尚不足 6 万人。20 世纪 70 年代后期介休的计划生育工作逐步走上正轨，但这仅是一个开端，不足以立即遏制人口快速增长的势头。

表 6 - 4　　1964 年至 1982 年介休县域总人口年际变化一览

年份	总人口	较上年变迁率	年份	总人口	较上年变迁率
1964	193899	—	1974	262993	+2.0%
1965	203427	+4.9%	1975	268546	+2.1%
1966	208967	+2.7%	1976	272650	+1.5%
1967	214564	+2.7%	1977	276238	+1.3%
1968	221921	+3.4%	1978	279710	+1.3%
1969	230175	+3.7%	1979	283261	+1.3%
1970	238826	+3.8%	1980	286563	+1.2%
1971	245684	+2.9%	1981	291007	+1.6%
1972	251943	+2.6%	1982	295088	+1.4%
1973	257937	+2.4%	—	—	—

资料来源：介休市志编纂委员会编：《介休市志》第三编《人口》，海潮出版社 1996 年版，第 69 页。另，2010 年第六次全国人口普查显示，2000—2010 年 10 年间中国人口年均增长率为 0.57%，借此可作为比照。

总之，在户籍制度、人民公社制度、低死亡率、高出生率等多个因素的综合作用下，我们看到了 1964 年至 1982 年间介休县几乎所有的农村聚落规模的大幅度扩展。

① 参见田雪原《新中国人口政策回顾与展望》，《人民日报》2009 年 12 月 4 日第 7 版。

② 转引自新华通讯社国内资料组编《中华人民共和国大事记（1949—1980）》，新华出版社 1982 年版，第 382 页。

其三，从 2008 年较之 1982 年聚落规模的变迁率来看，有两方面很值得注意的新动向。一方面，告别了上一时段聚落规模一致扩展的态势，重现有增有减的分异特征（其中规模扩展者 167 村，规模萎缩者 48 村），这种变迁率的分异性与地貌的分异性存在较高的相关度。也即，平川地区的村落规模基本呈现出扩大的态势（仅上城南一村人口出现减少），但规模扩展的速度较之上一时段普遍放缓；坐落于山地区的聚落规模大部出现了萎缩的现象（80 个山区村落中有 47 个村落人口减少），即便有些山区村落规模进一步扩大，但增长率普遍很低。另一方面，普遍中存在特殊。就平地区的村落而言，虽然扩展速度普遍放缓，但有少数聚落却属例外，具体是，城关乡除马女村（增 21.5%）外，其余之石河村（增 38.7%）、下庄村（增 39.3%）、梁吉村（增 44.5%）、阎冀堡（增 76.6%）、罗王庄（增 47.5%）等 5 村的聚落扩展速度颇为可观；绵山镇北部的一些聚落——如东内封（增 48.1%）、西内封（增 54.2%）、岳家湾（增 45.6%）、南靳屯（增 55.3%）、下城南（增 122.3%）、常乐村（增 45.2%）等——规模扩展的速度同样引人注目；宋古乡的李家堡（增 83.5%）、赵家堡（增 90.6%）两村的规模扩展也十分惊人；此外少数镇政府驻地村落的规模亦有大幅度跃升，张兰（增 189.4%）、义安（增 170.0%）、宋古（增 84.5%）乃是其例。就山地区的村落规模而言，虽然大部分出现萎缩或者扩展缓慢，但也不缺乏扩展较为明显的例子，如板峪村（增 35.2%）、洪山村（增 44.1%）、龙凤村（增 13.3%）、郭壁村（增 20.4%）、兴地村（增 8.8%）等①。

如何解释上述第一个方面的现象呢？简言之，这与计划生育的人口控制政策、改革开放新时期下户籍制度的松动与改革有莫大关联。进入 20 世纪 80 年代，多年来累积起来的庞大的人口数量，对经济发展、民生改善、社会稳定等均造成了巨大压力，严格控制人口过快增长已经刻不容缓，1982 年，中央政府正式将计划生育作为一项基本国策而确定下来，

---

① 必须指出，另有一些山区村落规模扩展也较为明显，如钦屯村（增 15.7%）、冯家南庄（增 26.3%）、东圪塔（增 30.4%）等，但这些村落人口基数较小，在此暂不列入讨论。

并在全国范围内严格执行。整个20世纪80年代执行的是“一对夫妇提倡生一个孩子”的政策，20世纪90年代国家对计划生育政策进行了微调，允许符合条件的夫妇生育二胎，2000年以后又进入了稳定低生育水平和统筹解决人口问题的新时期。[①] 延续至今的计划生育政策使得我国人口增长过快的势头得到较好遏制，人口出生率和自然增长率明显下降。以介休县[②]为例，1994年全县计划生育率由1979年的60.7%提高到83.28%；人口出生率和自然增长率分别由1979年的18.02‰和11.9‰下降为14.39‰和8.80‰[③]。这些变化表现在广大农村，无疑是村落规模扩展速度在整体上的放缓。

中国的改革开放首先是从农村开始的，以家庭联产承包责任制为核心内容，其本质是把农民从对人民公社组织的人身依附关系中彻底解放出来，使农民获得支配自身劳动的自由。1984年10月中共十二届三中全会通过《中共中央关于经济体制改革的决定》，我国的经济体制改革由此全面展开。随着改革在农村的深入，农村经济获得了大发展，相应地出现了大量剩余劳动力。中央政府根据这一实际，在1984年的中央一号文件中规定允许务工、经商、办服装业的农民自带口粮在城镇落户，严格限制人口自由流动的户籍制度开始出现松动，农民外出打工群体迅速形成并持续至今。此后关于户籍制度管理的改革持续推进，直至当前。[④] 户籍制度的松动与改革对于激发人口迁移、释放经济发展潜力有着极为深远的意义。在人口可以自由流动的大背景下，对山区地带的农村聚落可谓是劣势尽显。山地区交通不便、土地贫瘠、经济相对落后，而平川地区恰好相反，交通便利、城镇密集，具备经济率先发展的优势。因此，改革开放时期中国劳动力资源的迁移除表现为由农村向城市的迁移之外，同时也表现为由山地区到平川区的迁移，大量“空废村”“留守村落”多见于山地区就是十分明显的例证。在人口迁移研究

① 参见杨垣国《历史地看待新中国成立以来的人口政策》，《江西社会科学》2009年第1期。

② 1992年介休撤县设市，为保持名称上的统一性，本篇一律以介休县称之。特此说明。

③ 《介休市志》第三编《人口》，海潮出版社1996年版，第83页。

④ 参见谢志强、姜典航《城乡关系演变：历史轨迹及其基本特点》，《中共中央党校学报》2011年第4期。

领域有着著名的“拉文斯坦法则”，其中之一为经济因素主导法则，也即人们为改善自身的物质生活条件主动离开原居住地而迁移到更适合生存的地点，[①] 该法则与另一个著名的人口迁移理论——“推—拉理论”的内涵是一致的，迁入地的拉力在主动性的人口迁移类型中往往是主因。具体到1982年至2008年的介休县，正是由于其平川地区更具备改善物质生活的种种条件而山地区处于相对劣势，方导致了平川地区聚落规模普遍扩大而山地区聚落规模普遍萎缩的现象。

如何解释本时段内第二个值得注意的动向呢？首先是平地区的某些聚落在规模扩展上异常迅速的现象。如果我们把这些具备同类现象的聚落——石河村、下庄村、梁吉村、阎冀堡、罗王庄、东内封、西内封、岳家湾、南靳屯、下城南、常乐村、宋古村、李家堡、赵家堡标注在地图上，一个十分明显的现象一目了然，即这些村落与介休市区的距离甚近，其中有些村落已经演变为城中村。众所周知，改革开放以来，我国的城市化水平迅速提升，城市人口显著增加，此前的城乡二元结构在逐渐发生着变化，城市作为政治、经济、文化等诸要素的集中之地，愈来愈显示出对广大乡村的巨大吸引力，城郊村落因与城区紧相毗连，也同样具备了对其他地带村落的优越性，外来人口迁入城郊村落遂成为自然之举，这些村落规模由此有了明显的扩大。此外，张兰、义安等村落规模的迅速膨胀，与城郊村落同出一理——区位优势。它们在介休县域范围内充当了中心镇、重点镇的角色，交通便利、厂矿企业众多、经济发达，往往在历史时期就是重要市镇，对周边村落民众有着巨大的吸引力。譬如张兰村在1924年时就以3587人（包括郝家堡村在内）的规模高居县内第一大村的地位，至2008年时常住人口达到1.2万人，仍是县内第一大村，村内有高中、初中、小学、幼儿园等学校6所，私营企业6个，各类商业店铺588家，有着国内首屈一指的古玩交易市场，俨然精致小城市。[②] 再如义安村在1924年时即有2663人，乃是县内第三

① 参见安介生《历史时期中国人口迁移若干规律的探讨》，《地理研究》2004年第23卷第5期。

② 介休市地名委员会办公室、介休市地名志编辑委员会编：《介休市地名志》“张兰村”条，内部印行2011年版，第76—77页。

大村（次于张兰、洪山），商业繁盛，有“小北京”之称，2008 年时常住人口跃升至 11800 人，排名第二，村内驻有安泰公司等大型企业 7 家，中小型企业 20 余家，有“三晋第一镇”“中国焦炭之乡”之称，经济实力位居山西省十强之列。①

其次是山地区少数聚落的规模出现明显扩展的问题。譬如板峪村，该村坐落于海拔 1180 米的丘陵地带，土地硗薄，交通亦不甚便利，但其人口仍然由 1982 年的 966 人增加至 2008 年的 1306 人，其驱动力何在呢？归纳起来，两个因素不容忽视，一是其在 2000 年之前，长期是板峪乡政府驻地，在行政方面对周边村落有一定吸引力；更重要的一点是该村蕴藏有丰富的煤矿资源，设有板峪煤业有限公司，属村办企业，资料显示，2008 年该村 1306 人中，实际含有常住此地的外来人口 340 人，② 大部分当属工作于煤矿企业的工人。再如洪山村，坐落于海拔 909 米的丘陵地区，在本阶段其聚落规模仍旧由 4164 人增加至 6000 人，若从 1924 年的 2949 人算起，其规模在近百年内同样是持续不断地扩展，规模始终在县内居于三甲之列。其增长的动力一是来自于作为洪山镇政府驻地的行政中心优势，二则即在于矿产资源的极大丰富，包括黏土、紫木节（俗名黑碱，又名洪善土）、铁矿、石膏等，洪山泉源也位于村郊，水资源丰富，烧瓷和制香历史悠久。2008 年该村 6000 人的总人口中实际含有 1900 人的城镇及外来人口，矿产资源的丰富当是该村具备吸引力的重要因素。③ 又如龙凤村，虽处于海拔 900 米左右的丘陵地区，但因其自古便是从介休城去往绵山的必经之路，对外交通甚为便利，再者也蕴藏有煤、紫木节、耐火土、石膏等矿产资源，村内有各类企业 50 家，由此村落规模仍旧实现了 13.3％的增幅。④ 还有兴地村，

① 介休市地名委员会办公室、介休市地名志编辑委员会编：《介休市地名志》“义安镇”“义安村”条，内部印行 2011 年版，第 39、41 页。

② 介休市地名委员会办公室、介休市地名志编辑委员会编：《介休市地名志》“板峪村”条，内部印行 2011 年版，第 85—86 页。

③ 介休市地名委员会办公室、介休市地名志编辑委员会编：《介休市地名志》“洪山村”条，内部印行 2011 年版，第 114—115 页。

④ 介休市地名委员会办公室、介休市地名志编辑委员会编：《介休市地名志》“龙凤村”条，内部印行 2011 年版，第 109 页。

该村海拔达 1039 米，但 2008 年却有着 3300 人的聚落规模，乃绵山镇第一大村。[①] 笔者认为，支撑其聚落不断扩展的动力来自于地处绵山脚下的文化资源优势，古往今来攀登绵山者，兴地村始终是“大本营”。

① 介休市地名委员会办公室、介休市地名志编辑委员会编：《介休市地名志》“兴地村”条，内部印行 2011 年版，第 57 页。

本篇小结

本篇以近百年来介休县多个时点的村落人口资料为主要文献来源，从共时性和历时性两个角度切入，对该县的聚落规模问题做了较为全面的考察。行笔至此，笔者认为有必要在以下几个方面加以强调。

其一，要高度重视聚落实体所在的微观地貌特征的考察，对黄土高原地区的聚落而言，尤其如此。黄土高原沟壑纵横，地貌复杂，塬、梁、沟、峁等类型大量存在，这势必会影响到聚落规模的大小上。介休境内山地区与平地区的聚落在规模上表现出十分明显的分异性，山区往往多见小型聚落，平地区的聚落规模则相对较大。但山地区或平地区内部的聚落缘何又存在着大小差异呢？笔者想，这时就有必要进一步考察聚落实体的微观地貌了。这应当是笔者下一步努力的所在。

其二，应以一种全面的视野来审视聚落规模的差异性问题，一定要十分留意人文因素的影响。从共时性角度来看，以 1924 年而论，影响聚落规模大小的因素绝非限于本篇中所提及的地貌、交通、资源等三个因素，而是十分复杂的更多因素综合作用的结果，其他诸如政治背景、行政干预，甚至个人意志等，均是要考虑的所在。从历时性角度来看，在驱动近百年来介休聚落规模变迁的诸因素中，地形因素、自然资源等自然要素当然会对聚落的形成与规模变迁产生重要影响，不过，其影响的程度与方式却必须要具备一定的前提条件，社会大环境往往在其中扮演了至关重要的角色。民国时代的介休县，社会失序、战乱频仍，无论在山地区还是平川区的聚落，当然都可能波及，从而聚落规模的增减并没有与地形、资源等自然条件的优劣表现出一致性。集体化时代，虽然社会秩序实现了稳定，但在政治、经济、社会等多个面向上却表现出

“高度集中一致”的特性，这再一次打消了自然因素要影响聚落规模变迁的“念头”，因此，这时的介休聚落，无论在山地区还是平地区，也以“高度一致”的姿态实现了规模上的快速增长。改革开放时代，民众有了改善自身生活条件的主动权和决定权，自然因素方作为重要角色参与到影响聚落规模变迁的“演剧”中，由此，我们看到这时的介休县，地形之优劣、资源之多寡均在一定程度上“控制”了聚落规模的增减。在地理学史上以反思地理环境决定论而兴起的“或然论”思潮的代表人物维达尔·白兰士曾言：“自然界对于人类没有必然，只不过提供机遇或阻难，人类是选择和支配这种机遇的主宰。”① 这理当成为今人从事历史时期聚落规模问题研究的“律条”。

其三，有必要进一步考察因聚落规模差异性所造成的在乡村社会层面上的差异性。一个聚落的人口数量多少所代表的意义会大不相同，大规模的乡村聚落一般有着可观的实体面积，内部有着复杂多元的空间格局，往往具备社会、经济、文化甚至政治等多方面的职能，是周边相当区域的“中心地”，不过如果聚落规模过于庞大也不免会产生多个方面的社会问题；同时，我们亦很难想象一个不足100人的微型聚落能够充分独立发挥社会或经济方面的机能。另外，聚落规模的差异往往会深刻映射在村落管理上。民国时期山西的“编村”制度，聚落规模较大的村落往往成为“单独村”或“主村”，而规模较小的村落则仅能获得“联村”的资格；新中国成立之后，规模较大的村落一般能够自成一个“生产大队”或“行政村”，而小型聚落多以“生产小队”或“自然村”的面貌归属于附近的大型村落之下。这其中就存在一个村落管理方面的问题。也即作为“联村”“生产小队”“自然村”的村落如何与统辖它的大型聚落开展行政、经济、社会等方面的沟通（尤其在沟壑纵横的黄土高原地区）？这应是下一步有必要开展的研究课题。

（本章由李嘎撰写）

① 转引自金其铭《农村聚落地理》，科学出版社1988年版，第19页。

灾害篇

同黄土高原地带的大多数县份一样，介休县也是一个自然灾害频发的区域。考虑到明代以前介休没有地方志书，介休的灾害事件零星见于正史、文集及少数碑刻之中，这是无法反映明代以前介休自然灾害的基本面貌的。自明代始，系统性资料开始大量涌现，诸如《明实录》《清实录》《清代黄河流域洪涝档案史料》、地方志、报纸、档案等，均有关于介休自然灾害的丰富记录。虽然这些文献也并不能将明代以后介休县重要的自然灾害事件毫无遗漏地予以记载，但相较于明代以前已极大改观，无疑能够反映自然灾害的基本面貌。

笔者经过对相关文献资料较为全面的收集，在 1368 年至 2000 年共 600 余年的时段中，得出 133 个年份共 160 次灾害事件记录。不过必须指出的是，实际的灾害事件绝不止于此数，而是要大大高于 160 次，这当然是由于明代以降文献资料在时间上分布不均衡（一般是“早少晚多”）、记录者的自觉性、文献具体的表述方式等众多因素造成的。譬如《明实录》或《清实录》中的某些表述方式让今人无法断定介休是否发生了灾害。一则《明实录》正统元年（1436 年）的资料称：“山西太原并汾州所辖地方，自春至夏，旱暵为甚，二麦枯槁。”① 该资料言及汾州出现旱情，当然其辖下的平遥、介休、孝义三县均很有可能发生，但因无旁证资料，仅凭这则史料并不能完全断定介休也发生旱灾，基于严谨性考量，本篇并没有将此类资料视为介休发生旱灾来看待。

就这 160 次灾害事件所涉及的灾害类型而言，有水灾、旱灾、雹灾、震灾、蝗灾、霜灾、疫灾、雪灾、虫灾、风灾、沙尘暴等 11 个灾种②。其中尤以水灾、旱灾、雹灾、震灾最为多见，发生次数分别为 68 次、40 次、20 次、15 次；68 次水灾事件中又以介休城市水患和汾河沿线水患最为常见。这些灾害中不乏对县域经济社

① 《明英宗实录》卷二二，正统元年九月甲午。

② 需要说明两点，其一，本篇探讨的为自然灾害，故而未将“兵灾”纳入统计范畴。其二，严格来讲，蝗灾亦属虫灾的范畴，但蝗灾因具有鲜明的灾情表现，是历史时期的重要灾种，故而本篇将其与虫灾区隔开来。

会发展造成严重冲击的事例，譬如旱灾，史料记载光绪初年丁戊奇荒在介休的影响时说："光绪丁丑、戊寅大旱，饥骨髐然，缙绅郭可观、冀以公、王家鹤等购南门外地九亩瘗遗骸，凡三千五百余具。"[①] 更有资料称丁戊奇荒造成整个介休县5万人的人口损失。再如地震，光绪十七年三月初九，介休、孝义一带发生强烈地震，"介休县属狂风大作，地震山摇。风定后，查悉县东段屯庄房屋坍倒甚多，压毙男妇一百数十口"[②]，可见受创之惨。不过，考虑到旱灾与地震的发生多带有成片受灾的大地域性特征，小则数县，大则数省，很难由此审视某一县域的灾害特征；且介休旱灾、地震的次数并不能与水灾相提并论。基于此，本篇主要对介休县域最为常见的水灾问题进行考察，其他灾情及应对措施参见本篇最后一部分——《明代以降介休灾赈大事年表》。

① 光绪《介休县志·建制志·公廨》，山西人民出版社2012年版点校本，第92页。
② 《益闻录》"光绪十七年辛卯四月十六日"。

第七章　明代以降介休城的水患与防治

第一节　明代以降山西城市水患的一般态势

受制于地形地貌和降水的月际变化特征，发生于山西区域的洪水基本可分为暴雨洪水和山洪两类。大型河流如汾河的流域面积大，不同场次的暴雨在不同支流所形成的洪峰，汇集到干流时，各支流的洪峰过程往往相互叠加，组成历时较长涨落较平缓的洪峰；小河的流域面积较小，一次暴雨就会形成一次涨落迅猛的洪峰。山区溪沟由于地面和河床坡降都较陡，降雨后产流、汇流速度很快，从而形成洪峰急剧涨落的山洪。[①]

笔者广泛搜集地方志、实录、文集、碑刻、清代洪涝档案史料、新时期档案资料、文史资料等，对明代以降直至1979年曾有水患记录的山西城市进行了归纳，得出城市70座。若以明清时期而论，水患城市为62座，占到105座治所城市的59%[②]，足见洪水对城市的威胁还是较为普遍的。进一步而言，水患城市数量呈现出明显的南北差异。62座城市中晋北区域仅有大同、朔州、保德州等15座城市，约占总数的

① 此处参阅中国大百科全书总编辑委员会《水利》编辑委员会编《中国大百科全书·水利》“洪水”条，中国大百科全书出版社1992年版，第147页。

② 105之数系指明清两代曾作过政区治所的城市，对于时段内曾有过增置或撤销的政区的治所均计算在内。需要指出的是，洪武初曾省并县10余例，因诸县至清末终未复置，考虑到其在明清时期存在时间太短，故不计算在内；河曲县城于乾隆年间曾有过迁移，此处作为1座城市看待。

24%，在晋北 32 座城市中，水患城市的比例约占 47%；62 座水患城市中晋南有 47 座之多，约占 76%，在晋南 73 座城市中，水患城市占到了 64%。[①] 究其原因，这当然与晋北相对处于高纬度地区、地势高寒、年降水量较为有限有关。从流域分布来看，汾水流域易受水患威胁的城市数量最多，为 24 城；漳水流域亦为不少，有 6 城；短小的涑水河流域亦有 5 座；沁水流域则极少，仅有 3 座城市；地处晋北的桑干河流域与滹沱河流域均为 5 城。此外，流入黄河的诸多小河侧畔城市亦为数不少，如岢岚州、兴县、永宁州、隰州、大宁、吉州、乡宁等城。（参见图 7－1）

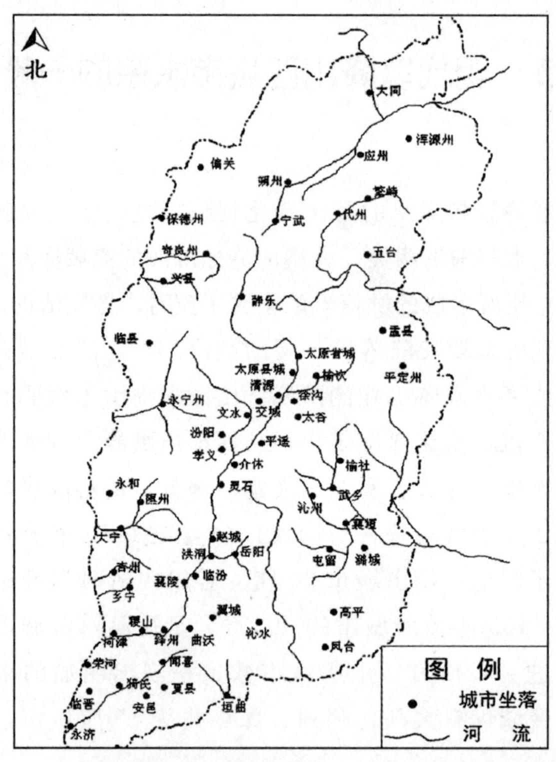

图 7－1 明清时期山西受洪水冲击之城市空间分布示意图

说明：底图采自谭其骧主编：《中国历史地图集》第八册“山西”图幅，地图出版社 1987 年版，第 20—21 页。图中所示城市名称反映的是嘉庆二十五年（1820 年）的时况，特此说明。

① 本处以太原省城东西一线为界，将山西省域分为晋南与晋北两个大区，太原以南（包括太原在内）为晋南，以北为晋北。特此说明。

另一方面，明清时期，洪水对山西城市的破坏程度不乏严重之例，比较来看，以洪洞、闻喜、夏县、垣曲、太原（府）、清源、交城、孝义、介休、灵石、临县、兴县等12城最为典型。以太原府城为例，光绪十二年（1886年）夏天的水患就是十分严重的一次。时任山西巡抚刚毅的上奏称：

> （六月）二十五日三更时分，雨势益大，河水异常汹涌，冲决北沙河之金钢堰并大坝护城两堰，夺溜而来，直扑城西北角，又激而南趋，水旱西门及大南门同时冲开，势莫能御，致将西南隅驻防满营兵房、学政、城守尉参将、阳曲县各衙署及阳曲学舍、城关民房，共淹万余间，倒塌甚多，城垣亦有陷裂。该司道等……编扎牌筏分赴水漫各处，搭救满兵并左近灾民，……计是日已收满兵、灾民三千余名。……其淹毙男妇三十余名。……查省城西临汾水，地本低洼，年年筑坝堤防，尚不为害。此次淫涝日积，河水改道横流，实数十年来所罕见。①

此次水患是如此严重，洪水冲开水西门、旱西门而涌入城内，致使位于西南隅的太原满城遭到毁灭性打击，日后不得不于城内东北隅地势高爽之地择址重建；洪水复自城内冲破大南门，在门外低洼处停流蓄积，从此该地成为大面积的沼泽区域，20世纪50年代太原市政府借助此片沼泽肇建公园，乃是今天闻名远近的迎泽公园的所在。

又如清源县城，在1541年、1553年、1660年、1708年、1844年、1855年均发生过严重的水患事件，每次均造成城门圮坏、城内官民房舍大量倾倒的严重损失。②再如交城县城，在1381年、1412年、1553年、1663年也有水患记录，如方志对1553年洪水记载称："（嘉靖）三十二年癸丑六月，暴雨移时，沙河水突至，冲坏东门桥、东城垣，城内

---

① 水利电力部水管司科技司、水利水电科学研究院编：《清代黄河流域洪涝档案史料》"1886年（光绪十二年）"第3条，中华书局1993年版，第737—738页。

② 参见光绪《清源乡志》卷十六《祥异》，光绪八年刻本，第38—41页。

水深三尺。”[①] 惨状由此可见一斑。孝义与垣曲的城市水患同样十分严重。就孝义县城而言，明清两代至少有 8 次严重的水患记录，对城市本身及城内百姓的生命财产均造成了极大破坏。[②] 如乾隆《孝义县志》载：“成化十七年大水，漂没南关及乡村室庐三千余区。”[③]“（万历）三十三年大水，自东门入城，毁官民房舍无数。”[④]方志称：“一值春霖夏潦，万山之派悉东注焉，（孝义）城中之水无所泄，城外之水无所蓄，两相距而冲决激荡，汇为巨浸，岁岁为城垣民舍患。”[⑤] 孝义的城市洪灾虽然不至于年年皆有，但其发生频率在整个山西无疑是居于前列的。再看垣曲县城，该城的洪灾记录更是达到 10 次之多，分别为 1385 年、1530 年、1534 年、1536 年、1598 年、1632 年、1756 年、1761 年、1843 年、1855 年。[⑥] 每次或冲圮城垣或漂没人畜官舍，损失惨重。

那么，同样属严重水患城市之列的介休城的情况如何呢？水患的具体表现形式有哪些？导致水患产生的驱动因素有哪些？官府、民众采取了哪些防治水患之策？这正是下文所要解决的问题。

第二节 明代以来介休城的水患与治理

明清时期介休城就有多次水患发生，对城区造成严重破坏。正德四年（1509 年）是有明确记载的第一次，是年“七月，绵山水大涨，平

① 康熙《交城县志》卷一《祥异》，康熙四十八年刻本，第 5 页。

② 统计来源为乾隆《孝义县志·胜迹祥异》，乾隆三十五年刻本，第 9—11 页；孝义县地方志编纂委员会编：《孝义县志》第三章《县城·防洪堤堰》，海潮出版社 1992 年版，第 206 页。

③ 乾隆《孝义县志·胜迹祥异》，乾隆三十五年刻本，第 9 页。

④ 同上。

⑤ （明）佚名：《孝邑浚濠筑堤记》，乾隆《孝义县志·艺文参考一》，乾隆三十五年刻本，第 12 页。

⑥ 参见光绪《垣曲县志》卷十四《杂志》，光绪六年刻本，第 1—8 页。

地起波丈余，冲入南城门，几没民舍”[①]。万历三十三年（1605 年）再次出现水患，“夏，大雨，绵山水涨，夜半流漫，冲开南城门，民居多被淹没”[②]，可以看出，此次洪水流路与正德之时完全相同。相较之下，顺治二年（1645 年）的水患表现得更为严重，这年的“闰六月，大水自南城门冲入，深可没人，淹民舍无算”[③]。顺治八年的六月，大水又一次“冲入南城门”[④]。降至清末的光绪十六年（1890 年），又一次水患事件发生了，“六月，大雨，南山猛水，入迎翠门，东北坊被淹”[⑤]，迎翠门正是介休城的南门，可见滔滔洪水的来袭路径与上述几次是完全一致的。城外之水灌入城内，于城关北部低洼地带蓄积壅滞，城内百姓遂遭积涝之患，关厢城内的顺城关一带就是深受内涝之苦的区域之一，史料记载说：“邑之顺城关，闾阎栉比，市廛鳞列，为东西往来孔道，每当山水涨发，一片汪洋，几居泽国，居民与行旅交苦之。”[⑥]

问题的关键在于，明清时期介休城市水患的来袭路径为何均是发自绵山之地并从南城门冲入呢？这首先与介休城区一带的地形地貌有着直接关联。该城坐落于太原盆地内的洪积倾斜平原上，城区覆压于海拔 700 米等高线上，出城南去不远，至上城南、下城南一带，海拔高度迅速上升到 800 米，一路东南行约 20 公里，即是海拔 2405 米的绵山主峰；介休城之北则是一马平川的太原盆地区，地势平衍。整个城区地势因之呈现出南高北低的倾斜态势。其次，介休城区虽然不濒临河流，但极不乐观的沟峪布局成为诱发洪灾的重大因素。这条沟峪因经过城区南部的常乐村，而被名之曰“常乐沟”。其发源于今绵山镇神湾一带，主

① 康熙《介休县志》卷一《天文・灾异》，山西人民出版社 2012 年版点校本，第 5 页。
② 同上书，第 6 页。
③ 同上书，第 7 页。
④ 同上。
⑤ 民国《介休县志》卷三《大事谱》，山西人民出版社 2012 年版点校本，第 45 页。
⑥ （清）吴匡：《浚疏城河碑记》，民国《介休县志》卷十五《营建考》，山西人民出版社 2012 年版点校本，第 263 页。

沟长10公里[1]。在1920年和1973年的介休县地形图中，这条沟峪均被明确标示。从图7-2可以看出，由多条大沟组成的常乐沟呈东南—西北走向，直冲介休城而来，每当绵山地带出现较大规模的降水，山水汇流于坡降明显的常乐沟之中，极易对距离沟口不远的介休城造成冲击，而迎着沟水来袭方向的介休城南门——迎翠门——就成为洪水进城的必然路径。

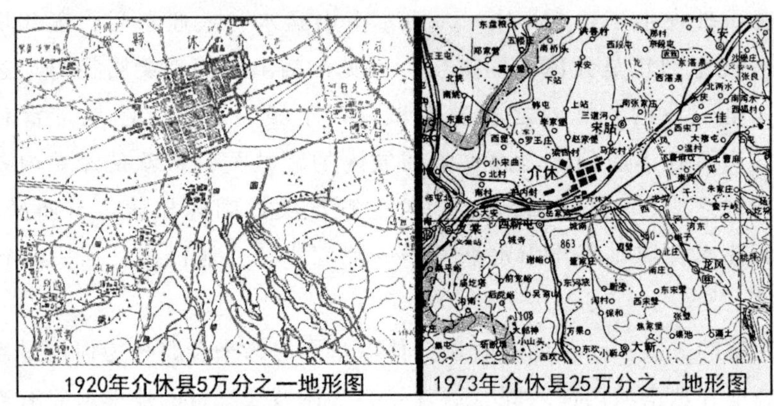

图7-2　两幅地形图中的介休城与常乐沟空间位置关系图（圆圈标注处）

说明：左图截自参谋本部陆地测量总局编绘：《中国五万分之一地形图》"介休县"图幅，民国九年测绘；右图截自山西省、山西省军区测绘处编制：《山西省地图集·介休县》，内部印行1973年版，第61页。

面对洪水对城区一带的威胁，自明代开始，地方官民就采取了多样的举措加以防治。嘉靖元年，乡民董裳等人曾出资砖砌北关门，"树铁栅，以泄城中涨水"[2]。万历三年，知县康又民创修北关水门，崇祯十三年再修南水门。[3] 但这些局部措施并不能明显减轻水患的发生，清乾隆时人称：介休城"适当泛滥之冲，所赖者，四周隍堑，而积石久沦，

① 介休市志编纂委员会编：《介休市志》第二编《自然环境·地质地貌·沟壑》，海潮出版社1996年版，第46页。

② 乾隆《介休县志》卷一《疆域·城池》，山西人民出版社2012年版点校本，第12页。

③ 民国《介休县志》卷十五《营建考》，山西人民出版社2012年版点校本，第258—259页。

略存古迹，此巷陌市廛往往有巨浸之叹也”[①]。乾隆三十五年，知县王谋文因之开展了规模庞大的浚壕导河工程，文献记载：

> 自城南村水神庙旁浚至西壕，达韩屯邨；又自南壕绕东而北，从沙河上游向北坛后凿北河一道，入梁家堡合流注汾。计丈四千四百三十有奇，里凡二十四。堤工石甃者半，土筑者半，深或八尺或六尺、五尺，相地之高下，以平衡为准，宽或一丈或过半，随地之广狭，俾田庐不害。[②]

乾隆《介休县志》卷首绘有该工程的施工图，对今人深入了解此次治水工程的实施情况颇有益处，现转绘于下：

此次施工可分为两个步骤，一即疏浚城壕，二为新凿引河，最终与自然河道连为一体。这样一来，山水逼近城区时，就自然会循壕入河，不致对城市造成威胁，城区积水也会通过北水门泄入新凿的北河河道。王谋文记载此次工程效果称：“当秋夏之交，河既毕疏，大雨时降，山水之奔腾而至者，胥归壕堑，泄于汾滨，城以内、城以外无复向时横溢之患。”[③] 王谋文的拒水之策由于未见后期管理措施的跟进，很快便出现了新的问题。城区百姓习惯将灰渣堆积于南城门之外，以致“灰积如山，有碍水道”，城壕也出现了新的淤塞，位处城内东街的常平仓由于地势低洼，亦成为流水汇集之处。[④] 嘉庆二十四年知县陆元鑢遂大治城内水患：

> 重甃北关出水门，起移南门外灰渣，浚凿城濠，疏通城内东大街沟道，掘水洞，深六尺，长五十丈，上下周围各砌以石。复价买

① （清）王谋文：《浚城壕碑记》，乾隆《介休县志》卷十二《艺文》，山西人民出版社2012年版点校本，第351页。

② 同上。

③ 同上。

④ （清）恒杰：《壬午城工记》，民国《介休县志》卷十五《营建考》，山西人民出版社2012年版点校本，第260页。

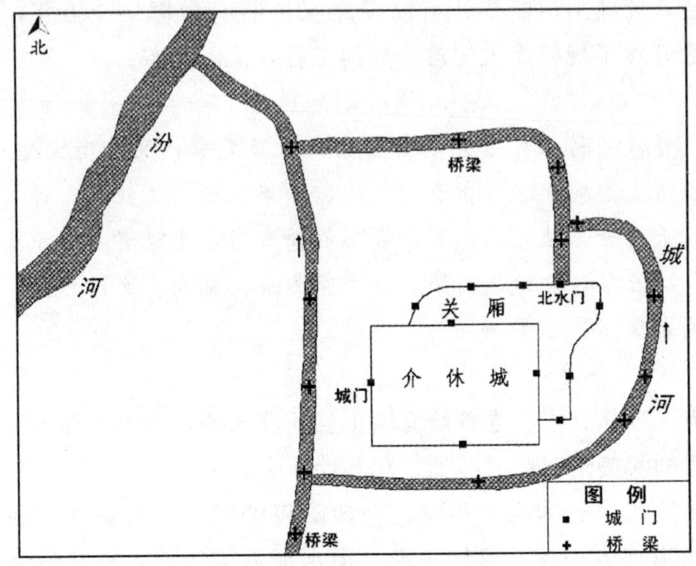

图 7-3 清乾隆中期介休城浚壕导河工程示意图

说明：底图采自乾隆《介休县志》卷首“城壕图”，山西人民出版社 2012 年版点校本，第 4 页。

> 毗连董族之地十三亩，开挖池塘，备注雨霖积水。①

疏通城内水道、新掘水洞、购地挖塘成为此次修治的新举措。在乡里颇具声望的士绅李城也积极参与其中，史料记载他“明敏练达，为众绅士所倚重，乡里有公事，必首谘之，如……起移南门外灰渣以浚城濠、疏通城内东大街沟道、置地开池、停积水并修志乘诸要务，无不身先其劳，指画悉当，咸信服焉”②。陆氏去任之后，由继任知县恒杰踵成之，于道光二年完工。此后同治十三年知县李辛③、光绪十三年知县吴匡④均开

① 民国《介休县志》卷十五《营建考》，山西人民出版社 2012 年版点校本，第 259 页。

② 嘉庆《介休县志》卷十《孝义》“李城”条，山西人民出版社 2012 年版点校本，第 360 页。

③ 参见（清）李辛《浚疏城河役》，民国《介休县志》卷十五《营建考》，山西人民出版社 2012 年版点校本，第 262—263 页。

④ 参见（清）吴匡《浚疏城河碑记》，民国《介休县志》卷十五《营建考》，山西人民出版社 2012 年版点校本，第 263—264 页。

展过疏浚城濠的工程，皆系在王谋文基础上的重修或局部更新。

降至民国时期，介休城仍旧不时遭受洪水的冲击。其中一次发生在民国十一年（1922年）。此年七月，天降大雨，突如其来的山洪涌入县城，造成了死伤百余人的严重灾难。史料记载："六月朔，大雨，辰刻山水暴涨，自迎翠门入城，水势甚大猛，城不没者寸许，八坊被劫甚众。义棠、孙畅、大小宋曲等村，淹没亦多，常乐村阖村全没，房屋、牛马、积粮损失无算，伤人百十余。"① 可见此次来水路径仍旧沿袭明清时期的旧规。这次痛苦的经历至今依然深深印刻在介休民众的记忆里。笔者于2013年12月2日在介休城区街道中采访到一位年已八旬的老人，从老人口中我们听到了介休民众专为此次洪水灾难编成的歌谣，其首句便是"中华民国十一年，介休人儿民遭难，……"② 此次洪灾的发生与降雨急猛有直接关联。

二十余年后的民国三十五年（1946年），因降雨而暴发的山洪又一次冲击了介休城。时任介休县长马骥如在给阎锡山的电文中记述了洪水冲击县城的惊魂一刻：

> 职县于本月（指5月——笔者注）八日晚九时，阴云弥漫，大雨沛降，迨至一时许，忽然山水暴发，急流直下，因环城渠道年久失修，霎时间堤烈（裂）桥塌，怒涛冲坏西门，汹涌入城。职于据报后，一面振铃集合员警，一面急发汽笛，唤醒商民。经职亲率张秘书及政法警等十余人，并临时发动商民二十余人出城堵塞要口，因之城门之水停流。嗣于堵塞巩固后，天已微明，职又复登城环视勘察真情。城内较低街巷均已积水成河，断绝行人，幸而各处房屋坚固，未被摧毁。③

山西省政府在收悉马骥如的电文之后，要求其"将河堤失修情形、

① 民国《介休县志》卷三《大事谱》，山西人民出版社2012年版点校本，第48页。

② 2013年12月2日笔者于介休街头对一位八旬老人口述采访所得。

③ 介休县政府：《关于报本县山水暴发波及县城经过情形敬请鉴核备查的代电》，1946年5月11日，山西省档案馆藏，档号：B13-2-185-4。

决口地点及此次洪水经过河渠名称、水量大小等，绘具图说，连同环城渠道及损失情形详细报查”。在马骥如随后的复电中，我们得以对此次水患有更进一步的了解：

> （一）河堤失修情形。查职县环城渠道，原为山水暴发暨排除城内积水归宿汾河而掘构计，自沦陷后日军以城防关系，将东城墙下之水门堵塞，致南、北、东三方渠道失效。因将南渠填塞改道通行汽车，致东、北两渠道则为残土瓦砾盈满沟渠，仅留西河渠一道，虽旧观尚存，然渠道、桥眼均属狭小，亦非砖石堤岸。于肇事后已发动民夫自西南城角桥，经赵家堡、花园、李家堡、韩屯、罗王庄等村，均掘深八尺，挖宽一丈，约长八里，直入汾河。
>
> （二）决口地点：城西门外桥南东、西堤。以桥眼狭小，水流过急，遂越堤，一面夺门入城，一面□注韩屯农田。
>
> （三）洪水经过河渠名称：西河渠。
>
> （四）水量大小：约计七八立方米。①

结合上引档案文字内容及所附地图可以得出如下认识：其一，及至民国年间，乾隆时期王谋文开凿的城区排洪系统依旧在发挥着作用。其二，抗战时期日军将介休关厢城一带的北水门堵塞，使得南、东、北三个方向的排洪渠失去功效，最终导致原本科学合理的城区排洪循环系统彻底瘫痪。其三，本次洪水依旧发自绵山，但却一改从南门迎翠门涌入的传统路径，而是冲毁西门外桥南附近的西河渠土堤后冲入城内的，这当然是由于长期以来对城区排洪系统的人为破坏导致的。其四，洪水自西门冲入，由北门流出，对地势低洼的县政府、警察局、看守所及西街、北街一带造成严重影响。（参见图 7－4）

① 介休县政府：《关于复钧府辰感建水代电所示各节敬请鉴核备查的代电》，1946 年 6 月 7 日，山西省档案馆藏，档号：B13－2－185－5。

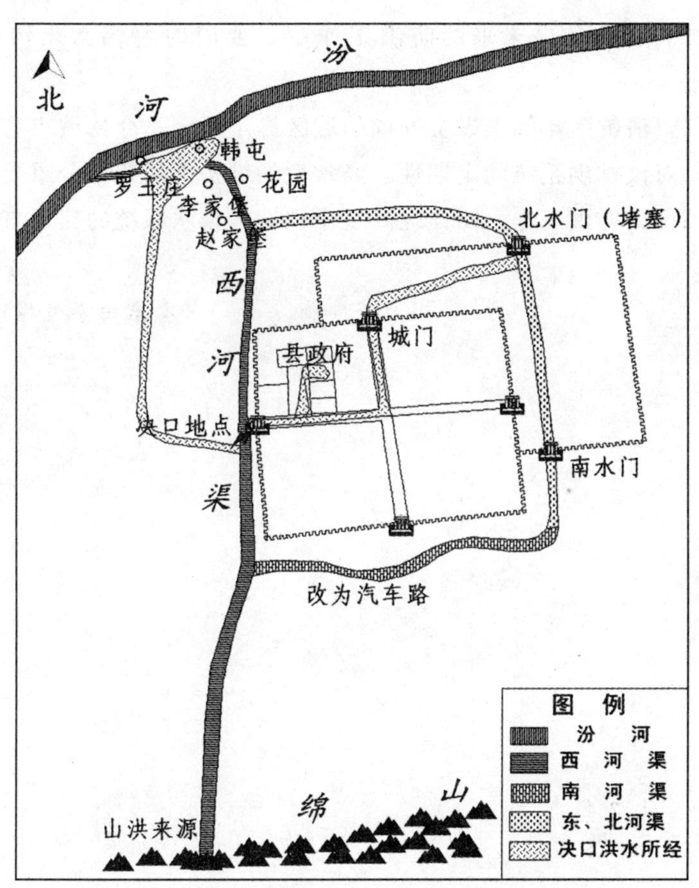

图 7-4　1946 年 5 月介休县山洪暴发夺门入城示意图

说明：底图采自《介休县山洪暴发夺门入城图》，1946 年 6 月 7 日，山西省档案馆藏，档号：B13-2-185-5。

第三节　几点认识

其一，在水患形式上，介休城的水患突出地表现为城外“峪水为灾”与城内“积水为患”两类，这与省内其他水患城市多表现为“河流为灾”的情形是有所不同的。

其二，在介休城未来的防洪工作中，要时时警惕常乐沟对城区的威胁。

其三，清乾隆年间王谋文开创的城区排洪系统是介休城市防洪的主要措施，对该排洪系统的定期性、经常性的维护无疑是十分重要的；今天介休城区的防洪工作，同样应高度重视城区排水系统的建设与维护。

（本章由李嘎撰写）

第八章 明代以降介休段汾河水灾及相关问题

因汾河在山西河流中的主体地位，学界已有不少成果关注历史时期汾河流域的水灾现象。[①] 但这些成果并没有就介休段汾河水灾的基本态势作出专门探讨，须知，汾河流经的不同段落因为地貌特征、支流分布、社会经济发展水平等多方面的不同，在水灾上往往有着不同的表现。再者，笔者计划在全面复原明代以来汾河介休段水灾现象的基础上，进一步考察汾河水灾对介休的环境塑造及灾害应对等问题，这是已有研究尚未触及的。

第一节 汾河介休段为害史实考

汾河自宁武县发源之后，在出太原城北的上兰村之前，行进于狭窄山谷之间，河道稳定，两岸聚落相对稀少，严重水灾较为少见。但汾河出上兰村烈石口之后，开始进入广阔平坦的太原盆地区，河道随之展宽，流速迅速变缓，上游倘遇较强降雨，极有可能形成大的洪水；缓慢

① 直接相关的成果有：苏慧慧：《山西汾河流域公元前730年至2000年旱涝灾害研究》，陕西师范大学硕士学位论文，2010年；苏慧慧、查小春：《清代时期汾河中游地区洪涝灾害研究》，《干旱区资源与环境》2010年第24卷第1期；古帅等：《明清时期汾河中游洪涝灾害研究》，《干旱区资源与环境》2013年第27卷第8期；孟万忠：《河湖变迁与健康评价——以汾河中游为例》，中国环境科学出版社2012年版，第77—81页。

的流速造成大量泥沙沉淀于河底，日积月累，泥沙挤占河道、河底升高，水溢出岸甚至河流改道的情况便成为可能。因此，自太原上兰村至介休义棠镇①的汾河河段成为历史时期水患频率最高的区域。民国时期有资料记载称："（汾河）干流太原以北多山地，介休以南河底低下，均少灾害，只太原介休间地势低下，时有水害"，这是很切中汾河流域水灾空间分布特征的实际的。

笔者广泛收集文献，对明代以降介休段的汾河水患事件作了汇总，可确知是汾河所导致的水灾共 28 次，其中明代 1 次，清代 17 次，民国 8 次，中华人民共和国 2 次。② 根据这一时间分布态势，我们并不能简单地得出明清至民国时期介休汾河水患日益严重的结论，当然也可以确信实际的灾害次数必定远远超出 28 次之数。因为，其一，文献资料的丰歉可能是导致水灾时间分布不平衡的重要原因。譬如今天我们所能见到的明代文献远没有清代及民国时期丰富，可以肯定，明代介休段的汾河水患绝不可能仅有万历十七年一次。其二，有些文献关于介休水患的表述方式使我们无法确认是汾河水患还是其他河流为患。如文献记载光绪二十四年的水患称："介休县属之西北里等十三村，近河地亩多被水冲石压，不堪耕种地一千八十三亩。"③ 为慎重起见，这类记载是无法认定为汾河水患事件的，但实际却不能排除汾河为灾的可能性。其三，还有一些文献仅以"水患频发""频年受患""迭遭水患"等词汇记载汾河水灾，这类资料因没有确切纪年，也是无法以"事件"视之的。譬如一则乾隆二十二年的水患资料称："（介休）上游既无蓄水之地，下游又

① 汾河经介休义棠镇继续南流，再次进入名曰"灵霍峡谷"的山峡地带，即古之雀鼠谷区域。

② 万历十七年（1589）、顺治十一年（1654）、乾隆二十一年（1756）、乾隆二十二年（1757）、乾隆二十三年（1758）、乾隆二十五年（1760）、乾隆三十三年（1768）、乾隆四十年（1775）、乾隆四十一年（1776）、嘉庆五年（1800）、嘉庆七年（1802）、嘉庆十一年（1806）、嘉庆十二年（1807）、光绪四年（1878）、光绪五年（1879）、光绪六年（1880）、光绪十年（1884）、光绪十二年（1886）、民国元年（1812）、民国二年（1913）、民国三年（1914）、民国六年（1917）、民国十一年（1922）、民国十七年（1928）、民国十八年（1929）、民国三十五年（1946）、1954 年、1996 年。参见下文之《明代以降介休灾赈大事年表》相关栏目。

③ 《清代黄河流域洪涝档案史料》"1898 年（光绪二十四年）"第 2 条，第 850 页。

不能畅水之流。惟乎一经雨水，河流涨溢，频年受患也。”[①] 不过，中华人民共和国成立之后汾河水患事件大幅度下降应是符合历史事实的，这是汾河治理起到成效的真实体现，对此下文将会述及。

就这28次汾河水患而言，可大略分为河水出岸成灾和河流改道成灾两大类。首先，28次水患中有大量关于“汾河溢”“汾河出岸”的记载。例如，乾隆二十三年“六月望，大雨三日，汾河溢，淹礼城、盐场等十八村田禾三百余顷”[②]；乾隆三十三年“夏六月，淫雨，汾河溢”[③]；乾隆四十年“夏六月，淫雨经旬，汾河溢，淹下庄等三十六村禾稼”[④]；乾隆四十一年“夏五月，汾河溢，淹北张家庄等十四村禾稼”[⑤]；嘉庆五年“秋七月，大雨，汾河溢”[⑥]；嘉庆七年“秋七月，汾河溢，淹田禾”[⑦]；嘉庆十二年“夏六月，大雨，汾河溢”[⑧]；光绪四年“九月，中街、礼城村、宋家圪塔、小圪塔、桑柳树、乐善村、孙家寨、北辛武、万户堡、孔家堡、那村等十三村，汾河出，淹没秋禾”[⑨]；光绪五年“汾河出岸，淹没北张家庄、北辛武、乐善村、宋家圪塔、中街、礼城村、北盐场、朱家堡、宋曲、大宋曲、孙畅堡、西刘屯、上站、韩屯等村”[⑩]；民国元年“九月，汾河溢，淹没禾稼，小圪塔、北张家庄、南桥头等村尤剧”[⑪]；民国二年“八月，山水暴涨，汾河水出岸，淹没北乡桥头等十余村”[⑫]；民国三年“七月，汾河、文峪河二水出岸，北张家庄等四十三村秋禾淹没”[⑬]；民国六年“八月，汾、文两河水溢，席

① 《清代黄河流域洪涝档案史料》“1757年（乾隆二十二年）”第11条，第214页。
② 乾隆《介休县志》卷一《祥异》，山西人民出版社2012年版点校本，第26页。
③ 同上。
④ 嘉庆《介休县志》卷一《兵祥》，山西人民出版社2012年版点校本，第23页。
⑤ 同上。
⑥ 同上。
⑦ 同上。
⑧ 同上。
⑨ 民国《介休县志》卷三《大事谱》，山西人民出版社2012年版点校本，第44页。
⑩ 同上书，第45页。
⑪ 同上书，第46页。
⑫ 同上。
⑬ 同上书，第47页。

村等村秋禾淹没”[1]。从上述灾害记载来看，多发生于6—9月，这当然与正值汛期，流域降水丰沛导致河道行洪压力加大有密切关联，但另一原因同样不容忽视，即介休段汾河河面宽阔，泥沙沉积迅速，导致河道逐年加高，这无疑也明显增加了洪水溢岸成灾的概率。1919年成书的《山西省各县渠道表》显示，汾河中游各县中，河道以太原和介休段最为宽阔，介休段汾河宽达半里，水深却仅有2—3尺[2]。另有资料显示民国时期的汾河已然成为地上河：“汾河下游介休段因十年来敌叛交蹦，河工失修，河形曲屈，河身高于两岸，每届夏季水涨，泛滥冲溢，频遭水患。”[3]

严重的洪水溢岸现象如果得不到及时控制，就有可能出现河流改道。而新形成的河道漫流于毫无堤防设施的洼地区，势必会对村落、农田造成危害。明代以后汾河曾多次发生或大或小的改道事件，涉及介休县者就至少有8次，具体为万历三十九年、顺治十一年、乾隆二十二年、乾隆三十二年、乾隆三十六年、民国十七年、民国十八年、民国二十二年。[4] 每次改道无疑会对所经区域造成程度不等的破坏。[5] 乾隆二十二年的介休水灾就是由汾河改道造成的。这一年的洪涝档案史料对此有所记载：

> 汾河发源于宁武，由静乐、交城、阳曲、太原、清源、文水、汾阳、孝义、介休等县至南桥村出义棠桥灵石县以南归入黄河。此汾河旧日之经流处所也。嗣于乾隆二十二年，河从文水县改流，又经平遥县入介休，至南桥（头）村始归旧漕，此汾河近日之情形也。[6]

① 民国《介休县志》卷三《大事谱》，山西人民出版社2012年版点校本，第47页。

② 转引自孟万忠《河湖变迁与健康评价——以汾河中游为例》，中国环境科学出版社2012年版，第38—39页。

③ 山西省参议员孟立信等：《关于转请善救分署尽速举办急赈并函请山西省政府建设厅查照迅速促成的公函》，1946年11月8日，山西省档案馆藏，档号：B13-2-185-6。

④ 参考孟万忠《河湖变迁与健康评价——以汾河中游为例》，中国环境科学出版社2012年版，第36、41—42页。

⑤ 必须指出的是，有些史料虽然言及某年介休段汾河发生改道，但并没有进一步记载河流对地方造成破坏的情形，对此种情况，笔者未将其列入《明代以降介休灾赈大事年表》之中。

⑥ 《清代黄河流域洪涝档案史料》“1757年（乾隆二十二年）”第11条，第214页。

从上引文可以看出，乾隆二十二年的汾河改道发生于太原盆地南侧。此年以前的旧道乃是自文水经汾阳、孝义，然后进入介休县，新形成的河道则是从文水改经平遥县而入介休，汾阳、孝义二县已不是新河道所经之地。也就是说，平遥、介休县内的不少地段成为汾河新道的流经区域，由此导致两县之内的严重水患。史料记载："（汾河）历平遥至介休之孔家堡等处，则系新迁河道，流浅无槽，漫行地上；再入桥头村虽束水归槽，而东逼村舍，西皆坟墓，义棠桥以南则又两山相夹，河身紧束。是上游既无蓄水之地，下游又不能畅水之流，惟乎一经雨水，河流涨溢，频年受患也。……介休境接平遥，其新迁河道之处，地既最洼，河又无漕，漫流而南至桥头村地形转高，宣泄更缓，是以受患独深。"[①]"频年受患""受患独深"等词组将介休段水患的严重程度表露无遗。民国十七年汾河介休段发生小范围的改道，也对不少村落造成破坏。造成这次汾河改道的起因是北辛武、北盐场等村扒开汾河堤堰引水灌田，而这时的河槽已经沙淤增高，巧遇河水暴涨，"漕（槽）不能容，因而四溢漫流，遂致改道"，"共淹介休村庄十九村，情形轻重不一"[②]。民国十八年，汾河在介休朱家堡至西大期之间的20余里河段，因"历年被泥沙淤塞"，再次发生小范围改道，洪水"由中街、孔家堡等村横流"，危害严重。[③]

第二节　汾河水患的环境塑造与民众营生方式

汾河介休段地势平衍下湿，汾河经常性地改道、漫溢，河水极易在低洼地带滞流积蓄，这种态势的长期延续，遂在汾河河道两侧及附近地区形成颇具地域特性的湿地景观。明清时代"介休十景"中有"汾曲秋

① 《清代黄河流域洪涝档案史料》"1757年（乾隆二十二年）"第11条，第214页。

② 王录勋：《行知介休孝义县知事即照所拟办法迅速兴工疏河修口、已令介休县饬区兴工疏河修口由》，1928年9月1日，《山西建设公报》1930年第5期。

③ 《山西省政府十一月份行政报告》，1932年11月，第14页。

风”一景，即指汾河河道弯曲之处，“至秋而风拂波流，荡漾成文”[①]，景色颇佳。明清之际人士程万钟为诗曰：“秋深木叶落汾河，曲岸风来水欲波。满地芦花飞白絮，几行雁阵下青莎。”[②] 诗文除赞美汾河水流之美，还涉及芦苇、雁阵等动植物群体。芦苇适宜生长于水质呈中性至微碱性的泛滥沼泽地，而芦苇沼泽又成为众多水禽迁徙停歇、栖息繁殖的“天堂”。经常泛滥成灾的汾河介休段“无意间”塑造出一派充满勃勃生机的、风景绝美的湿地景观。

汾河岸畔的大片芦苇又成为地方民众十分重要的生活来源。在从康熙年间开始的多部《介休县志》中均对介休境内重要物产的空间布局加以记载，其中北乡芦苇为县境北部的一大出产，史料载：“介土弹丸，生殖有限，然五谷、六畜、蔬菜、瓜果亦足以裕民生，资日用，与他处无异，惟北乡芦苇、西南煤炭、辛武盐场、义棠铁器、师屯磨沟洪山等处瓷器，则颇足为利。”[③] 这里的“北乡”无疑是指汾河沿岸一带，“颇足为利”则揭示出芦苇在当地民众日常生活中的重要地位。当地百姓因地制宜，收割芦苇编织苇席，成为不少村落的重要产业。史料记载说：“苇席，出宋安、站、段屯等村。”[④] “站”即今天的上站村与下站村，“段屯”即今之东段屯与西段屯，连同宋安村，诸村均坐落于汾河东岸。直至民国时期，宋安村的苇席仍是制作上佳的名品[⑤]。距汾河甚近的席村，其得名据说正是因为“土地下湿，多为盐碱地，村人种植苇子，编席为生”[⑥]。可以看出，汾河岸畔以湿地植物芦苇为营生来源的村落并不在少数。

在区域内蒸发量较大的气象条件下，必然导致盐碱地的大片存在。

① 康熙《介休县志》卷一《山川·十景》，山西人民出版社2012年版点校本，第19页。

② （清）程万钟：《汾曲秋风》，康熙《介休县志》卷八《艺文志下》，山西人民出版社2012年版点校本，第246页。

③ 康熙《介休县志》卷四《食货·物产》，山西人民出版社2012年版点校本，第90页。

④ 同上书，第93页。

⑤ 民国《介休县志》卷七《物产谱·工业纪略》，山西人民出版社2012年版点校本，第197页。

⑥ 介休市地名委员会办公室、介休市地名志编辑委员会编：《介休市地名志》“席村”条，内部印行2011年版，第41页。

图 8-1　今日介休段汾河之湿地景观

说明：2013 年 11 月 28 日介休田野调查期间由介休市政协张志东先生拍摄。

这当然会严重影响到当地民众的农业耕作，但沿河民众却适应了这一“恶劣”的生存环境，发展出规模可观的土盐产业。康熙《介休县志》就记载称：“盐出县东北张南、辛武、盐场等村，近河遇旱碱生，不能种田，居民取碱熬盐，以资日用。”[①] 康熙时期的“辛武盐场”是号称“颇足为利”的地方重要利源。[②] 至嘉庆年间，官府对如火如荼的民间熬煮土盐行为已经默许，“官亦不加饬禁，民得私煮”[③]。降至民国时期，汾河沿岸村落中的土盐生产似乎更为兴盛了，这在不少资料中有详细记载，一则 1935 年的史料载：“本县盐硝产地在中街、礼成（城）、万户堡等村，年可产盐硝十余万斤。”[④] 可见当时生产规模之大。中华人民共和国成立之后的 1951 年，山西省盐务管理局曾经组织过一次全省性的土盐调查，从最终形成的调查资料中，我们能够清晰准确地了解

① 康熙《介休县志》卷四《食货·货属》，山西人民出版社 2012 年版点校本，第 93 页。

② 康熙《介休县志》卷四《食货·物产》，山西人民出版社 2012 年版点校本，第 90 页。

③ 嘉庆《介休县志》卷四《风俗·杂产》，山西人民出版社 2012 年版点校本，第 87 页。

④ 《监政周刊》1935 年第 127—128 期。

当时介休县的土盐生产状态，而这一状态无疑能够反映1949年前后的基本情形。首先，介休县内土盐产区广大，调查资料显示介休县盐场凡分布于23个村落，即赵家堡、韩屯、罗王庄、小宋曲、宋安村、下站、南桥头、东段屯、洪相、那村、北张家庄、降家寨、刘家寨、乐善村、宋家圪塔、沙堡、南辛武、万户堡、北辛武、孟村、中街、北盐场、田村，[①] 盐户所归属的村落则更多[②]。从地图上看，这23处村落呈带状布局于汾河河道两侧（参见图8－2），这集中反映出汾河水患对沿线区域巨大的环境塑造力，同时也说明地方民众有着很强的环境适应能力。其次，土盐产量可观，土盐生产成为不少村落民众的主要生活来源。这从当时对盐户的生活收入调查资料中即可窥知一二，参见表8－1。

表8－1　　1950年介休县部分盐民生活收入一览表

村别	姓名	收入情况						
		总产量	农业数	百分比	熬盐数	百分比	杂项数	百分比
韩屯村	孟起林	2458	1458	59.31	1000	40.69	—	—
韩屯村	孟　敏	2585	585	22.50	2000	77.50	—	—
韩屯村	孟连成	4151	951	22.90	3200	77.10	—	—
韩屯村	刘培华	1840	—	—	880	47.83	960	52.17
韩屯村	郝保全	5408	2808	51.92	2400	44.37	200	3.71
韩屯村	刘成基	3720	1620	46.24	2100	53.76	—	—
韩屯村	李经武	4460	1260	28.25	3200	71.75	—	—
韩屯村	胡　孝	4467	2067	46.80	2400	53.20	—	—
韩屯村	李环玉	4517	1917	42.44	2000	44.28	600	13.28
宋安村	段　恒	1950	—	—	1950	100	—	—
宋安村	马学武	2190	240	10.96	1950	89.04	—	—
宋安村	宋继豪	1712	512	29.90	1200	70.10	—	—
宋安村	孔相龙	2970	1020	34.34	1950	65.66	—	—

① 山西省盐务管理局：《榆次专区盐户典型调查·介休县》，1951年，山西省档案馆藏，档号：C28－1－6－3。

② 有些盐户并非来自23处盐场所在的村落，其中有两种可能：其一，土盐生产户租借23处盐场所在村落的土地以刮土熬盐；其二，这些盐户所在的村落亦有盐场分布，但因面积无法与23处盐场相颉颃，故当时的调查者未将其视为盐场分布地。

续表

村别	姓名	收入情况						
		总产量	农业数	百分比	熬盐数	百分比	杂项数	百分比
宋安村	郝三姣	2033	764	37.50	1269	62.50	—	—
宋安村	郝大虎	2164	585	26.15	1269	59.82	310	1403
北盐场	贾铁宝	2937	507	17.30	2430	82.70	—	—
北盐场	张二小	5917	1192	20.20	4725	79.80	—	—
北盐场	刘永吉	8302	3015	36.33	3787	45.60	1500	18.07
北盐场	曹成恒	3332	1307	39.23	2025	60.77	—	—
霍　村	张永温	3504	579	16.46	2925	83.54	—	—
霍　村	田世英	3628	703	19.40	2925	80.60	—	—
霍　村	田明成	4125	1200	29.10	2925	70.90	—	—
霍　村	王有蒜	3625	700	19.26	2925	80.74	—	—
霍　村	赵学文	3567	597	16.78	2970	83.22	—	—
霍　村	张亨有	2170	910	41.94	1260	58.06	—	—
霍　村	张明英	2360	1100	46.60	1260	53.40	—	—
罗王庄	梁世明	3134	734	23.44	2400	76.56	—	—
上站村	杜占元	7203	2043	28.37	5160	71.63	—	—
孟　村	陈学仁	4988	1238	24.90	3750	75.10	—	—

资料来源：山西省盐务管理局：《介休县盐民生活收入消耗比算表》，1950年调查，山西省档案馆藏，档号：C28-1-7-19。

调查表中共涉及47户盐民，上表随机列出了其中的30户。由上表可见，30户盐民中仅有5户的熬盐收入没有占到其总收入的一半，剩余的25户中又有16户的熬盐收入占到各自总收入的七成以上。这足以说明汾河沿线的土盐产业在民众多种营生方式中所扮演的重要角色。须知，这一切皆与区域内汾河水患多发存在密切关联。

第三节　水灾救济与河道治理

明清时代，官府对汾河介休段水患的应对措施多见灾后一次性、暂时性的灾害救济，而少见带有长远意义的河道治理行动。灾害救济表现

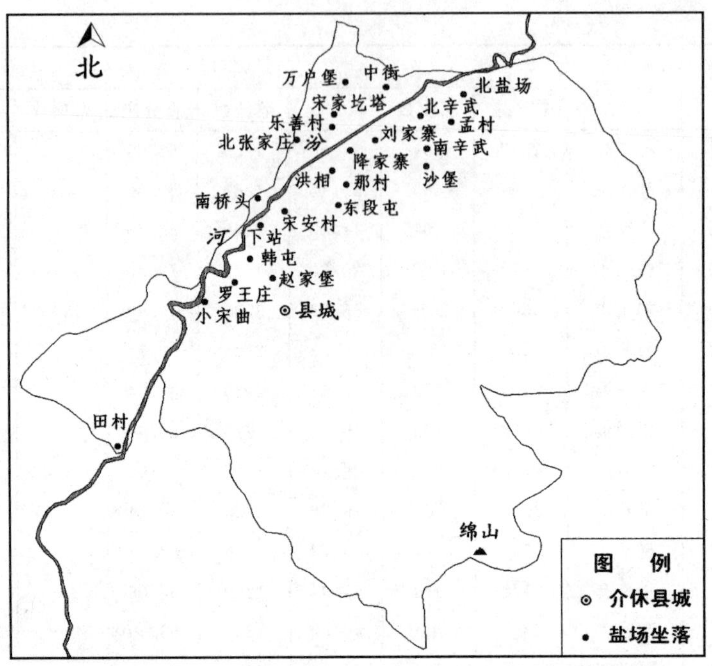

图 8－2　1949 年前后介休县盐场空间坐落示意图

说明：资料来源为山西省盐务管理局：《榆次专区盐户典型调查·介休县》，1951 年，山西省档案馆藏，档号：C28－1－6－3。

在两个方面，一为赈济，二即蠲免。赈济即用财物对灾民进行救助的方式，中国有着十分久远的灾害赈济历史，并逐渐形成严密、成熟的赈济制度，清代发展起来的以工代赈也属于赈济之列；蠲免也即免除灾区应交租税、额赋等名目，与赈济一样，是一项历史悠久的传统救济方式。两类救济方式频繁见诸明清时代介休段汾河水患的应对上。乾隆二十一年的五月，介休汾河一带淫雨成灾，大水淹没了东大期、西大期、席村等地六十余顷田禾，[1] 与介休毗邻的汾阳县汾河沿岸地区也出现了类似灾情。灾后，清廷首先采取了赈济灾民、缓征额赋的措施，《清实录》载："加赈山西介休、汾阳二县本年水灾饥民，并缓征额赋。"[2] 可能是

① 乾隆《介休县志》卷一《祥异》，山西人民出版社 2012 年版点校本，第 26 页。

② 《清高宗实录》卷五二八，乾隆二十一年十二月庚午。

此次灾害对地方造成的冲击超出了清廷起初的估计，遂在乾隆二十二年二月下令彻底免除了上年水灾地区的应征额赋，史料曰："蠲山西汾阳、介休二县乾隆二十一年分（份）水灾额赋一千八百八十两有奇，并缓蠲余银如例。"[①] 乾隆二十二年因汾河改道造成介休县发生严重水患，事后清廷一方面"赈恤山西介休县水灾饥民"[②]，同时"蠲免山西介休县水灾村庄额赋"[③]，同样采取了赈济和蠲免两种措施。乾隆二十五年夏大雨时行，汾河涨水，平遥、介休一带的临河村庄又出现洪水冲坍堤堰、淹没农田之事，清廷要求地方官府"其有雨久坍塌房屋者，量其无力，即按间给恤修费"[④]。可见这次官府采取了分发房屋修理费的方式，同样属赈济的范畴。

明清时代除官府采取的应对措施之外，民间力量亦是较为活跃的救济群体，对于介休这样士绅富户较多的县域更是如此。譬如乾隆四十年的六月，介休淫雨十余日，导致汾河涨溢，遂将包括下庄村在内的沿岸十四村田禾淹没。[⑤] 有资料记载当时下庄村的情形说："乾隆四十年，水暴涨，下庄村不能举火，（张仰龄）日煮粥赡之。"[⑥] 这显然是一次士绅富户救济弱势群体的行为。

进入民国时代，文献资料更加丰富，借此我们可以概见当时更为多元的水灾应对举措。从有关记载来看，民国时期汾河沿岸县份有着每年秋后农闲时节补修汾河坝堰、每隔一年大修一次坝堰的制度。[⑦] 但这根本无法消除汾河决溢改道事件的发生。每当水患出现之后，首先只能是堵口修河，但因种种缘由有时又难免发生县际纠纷的事件。譬如，民国十七年介休段汾河决口，导致小范围改道，沿岸泛滥成灾，山西省政府派员勘察后认为"决口原因切系河槽壅滞、淤处耕田、水无归路未曾疏

① 《清高宗实录》卷五三三，乾隆二十二年二月戊子。

② 《清高宗实录》卷五四六，乾隆二十二年九月甲辰。

③ 《清高宗实录》卷五五七，乾隆二十三年二月乙酉。

④ 《清代黄河流域洪涝档案史料》"1760年（乾隆二十五年）"第6条，第226页。

⑤ 嘉庆《介休县志》卷一《兵祥》，山西人民出版社2012年版点校本，第23页。

⑥ 嘉庆《介休县志》卷十《孝义》"张仰龄"条，山西人民出版社2012年版点校本，第354页。

⑦ 山西省政府：《山西省政府十一月份行政报告》，1932年11月，第14页。

浚所致”，遂要求决口所在地的北辛武等村“沿旧漕（槽）妥为挑挖，务始水能畅流，河归正路”[1]。北辛武村在工程即将完工之际，不料因上游平遥县沙堡村扒开汾河堤堰放水下流，致将北辛武村已筑河口完全冲毁，最终引起县际纠纷。[2]

山西官府逐渐认识到临时性的堵口筑埝仅是治标之策，“不但费巨款，并时有争斗案发生”，认为“根本挑修”方是一劳永逸之计。[3] 特别是民国二十一年汾河中游一带又造成严重水患之后，大规模挑修汾河的呼声更为高涨。为此，民国二十二年阎锡山政府在山西省建设厅之外专门成立山西水利工程委员会，聘请美国华洋义赈会总工程师塔德负责开展汾河测量工程，其中即包括自太原至介休义棠镇之间汾河河道的治理计划。该计划的主要内容为：

> 自太原木桥之北一英里处，至介休县义棠镇之附近，约长七十英里，应将河道裁湾（弯）取直，两旁修堤，沿河平行，内外堤各两道。现时河槽之顺直处，即可采用，大湾（弯）处，另开新河，深约七尺，两内堤相距五百尺，内坡以石工护岸，……外堤两道，距内堤一千五百尺。至洪水时，内堤不能容纳，即由内堤之泄水口，流入内外堤之间，内堤泄水口每次只向一边开口，如水势过大，则两边齐开。……此种设置，于汾河之洪水将有一定管束。[4]

由上引文可以发现这是一项野心勃勃的治汾规划，包含有不少相当科学的先进理念。诸如对河道进行裁弯取直、沿河修筑内外双重堤堰、内堤内坡因直接与水流接触而以石护岸、内堤开凿水口以发挥内外堤之间的缓洪功能，等等，均值得令人吸收和借鉴。然而，由于当时国库空

---

① 王录勋：《行知介休孝义县知事即照所拟办法迅速兴工疏河修口、已令介休县饬区兴工疏河修口由》，1928 年 9 月 1 日，《山西建设公报》1930 年第 5 期。

② 王录勋：《训令平遥县县长查明介休县北辛武村修筑决口工将垂成被平遥沙堡村放水冲坏拟具办法呈候核夺由》，1928 年 10 月 3 日，《山西建设公报》1930 年第 5 期。

③ 《山西省政府五月份行政报告》，1931 年 5 月，第 15 页。

④ ［美］塔德：《太原至义棠镇固定河槽问题》，载氏撰《晋省汾河测量工作报告》，山西省经济建设委员会 1941 年翻印，铅印本，第 17 页。

虚、民生凋敝、官府政策执行力低下等因素，上述治汾举措是很难最终达成的，尤其不久即开始了长达八年的抗战阶段，战乱频仍、地方不靖，这反而进一步加重了汾河水患的发生。一则1946年的档案资料记载介休汾河水患的严重程度称：

> 汾河下游介休段因十年来敌叛交蹦，河工失修，河形曲屈，河身高于两岸，每届夏季水涨，泛滥冲溢，频遭水患，致将自介休洪善村起，沿宋安村、南桥头、上站、下站、韩屯、罗王庄、东堡、西堡、小宋曲、孙畅堡、孙畅村、大安村，至义棠镇止，沿河一十四村（约长三十五里），一片汪洋，尽成泽国。十载以来，八年遭灾，人民颠沛流离，无依失所，房屋倒塌湮没，村舍为墟，农业凋敝，生产毫无。目下上站等村之人民尽皆以茅草搭盖小庵，聊避风雨。韩屯一带竟成水上街市，人民终日生活于泥泞之中，遍体癣疥，痛苦万端，此一十四村之哀哀灾黎若不迅速设法救济，势将辗转沟壑，尽成饿殍，倘使一再因循，则此后被灾村庄蔓延日广，癣疥病疫四处传染，为祸之巨诚不堪以设想。①

引文揭示出抗战胜利之后的介休段汾河依旧呈现出河形弯曲、河道淤塞、水患频仍的恶劣景象。

真正的改变发生于新中国成立以后的新时期。一幅藏于山西省档案馆的新中国成立初期的介休汾河治理图颇能说明问题。该图既能够反映出治理前的汾河河道情势，也能揭示出当时的河道治理内容。由图可见，北盐场一带和洪善村一带是介休段汾河河道最为弯曲的所在，这势必会增加汛期行洪的阻力，对沿岸村落造成巨大威胁。当时河道中建有不少土坝，可能是沿岸民众为了防止河水冲击自身村落而修筑的挡水设施；不少河段岸畔另置有不少“柳枝梢子”，当是为减少水流对河岸的冲击力而放置的；而为数众多的三角坝体同样是减小水流冲击的护岸措

① 山西省参议员孟立信等：《关于转请善救分署尽速举办急赈并函请山西省政府建设厅查照迅速促成的公函》，1946年11月8日，山西省档案馆藏，档号：B13-2-185-6。

施。图中显示此次治河的核心措施在于裁弯取直，绘图者用双虚线表示计划改弯之段落，用红颜色表示欲填土成陆之区域。总之，该图虽然仅系一幅示意图，但已使我们认识了新中国成立初期介休段汾河治理的丰富信息（参见图 8-3）。笔者认为，新中国成立后介休段汾河水患之所以大幅度减少，除在介休上游段修建水库以拦蓄洪水之外，图 8-3 所显示的裁弯取直等整理河道措施无疑也是十分重要的方式。

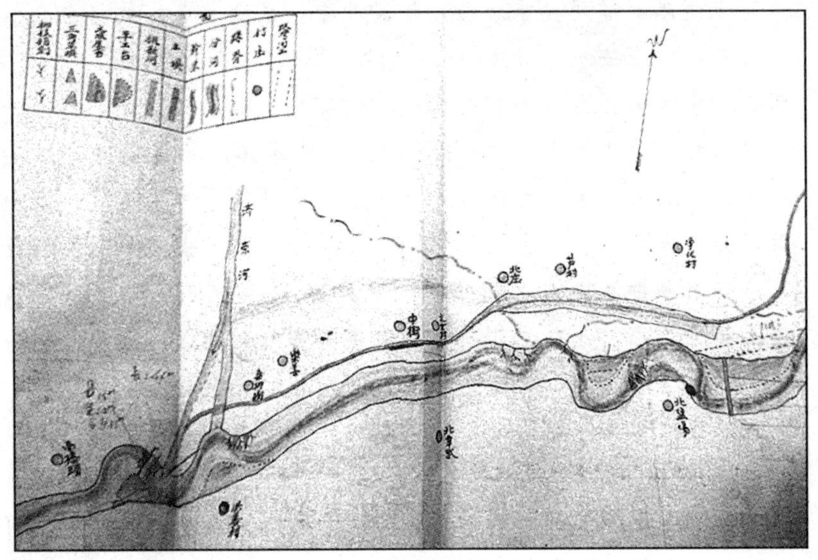

图 8-3　20 世纪 50 年代汾河介休段治理规划图

说明：地图藏于山西省档案馆，无档案号。

第四节　几点认识

其一，从学理上来看，对历史时期水患问题的研究，不能仅停留于对水患现象的复原、描述层面，亦不能满足于“水患—应对”式的线性研究路径，而应真正以人与水多元互动的理念来看待水患问题。譬如洪水的环境塑造、水患治理所造成的环境效应等问题均应引起重视。

其二，就现实意义而言，治理汾河水患不能满足于堵口修堰等层面，这仅属治标之法，而应从整个流域出发，注重综合治理，譬如要高度重视流域内的生态修复以减少泥沙含量，要建立县域之间的协调机制以防止“以邻为壑”的现象发生，要站在全流域高度做好御灾防患的制度建设。另外，我们又决然不能忽视流域内不同县份河段的个性特征，譬如每个县份所处的区位（上中下游）不同、县域内地貌类型不同、地势倾斜度不同、支流水系的发育程度不同等，均会对汾河干流带来截然不同的影响。这些均是在以后的汾河治理工作中应该高度重视的所在。

（本章由李嘎撰写）

明代以降介休灾赈大事年表
（1368—2000年）

（本表由李嘎搜集整理）

时间	灾种	灾况	资料来源
洪熙元年	水灾	九月戊申，山西布政司奏：乐平、介休二县及辽州夏秋多雨，没官民田稼二百九顷，桑一千三百三十株。命行在户部蠲免其租税	《明宣宗实录》卷九，洪熙元年九月戊申
宣德3年	旱灾	山西布政司奏：……汾州并孝义、平遥、介休三县，春夏不雨，麦谷旱死，人民乏食。……即遣官驰往发廪劝分以济之。凡有可以救荒之术，熟议以闻	《明宣宗实录》卷四四，宣德三年六月甲午
宣德6年	霜灾	山西太原府一十三县，平阳府二州六县，汾州三县及沁州等处奏，去年霜旱，秋田不收，民人饥乏。命行在户部凡其粮草悉停征	《明宣宗实录》卷八八，宣德七年三月乙巳
宣德8年	旱灾	山西蔚、浑源、绛三州，稷山、安邑、夏、万泉、介休五县各奏今年春夏不雨，苗稼旱伤，秋田无收。命行在户部蠲其租	《明宣宗实录》卷一〇三，宣德八年七月癸酉
正统6年	旱灾	正统六年，岁饥，（侯晓）出粟一千五百斛	乾隆《介休县志》卷十《孝义》
正德3年	水灾	七月，介休县大水，县南长乐乡地裂五里许，水皆下泄，月余复合	万历《山西通志》卷二十六《灾祥》
正德4年	水灾	七月，绵山水大涨，平地起波丈余，冲入南城门，几没民舍	康熙《介休县志》卷一《天文·灾异》
正德6年	旱灾	正德六年岁荒，（梁晟、董澄）各输米八百石	康熙《介休县志》卷七《人物·赈荒》
正德8年	水灾	山西平阳太原等府汾沁等州所属赵城、介休、曲沃、屯留等县大雨冰雹，平地水深丈余，冲毁人畜庐舍。诏令巡抚官赈恤	《明武宗实录》卷一〇五，正德八年十月戊戌
嘉靖28年	震灾	夜半，地大震，屋舍塌毁，人皆惊怖露处，不敢安寝	康熙《介休县志》卷一《天文·灾异》
万历14年	旱灾	旱，大饥	康熙《介休县志》卷一《天文·灾异》

续表

时间	灾种	灾况	资料来源
万历 15 年	霜灾	四月，陨霜，禾稼尽杀，流移饿殍载道	康熙《介休县志》卷一《天文·灾异》
万历 17 年	水灾	（汾河）水涨，（永利）桥坏数梁，王一魁重修，更名虹霁	康熙《介休县志》卷二《建置·桥梁》
万历 26 年	旱灾	大旱，至（万历）二十七年七月犹未雨	康熙《介休县志》卷一《天文·灾异》
万历 27 年	旱灾	二十七年夏大旱，饿殍载道，（梁遇志）输粟百石	康熙《介休县志》卷七《人物·赈荒》
万历 33 年	水灾	夏，大雨，绵山水涨，夜半流漫，冲开南城门，民居多被淹没	康熙《介休县志》卷一《天文·灾异》
万历 38 年	旱灾	秋七月，旱，饥	乾隆《介休县志》卷一《祥异》
	疫灾	瘟疫大作，死伤无数	康熙《介休县志》卷一《天文·灾异》
		九月，疫疠，多喉痹，一二日辄死	乾隆《介休县志》卷一《祥异》
万历 46 年	震灾	四月二十六日卯时，地大震，有声如雷，城垣民舍倾塌，居民多被压死，夜二鼓又震，次月初一日又震	康熙《介休县志》卷一《天文·灾异》
崇祯元年	雪灾	冬，大雨，冰雪异常	康熙《介休县志》卷一《天文·灾异》
崇祯 4 年	水灾	八月，淫雨月余，淹塌东面砖城半壁，民舍倾圮无算	康熙《介休县志》卷一《天文·灾异》
		秋，淫雨逾月，东面砖城之半及内附土垣四面凡数十处浸崩	康熙《介休县志》卷二《建置·城池》
崇祯 8 年	震灾	正月十四日卯时，地震	康熙《介休县志》卷一《天文·灾异》
	旱灾	是年秋旱	康熙《介休县志》卷一《天文·灾异》
崇祯 10 年	旱灾	春不雨	康熙《介休县志》卷一《天文·灾异》
	水灾	冬十月雨，大水五日	康熙《介休县志》卷一《天文·灾异》
崇祯 11 年	旱灾	夏旱，无麦苗；秋旱	康熙《介休县志》卷一《天文·灾异》
崇祯 12 年	水灾、蝗灾	秋八月，雨。蝗灾，大饥	康熙《介休县志》卷一《天文·灾异》
		秋八月，淫雨，蝗食禾如扫	乾隆《介休县志》卷一《祥异》

续表

时间	灾种	灾况	资料来源
崇祯 14 年	水灾	夏五月至秋九月，大雨频降，米一斗四钱，麦一斗三钱	康熙《介休县志》卷一《天文·灾异》
崇祯 15 年	霜灾	夏四月，陨霜，杀麦苗	康熙《介休县志》卷一《天文·灾异》
	旱灾	秋旱	康熙《介休县志》卷一《天文·灾异》
	水灾	九月，淫雨	康熙《介休县志》卷一《天文·灾异》
崇祯 17 年	雹灾、蝗灾	六月，雨雹，蝗伤稼	康熙《介休县志》卷一《天文·灾异》
顺治 2 年	雹灾	夏五月，雨雹，如拳，麦尽伤	康熙《介休县志》卷一《天文·灾异》
	水灾	闰六月，大水自南城门冲人，深可没人，淹民舍无算	康熙《介休县志》卷一《天文·灾异》
	震灾	闰六月二十九日子时，地震	康熙《介休县志》卷一《天文·灾异》
顺治 3 年	雹灾	五月，冰雹异常，自西北转东南	康熙《介休县志》卷一《天文·灾异》
顺治 4 年	蝗灾	夏六月，飞蝗蔽天，谷黍叶皆尽，栖枝上有压折者	康熙《介休县志》卷一《天文·灾异》
顺治 7 年	蝗灾	夏五月二十三日，蝗自西南来，与四年同，民击锣鼓驱逐，如御贼状	康熙《介休县志》卷一《天文·灾异》
顺治 8 年	水灾	夏六月，大水冲入南城门	康熙《介休县志》卷一《天文·灾异》
顺治 9 年	水灾	夏六月十六日，大雨，至七月初三日方止	康熙《介休县志》卷一《天文·灾异》
顺治 10 年	雪灾	春三月初一日，雨雪	康熙《介休县志》卷一《天文·灾异》
顺治 11 年	震灾	夏六月，地震	康熙《介休县志》卷一《天文·灾异》
	水灾	秋七月，汾河迁	康熙《介休县志》卷一《天文·灾异》
顺治 12 年	雹灾	九月十一日，雷电，雨雹	康熙《介休县志》卷一《天文·灾异》
康熙 18 年	震灾	七月十八日巳时，地震	康熙《介休县志》卷一《天文·灾异》
康熙 19 年	震灾	二月十九日，地震	康熙《介休县志》卷一《天文·灾异》
康熙 21 年	震灾	十月初十日申时，地震，钟楼摇动，悬钟坠地，民房毁塌无算	康熙《介休县志》卷一《天文·灾异》

续表

时间	灾种	灾况	资料来源
康熙 23 年	水灾	秋七月，淫雨连绵月余，民舍倾倒	康熙《介休县志》卷一《天文·灾异》
康熙 29 年	虫灾	蚜蚄伤谷黍，米一斗银三钱	康熙《介休县志》卷一《天文·灾异》
康熙 30 年	雪灾、旱灾、风灾、虫灾、水灾	三月初一日，雨雪，冻杀麦苗，至五月未雨。五月初一日，怪风大作，黄尘蔽天；十二日，厉风又作，折伤树木。七月，蚜虫食苗。闰七月，淫雨十余日，东城塌毁数十丈。岁大饥，米每斗银四钱，诸粟腾贵不等，流离饿殍载道。十二月二十三日至除日，狂风不止，夜有黑气	康熙《介休县志》卷一《天文·灾异》
	水灾	秋，淫雨多日，浸塌大城东面三十余丈	康熙《介休县志》卷二《建置·城池》
康熙 31 年	沙尘暴	正月二十一日，大风作，天雨黄霾，寅卯黄赤之气蔽天，几于黑暗	康熙《介休县志》卷一《天文·灾异》
康熙 32 年	旱灾	四月，大旱，至五月十三日始雨	康熙《介休县志》卷一《天文·灾异》
	水灾	五月十三日始雨，连绵不止，山水泛溢，北乡一带多漂没	康熙《介休县志》卷一《天文·灾异》
		八月庚子，免山西忻州、介休等八州县本年份水灾额赋有差	《清圣祖实录》卷一六〇，康熙三十二年八月庚子
康熙 34 年	震灾	四月初六日酉时，地震	康熙《介休县志》卷一《天文·灾异》
		四月初六日，震塌垛口二百五十四个	康熙《介休县志》卷二《建置·城池》
	霜灾	八月，陨霜，杀稼	乾隆《介休县志》卷一《祥异》
康熙 35 年	霜灾	秋，陨霜，杀稼	乾隆《介休县志》卷一《祥异》
康熙 36 年	旱灾	夏，大旱	乾隆《介休县志》卷一《祥异》
康熙 38 年	雹灾	闰七月，雨雹，杀稼	乾隆《介休县志》卷一《祥异》
康熙 59 年	旱灾	旱，无禾	乾隆《介休县志》卷一《祥异》
		康熙庚子、辛丑年间，比岁荒歉	乾隆《介休县志》卷十《孝义》
		康熙五十九年，岁大祲	乾隆《介休县志》卷十《孝义》
康熙 60 年	旱灾	旱，无麦，斗米至八九钱	乾隆《介休县志》卷一《祥异》
		康熙庚子、辛丑年间，比岁荒歉	乾隆《介休县志》卷十《孝义》
康熙 61 年	旱灾、疫灾	夏秋大旱，疫死民人无算	乾隆《介休县志》卷一《祥异》

续表

时间	灾种	灾况	资料来源
雍正3年	震灾	十一月，地大震	乾隆《介休县志》卷一《祥异》
雍正5年	雹灾	夏六月，雨雹，杀稼	乾隆《介休县志》卷一《祥异》
乾隆17年	雹灾	秋八月，雨雹，杀稼	乾隆《介休县志》卷一《祥异》
乾隆21年	水灾	夏五月，淫雨，东西大期、席村淹田禾六十余顷	乾隆《介休县志》卷一《祥异》
		加赈山西介休、汾阳二县本年水灾饥民，并缓征额赋	《清高宗实录》卷五二八，乾隆二十一年十二月庚午
		蠲山西汾阳、介休二县，乾隆二十一年份水灾额赋一千八百八十两有奇，并缓蠲余银如例	《清高宗实录》卷五三三，乾隆二十二年二月戊子
乾隆22年	水灾	秋七月，淫雨，汾河溢，淹中街、辛武等八村田禾八十余顷，庐舍大半冲塌	乾隆《介休县志》卷一《祥异》
		乾隆二十二年，河从文水县改流，又经平遥县入介休，至南桥村始归旧漕，此汾河近日之情形也。……介休境接平遥，其新迁河道之处，地既最洼，河又无漕，漫流而南至桥头村地形转高，宣泄更缓，是以受患独深	《清代黄河流域洪涝档案史料》1757—11，第214页
		汾州府属之介休县，于七月十九、二十等日，汾河水涨，将所属中街村、孙家寨等堤堰冲开，田禾被淹……积水一时难消，偏隅之地不免成灾	《清代黄河流域洪涝档案史料》1757—13，第214页
		赈恤山西介休县水灾饥民	《清高宗实录》卷五四六，乾隆二十二年九月甲辰
		蠲免山西介休县水灾村庄额赋	《清高宗实录》卷五五七，乾隆二十三年二月乙酉
乾隆23年	水灾	五月初二、三两日得有透雨……滨临汾河之平遥、介休等县，连年汾水涨发即淹漫地亩……此次雨水骤下，文水、平遥、介休境内堤岸即坍有数口，幸水势甚小，旋即堵塞，地土干燥，水易消涸	《清代黄河流域洪涝档案史料》1758—4，第219页
		六月望，大雨三日，汾河溢，淹礼城、盐场等十八村田禾三百余顷	乾隆《介休县志》卷一《祥异》
		又文水、介休二县亦与平遥县同时（指六月初七日——笔者注）被汾水冲漫，淹及村庄地亩	《清代黄河流域洪涝档案史料》1758—5，第219页

续表

时间	灾种	灾况	资料来源
乾隆23年	水灾	赈恤山西静乐、文水、平遥、介休、乐平、长子、阳曲、交城、兴县、宁武、沁源、平定、代州、蒲县等州县，水旱雹灾饥民口粮籽种	《清高宗实录》卷五六六，乾隆二十三年七月戊戌
		蠲缓山西阳曲、平遥、介休、大同、平定五州县乾隆二十三年水灾雹灾额赋	《清高宗实录》卷五八五，乾隆二十四年四月癸酉
乾隆24年	旱灾	麦秋大旱，无禾，斗米一两三钱	乾隆《介休县志》卷一《祥异》
		乾隆己卯、庚辰间，连岁不登，民多菜色	乾隆《介休县志》卷十《孝义》
		邑大旱，(知县巫慧)截留河南陕州米三万石平粜	光绪《介休县志·建制志·秩官》
		乾隆二十四年饥，(曹武栋)为粥以食饿者，复以米给寡弱，多所全活	嘉庆《介休县志》卷十《孝义》
		谕晋省太原等属，六月间均沐甘霖大沛，……惟是各州县内，有初夏麦收既歉而得雨之后补种，多费工力，农民未免拮据。朕深为轸念，著加恩将太原，……汾阳、平遥、介休、孝义……等二十五州县，本年应征银米仓谷，缓至秋收后催征，以纾民力	《清高宗实录》卷五九一，乾隆二十四年闰六月壬寅
乾隆25年	雹灾	夏四月，雨雹，杀稼	乾隆《介休县志》卷一《祥异》
	旱灾	乾隆己卯、庚辰间，连岁不登，民多菜色	乾隆《介休县志》卷十《孝义》
	水灾	太原、汾州相接之文水、徐沟、平遥、介休等邑，濒临汾河，一二百里之间地最低洼，原即古祁昭余之泽，此等村庄地亩，每至大雨时行，汾流涨发，时有泛滥，淹没沿河地亩之事。……据禀，平遥、介休二县，临河村庄间有冲坍堤堰，淹及禾苗之处，甚属无几，其有雨久坍塌房屋者，量其无力即按间给恤修费	《清代黄河流域洪涝档案史料》1760—6，第226页
乾隆26年	水灾	秋七月，大水	乾隆《介休县志》卷一《祥异》
		晋省地方于七月十五、十六、十七等日大雨连绵，河水涨发，一时宣泄不及，……续据汾州府属之汾阳、介休、孝义三县……均因七月望后连日大雨，低洼之地被水淹漫，瓦土房屋多有坍塌，幸未伤损人口牲畜	《清代黄河流域洪涝档案史料》1761—7，第231页
		自七月望后省南各属频降雨泽，大小山河无不涌涨。……陆续接据汾州府属汾阳、介休、孝义三县……各禀报属内近河村庄，于七月十五、十六、十七等日先后被水	《清代黄河流域洪涝档案史料》1761—8，第231页

续表

时间	灾种	灾况	资料来源
乾隆 33 年	水灾	夏六月，淫雨，汾河溢	乾隆《介休县志》卷一《祥异》
乾隆 40 年	水灾	夏六月，淫雨经旬，汾河溢，淹下庄等三十六村禾稼	嘉庆《介休县志》卷一《兵祥》
		乾隆四十年，水暴涨，下庄村不能举火，（张仰龄）日煮粥赡之	嘉庆《介休县志》卷十《孝义》
乾隆 41 年	水灾	夏五月，汾河溢，淹北张家庄等十四村禾稼	嘉庆《介休县志》卷一《兵祥》
乾隆 49 年	水灾	乾隆四十九年，山水暴涨，人受漂溺，（李光明）独力筑堤，（义棠）村赖以全	嘉庆《介休县志》卷十《孝义》
乾隆 50 年	旱灾	由介休至汾州、霍州、平阳、绛州、蒲州均未得雨，百姓多有刨挖野菜，采取榆钱充食（者）	《清高宗实录》卷一二三一，乾隆五十年五月乙丑
乾隆 53 年	旱灾	岁歉，（张仰龄）捐米二十余石以赈，并施棺瘗亡者	嘉庆《介休县志》卷十《孝义》
		乾隆五十四年饥，（马震）尽出其粟以赈，并以其余施近村饿者	嘉庆《介休县志》卷十《孝义》
乾隆 54 年	旱灾	岁饥，（任帝武）与郭桐、乔定国、宋邦侯、郭淇注等，各捐粟以赈	嘉庆《介休县志》卷十《孝义》
		乾隆已酉岁歉，（李日暹）率同志多方募赈	嘉庆《介休县志》卷十《孝义》
乾隆 59 年	虫灾、雹灾	秋八月，蚜蝣食禾，是月，复冰雹伤稼	嘉庆《介休县志》卷一《兵祥》
嘉庆 5 年	水灾	秋七月，大雨，汾河溢	嘉庆《介休县志》卷一《兵祥》
嘉庆 7 年	水灾	秋七月，汾河溢，淹田禾	嘉庆《介休县志》卷一《兵祥》
嘉庆 9 年	旱灾	大旱	光绪《介休县志・地理志・水利》
嘉庆 10 年	旱灾	大旱	光绪《介休县志・地理志・水利》
		嘉庆十年岁饥，（李觐光）捐金恤同里，继又捐二千金，集众资，建土桥，使远方穷民，得以自食其力。同时，若秦树村温泰履、温泽，下庄村陈介廉，理同常裕六，卫守备杨在泮，俱捐金输粟，敦任恤之谊	嘉庆《介休县志》卷十《孝义》
		贷山西浮山、岳阳、……汾阳、孝义、平遥、介休……四十州县上年歉收贫民仓谷	《清仁宗实录》卷一五八，嘉庆十一年三月辛酉

续表

时间	灾种	灾况	资料来源
嘉庆11年	水灾	夏六月、秋七月，大水，淹张家庄等十八村禾稼	嘉庆《介休县志》卷一《兵祥》
	旱灾	嘉庆丙寅年，岁大饥，（张企俨）捐千金以赈。在城绅士郭文魁等各捐金有差，村中诸富室，亦各输金粟于其乡。时虽旱，而不为灾	嘉庆《介休县志》卷十《孝义》
		丙寅岁饥，（田士孝）施粥于其乡，多所全活	嘉庆《介休县志》卷十《孝义》
嘉庆12年	水灾	夏六月，大雨，汾河溢	嘉庆《介休县志》卷一《兵祥》
道光26年	水灾	绵山水入迎翠门，淹民居	光绪《介休县志·建制志·城池》
光绪2年	旱灾	旱	光绪《介休县志·地理志·水利》
		山西太原等府本年夏间亢旱，秋禾收成歉薄，而汾州府属之介休县、平遥县为尤甚。该地方官并不详报，贫民糊口维艰，亟应妥筹抚恤	《清德宗实录》卷四四，光绪二年十二月乙未
		蠲缓山西阳曲、永和、介休、蒲、太原、隰、临汾、萨拉齐等八厅州县被灾歉收地方额赋钱粮米豆有差	《清德宗实录》卷四五，光绪二年十二月壬子
光绪3年	旱灾	大旱	光绪《介休县志·地理志·水利》
		四月大祲，饿殍载道，人相食，有父子、夫妻自相食者	民国《介休县志》卷三《大事谱》
		光绪丁丑、戊寅大旱，饥骨髋然，缙绅郭可观、冀以公、王家鹤等购南门外地九亩瘗遗骸，凡三千五百余具	光绪《介休县志·建制志·公廨》
		本年山西春麦歉收，自夏徂秋，未得透雨，禾苗枯槁，杂粮仍复萎黄。小民罹此奇灾，实堪悯恻。所有阳曲、太原、……介休……八十二厅州县乏食贫民，著不分成灾分数，先行正赈一个月口粮。其被灾十分者，极贫加赈四个月，次贫加赈三个月；被灾九分者，极贫加赈三个月，次贫加赈两个月；被灾八分七分者，极贫加赈两个月，次贫加赈一个月；被灾六分者，极贫加赈一个月，以赡穷黎	《清德宗实录》卷六十，光绪三年十月乙巳
		蠲缓山西阳曲、太原、……汾阳、孝义、平遥、介休……七十五州县，暨托克托城、和林格尔、萨拉齐三厅，被旱被雹被霜地方钱粮民米豆有差	《清德宗实录》卷六四，光绪三年十二月丙申
		介休、平遥等县两年不雨，禾稼俱无	《申报》光绪三年九月二十日

续表

时间	灾种	灾况	资料来源
光绪4年	旱灾	大旱	光绪《介休县志·地理志·水利》
		光绪丁丑、戊寅大旱，饥骨髋然，缙绅郭可观、冀以公、王家鹤等购南门外地九亩瘗遗骸，凡三千五百余具	光绪《介休县志·建制志·公廨》
		豁免山西阳曲、太原……介休……五十六厅州县被旱地方历年带征钱粮	《清德宗实录》卷七十八，光绪四年九月癸亥
	水灾	蠲减山西祁、介休、……共二十九厅州县秋禾被灾，并成熟各村庄钱粮	《清德宗实录》卷八六，光绪五年正月辛未
		九月，中街、礼城村、宋家圪塔、小圪塔、桑柳树、乐善村、孙家寨、北辛武、万户堡、孔家堡、那村等十三村，汾河出，淹没秋禾	民国《介休县志》卷三《大事谱》
		介休县属北辛武等十村被水，成灾十分，其余各村庄成灾五分	《清代黄河流域洪涝档案史料》1878—1，第693页
光绪5年	水灾	汾河出岸，淹没北张家庄、北辛武、乐善村、宋家圪塔、中街、礼城村、北盐场、朱家堡、宋曲、大宋曲、孙畅堡、西刘屯、上站、韩屯等村。又山河水淹没遐壁、龙凤村、常乐村、南庄等村秋禾	民国《介休县志》卷三《大事谱》
		蠲缓山西太原、徐沟、祁县、交城、文水、汾阳、平遥、介休、孝义……二十厅州县被灾村庄应征新旧钱粮暨杂课有差	《清德宗实录》卷一〇九，光绪六年二月乙巳
光绪6年	水灾	据太原、徐沟、文水、长治、汾阳、平遥、介休、孝义、萨拉齐等厅县，先后禀报被水；……兹据勘明各该厅县，或滨临黄、汾、文、峪等河，因雨水过多冲决河堤，或雷雨带雹，以致田禾被伤，收成歉薄	《清代黄河流域洪涝档案史料》1880—2，第702页
		介休县，上岭后等八十七村，水冲荒地九十七顷五十六亩三分	《清代黄河流域洪涝档案史料》1880—4，第703页
		蠲缓山西太原、徐沟、文水、汾阳、平遥、萨拉齐、阳曲、介休、孝义、沁源、和林格尔、赵城十二厅县被水、被雹地方新旧钱粮有差	《清德宗实录》卷一百二十五，光绪六年十二月辛酉
光绪9年	待考	蠲缓山西阳曲、太原、……介休……十七厅州县被水、被雹、被霜、被碱各地方新旧钱粮有差	《清德宗实录》卷一七六，光绪九年十二月壬申

续表

时间	灾种	灾况	资料来源
光绪 10 年	水灾	据太原府属之阳曲、太原、文水、徐沟，汾州府属之汾阳、平遥、介休、孝义，大同府属之应州、大同、怀仁、山阴，雁平道属之代州，归绥道属之萨拉齐厅，各厅州县先后禀报，被水、被碱。……各厅州县被灾村庄，或为汾水所淹浸，或为文峪河所漫溢，或山泉暴涨，或雨雹受伤，或地湿咸蒸，或气寒霜早，加以本年夏雨愆期……收成歉薄	《清代黄河流域洪涝档案史料》1884—1，第 727 页
		蠲缓山西阳曲、太原、文水、徐沟、汾阳、平遥、介休、孝义……十九州县暨萨拉齐厅被灾地方新旧钱粮有差	《清德宗实录》卷二，光绪十年十二月乙未
光绪 12 年	水灾	据太原、榆次、徐沟、祁县、太谷、平遥、介休、文水、汾阳等县先后禀报，各县皆因六月二十四、五等日，霖雨过多，汾水泛滥，山河陡涨，被淹村庄自十余村以致六七十村不等，田禾房屋均有伤损	《清代黄河流域洪涝档案史料》1886—4，第 738 页
		本年六月二十四、五等日，昼夜倾盆大雨，各处山水暴发汇注，汾河宣泄不及，溢而出槽，改道横流，冲决堤圩，……惟查此次水灾，为数十年来所未曾见。现已据报成灾者阳曲、太原、榆次、太谷、祁县、徐沟、文水、汾阳、孝义、平遥、介休、灵石、广灵等十三县，淹毙民人共五十余口，倒塌民房至二万余间	《清代黄河流域洪涝档案史料》1886—5，第 738 页
		（山西巡抚刚毅）又奏："太原、榆次、徐沟、祁、太谷、平遥、介休、文水、汾阳等县，同时被水。"得旨："即著饬令各该县查明被灾户口，分别轻重情形，妥为赈恤，毋任失所。"	《清德宗实录》卷二三，光绪十二年七月甲寅
		光绪十二年六月，汾水大涨，决会垣北之金刚堰，坏城西南隅，损官廨营房民居数千家；阳曲以南至介休汾滨，田禾室庐多遭荡没	（清）张楷：《浚修介休县义棠镇河桥碑》，《明清山西碑刻资料选（续一）》，山西古籍出版社 2007 年版，第 168—169 页
光绪 14 年	待考	蠲缓山西阳曲、文水……介休十五州县，暨清水河、和林格尔、萨拉齐三厅被水、被旱、被雹、被碱地方新旧钱粮正杂税课有差	《清德宗实录》卷二六三，光绪十四年十二月癸卯
光绪 15 年	待考	蠲缓山西阳曲、太原、……介休十九厅州县被水、被旱、被雹、被碱地方新旧钱粮及米、豆、土盐各税有差	《清德宗实录》卷二七八，光绪十五年十二月乙酉

续表

<table>
<tr><th>时间</th><th>灾种</th><th>灾况</th><th>资料来源</th></tr>
<tr><td>光绪 16 年</td><td>水灾</td><td>六月，大雨，南山猛水入迎翠门，东北坊被淹，西段屯被淹，堡坏</td><td>民国《介休县志》卷三《大事谱》</td></tr>
<tr><td rowspan="5">光绪 17 年</td><td rowspan="5">震灾</td><td>三月，地震，城南等村圮坏屋宇尤剧</td><td>民国《介休县志》卷三《大事谱》</td></tr>
<tr><td>山西地震：三月初九日，太原府属辰刻地震，声自西南而东北，窗纸作飒飒声。逾时又震，则房屋动荡，几致塌坍。午正时复震。介休县属狂风大作，地震山摇。风定后，查悉县东段屯庄房屋坍倒甚多，压毙男妇一百数十口</td><td>《益闻录》光绪十七年辛卯四月十六日</td></tr>
<tr><td>当（三月）初九日，介休县狂风大作，自西往东约计二百里之遥，地动山摇，乾旋坤转。风定查悉，县之东偏段屯庄房屋坍倒，压毙男妇一百数十口</td><td>(清) 储仁逊:《莳心堂闻见录》</td></tr>
<tr><td>谕军机大臣等：“……山西介休、孝义二县地震，……均经该督抚等委员查勘，即著迅速办理，并将来春应否接济之处，一并查奏，于封印前奏到。”</td><td>《清德宗实录》卷三〇二，光绪十七年十月甲午</td></tr>
<tr><td>三月（阳历四月十七日）介休、孝义间地震。介休仓库、监狱、城墙、城垛及城乡官民房屋均有倒塌、陷裂，上下城南及西南靳屯、常乐、西湛泉、南庄等村房屋有成间、成院倒塌者，死五人，伤三十余人</td><td>转引自张杰编《山西自然灾害史年表》，内部资料 1988 年印行，第 286—287 页。原出处不详</td></tr>
<tr><td rowspan="2">光绪 18 年</td><td rowspan="2">水灾</td><td>介休县被水成灾九分之东北里、仙台、窑则头等三村应征……又被水成灾七分之孟村、邹（坞）城店等二村应征……又勘不成灾之南雨（两）水村等一十一村应征……又东北里、窑则头等一十五村，内有依山傍河之地，屡被水冲、沙石压积不能耕种共地二十三顷一十亩</td><td>《清代黄河流域洪涝档案史料》1892—3，第 797 页</td></tr>
<tr><td>蠲缓山西阳曲、太原……介休……四十六厅州县被旱、被水、被雹、被霜、被碱地方新旧钱粮杂课</td><td>《清德宗实录》卷三一九，光绪十八年十二月戊寅</td></tr>
<tr><td>光绪 24 年</td><td>水灾</td><td>介休县属之西北里等十三村，近河地亩多被水冲石压，不堪耕种地一千八十三亩</td><td>《清代黄河流域洪涝档案史料》1898—2，第 850 页</td></tr>
</table>

续表

时间	灾种	灾况	资料来源
光绪26年	旱灾	缓征山西岚、汾阳……介休……三十五州县被旱地方应征上忙钱粮	《清德宗实录》卷四百七十，光绪二十六年闰八月辛丑
		谕内阁：朕恭奉慈銮，暂行巡幸西安。自太原以至蒲州，所过地方，颇形旱象。农民困苦，朕心轸念实深。着将阳曲、太原……介休……等州县属凡跸路所经地方应征本年钱粮，加恩豁免	《清德宗实录》卷四百七十一，光绪二十六年闰八月癸亥
光绪27年	水灾	夏，水淹三佳等村	民国《介休县志》卷三《大事谱》
		蠲缓山西阳曲、太原……介休……四十二厅州县被灾田亩新旧额赋	《清德宗实录》卷四九二，光绪二十七年十二月丙辰
宣统2年	雹灾	五月初九日，雹大如桃，小如豆，伤龙凤村、东湛泉、大许村、义安村、沙堡庄、北两水、永庆村、张良村禾稼无算	民国《介休县志》卷三《大事谱》
		蠲缓山西阳曲、太原、……介休……三十八厅州县被灾地亩新旧钱粮杂课及原缓银米有差	《宣统政纪》卷四七，宣统二年十二月甲午
宣统3年	雹灾	五月十六日夜，冰雹打伤秦树、梁家村、西欢村、四家窑等村禾稼，秦树村房屋十余间	民国《介休县志》卷三《大事谱》
民国元年	水灾	九月，汾河溢，淹没禾稼，小圪塔、北张家庄、南桥头等村尤剧	民国《介休县志》卷三《大事谱》
民国2年	水灾	八月，山水暴涨，汾河水出岸，淹没北乡桥头等十余村、西乡师屯等、东乡孟村等十余村	民国《介休县志》卷三《大事谱》
民国3年	虫灾	六月，乐善村、万户堡等十二村，麦生黄疸，秋禾虫伤	民国《介休县志》卷三《大事谱》
	水灾	七月，汾河、文峪河二水出岸，北张家庄等四十三村秋禾淹没	民国《介休县志》卷三《大事谱》
民国4年	蝗灾、水灾	八月，西乡一带发生蝗蝻，南乡水决堤堰，秋禾淹没	民国《介休县志》卷三《大事谱》
民国5年	雹灾	七月，仙台、北盐场、南盐场、朱家堡、穆家堡、张兰镇、涧里村、上下岭后、强南村、大甫村、上梁村、桑儿峪，冰雹伤禾	民国《介休县志》卷三《大事谱》
民国6年	雹灾	四月，乐善等村冰雹形如枣杏，伤麦	民国《介休县志》卷三《大事谱》
	水灾	八月，汾、文两河水溢，席村等村秋禾淹没	民国《介休县志》卷三《大事谱》

续表

时间	灾种	灾况	资料来源
民国8年	雹灾、水灾	五月，洪山等村冰雹伤麦，六月，北张家庄等村冰雹伤稼，又被水淹	民国《介休县志》卷三《大事谱》
民国9年	旱灾	秋，大旱，张兰镇等三十余村秋禾未获	民国《介休县志》卷三《大事谱》
民国11年	水灾	六月朔，大雨，辰刻山水暴涨，自迎翠门入城，水势甚大猛，城不没者寸许，八坊被劫甚众。义棠、孙畅、大小宋曲等村，淹没亦多，常乐村阖村全没，房屋、牛马、积粮损失无算，伤人百十余	民国《介休县志》卷三《大事谱》
		民国十一年六月，水淹常乐等村，绅董郭成基、任步瀛等复循故道浚之（指城西河——笔者注）	民国《介休县志》卷九《山川略》
民国17年	水灾	本年七月间，汾水暴涨，冲决孟村、北辛武等村标堰，以致旧河槽淤塞，横水漫流	王录勋：《指令介休县县长呈覆被灾各村冲决情形及河水决口地点绘具图说请鉴核备查由》，1928年11月14日，《山西建设公报》第6期（1930年），第53页
		此次水患共淹介休村庄十九村，情形轻重不一，……此番水灾因北辛武、北盐场等村标堰开口引水灌地，且旧槽积高，水不畅流，巧遇河水暴涨，槽不能容，因而四溢漫流，遂致改道	王录勋：《行知介休孝义县知事即照所拟办法迅速兴工疏河修口、已令介休县饬区兴工疏河修口由》，1928年9月1日，《山西建设公报》第5期（1930年），第87页
民国18年	旱灾	大旱	新修《介休市志》第二编《自然环境·自然灾害·旱灾》
	水灾	平（遥）、介（休）接壤之处朱家堡村北首至介休西大期等村二十余里河身，历年被泥沙淤塞，于民国十八年改道，由中街、孔家堡等村横流，以后迭遭水患	《山西省政府十一月份行政报告》1932年11月，第14页
民国21年	旱灾	洪山源神池枯涸断流，洪山、石屯、曹麻等10余村受灾	新修《介休市志·大事记》
民国24年	旱灾	春夏旱	新修《介休市志》第二编《自然环境·自然灾害·旱灾》
民国26年	水灾	6月3日，介休境内汾河堤坝决口多处，山西省河务局派员勘察治理	新修《介休市志·大事记》

续表

时间	灾种	灾况	资料来源
民国28年	水灾	孙畅堡等四十九村被水成灾，淹没甚重	《汾河沿岸各县城村镇历年水灾情形》，载山西省经济建设委员会：《山西省汾河河渠坝堰机水灌田、水文灾情运输水系调查概况》，民国三十年铅印本
民国31年	旱灾	介休县旱情严重	山西省水利厅编：《汾河志》第四章《自然灾害》，山西人民出版社2006年版，第182页
民国35年	水灾	5月8日晚间至9日凌晨，大雨沛降，山水暴发，怒涛冲坏西城门，汹涌入城，城内较低街巷积水成河，断绝行人，幸而各处房屋坚固，未被摧毁	介休县政府：《关于报本县山水暴发波及县城经过情形敬请鉴核备查的代电》，1946年5月11日，山西省档案馆藏，档号：B13-2-185-4
1953年	水灾	6月5日，大雨，伴有冰雹，石河山洪暴发，淹没两岸农田280余亩，一辆马车和两个行人在河滩被洪水冲走	新修《介休市志·大事记》
1954年	水灾	9月2日，阴雨，汾河水暴涨，淹没农田5000余亩，韩屯、宋安等村为重灾区	新修《介休市志·大事记》
1955年	旱灾	本年春、秋大旱，农业歉收	新修《介休市志·大事记》
1956年	风灾、雹灾	7月25日，城乡大部地区连续遭受强风、暴雨和冰雹侵袭，刮倒树木300余棵，倒塌房屋8间，9人被冰雹打伤	新修《介休市志·大事记》
	震灾	9月25日，介休发生4级地震	新修《介休市志》第二编《自然环境·自然灾害·地震》
1959年	水灾	入夏以来，晋中、晋北地区降雨十分频繁，……如晋中全区八月份即有十八天降雨，……致使汾阳、介休、平遥等五县有六百四十六个村庄受灾，其中三十四个村庄被淹，六十九个村庄被水包围，淹没土地五十六万九千四百九十七亩，因灾死二十三人，伤十人，……塌房三千零七十六间，损失粮食四十九万三千八百多斤……	山西省生产救灾委员会：《关于山西一九五九年自然灾害情况的报告》（1959年10月8日），转引自张杰编《山西自然灾害史年表》，1988年印行，第329页
1960年	旱灾等	山西省遭受了十分严重的旱灾和猛烈风、冻、洪、雹等灾害，……是新中国成立十年来遭灾最重的一年。……受灾最重的县有芮城……等十三个县（市），受灾次重的有浮山……介休……等二十一个县（市）	山西省生产救灾委员会：《关于山西省一九六〇年自然灾害情况的初步综合报告》（1960年9月9日），转引自张杰编《山西自然灾害史年表》，第331页

续表

时间	灾种	灾况	资料来源
1962 年	霜灾	4 月中旬，霜冻伤麦	新修《介休市志·大事记》
	疫灾	7 月，义安、万户堡等 11 个公社的 90 余村流行伤寒，患病人数达千余人，死亡 15 人	新修《介休市志·大事记》
	旱灾	介休秋作物一半以上苗不全，湛泉、三道河、罗王庄一带自流井大部分因旱断流报废	《汾河志》第四章《自然灾害》，第 183 页
1964 年	水灾	8 月中旬，北辛武一带降暴雨，仅北盐场村就有 290 户被淹，倒塌房屋 46 间	新修《介休市志·大事记》
1965 年	旱灾	夏，大旱，境内多处泉水、河流干涸断流	新修《介休市志·大事记》
1968 年	水灾	9 月下旬，阴雨不绝，秋作物大面积受灾。全县倒塌房屋 600 余间	新修《介休市志·大事记》
1971 年	震灾	4 月 24 日，介休发生 4.7 级地震	新修《介休市志》第二编《自然环境·自然灾害·地震》
	水灾	6 月 25 日，介休樊王河暴发洪水，河堤决口 11 处，连福、义安两公社受淹，受灾 3335 亩	《汾河志》第四章《自然灾害》，第 161 页
	水灾	8 月 4 日，东涧河发洪水，农田受灾面积 3300 亩，洪水冲入张兰镇内，冲断南同蒲铁路；同日龙凤河洪水淹南张家庄村，死 1 人	《汾河志》第四章《自然灾害》，第 161 页
1972 年	旱灾	春，连续 4 个月干旱无雨	新修《介休市志·大事记》
1975 年	雹灾	6 月 5 日，义棠一带遭受冰雹侵袭，农作物严重受损	新修《介休市志·大事记》
1976 年	水灾	8 月 19 日至 29 日，介休县连续阴雨 11 天，降水 108 毫米，平川内涝成灾	《汾河志》第四章《自然灾害》，第 161 页
	雹灾	9 月 27 日，全县普遭冰雹袭击，6.4 万亩农田受灾	新修《介休市志·大事记》
1977 年	水灾	6 月 23 日至 30 日，介休县阴雨持续 7 天，降雨 118 毫米，平川内涝成灾	《汾河志》第四章《自然灾害》，第 162 页
	水灾	8 月 5 日至 6 日，介休普降暴雨，历时近 40 小时，最大降雨量达 350 毫米，致使山洪暴发，河水猛涨，淹没农田和部分村庄及铁路，南同蒲铁路中断行车 10 余天	新修《介休市志》第二编《自然环境·自然灾害·水灾》
1978 年	雹灾	5 月 17 日，全县发生雹灾，持续 10 分钟，小麦被打掉麦芒，秋苗被打光	新修《介休市志·大事记》

续表

时间	灾种	灾况	资料来源
1979年	震灾	6月19日，境内发生5.2级地震，震中在宋古一带，城镇、西靳屯震灾较重。全县倒塌房屋596间，死3人，伤178人。1月后，又发生3级地震	新修《介休市志·大事记》
	水灾、雹灾	8月13日，秦树、大靳、西靳屯等地遭受暴雨和冰雹袭击，受灾农田达17000余亩。小靳一村民被冰雹击死	新修《介休市志·大事记》
1984年	雹灾	5月26日，雹灾，全县受灾面积24万亩	新修《介休市志·大事记》
1985年	水灾	9月10日至17日，淫雨连绵，累计降水188.3毫米，造成洪涝灾害，倒塌房屋1614间，淹没农田12961亩，粮食减产800万公斤	新修《介休市志》第二编《自然环境·自然灾害·水灾》
1988年	水灾	7月下旬，城乡普降暴雨，全县30多个村庄，1460户被淹，南贾村洪水接近村民窑顶，全县倒塌房屋550余间，淹没农田20000余亩	新修《介休市志·大事记》
1990年	震灾	2月20日，平遥发生3.7级地震，介休县板峪村、泉泉村房屋裂缝	新修《介休市志》第二编《自然环境·自然灾害·地震》
1994年	虫灾	春，小麦发生蚜虫危害。据测，百株虫量高达400多头，受灾面积10万亩	新修《介休市志·大事记》
1996年	水灾	受太平洋副高北抬及8号台风的影响，山西东部沿太行山脉自北向南一线及整个汾河流域，自8月5日起发生一次较大洪水。其中介休市7个乡镇、21个村庄、31500人受灾，淹没农田3万亩，冲毁土地1500亩，冲垮汾河吊桥2座，有68户、205间房屋倒塌或受损，3个乡镇企业水毁损失150万元，冲坏高灌站10处，水利设施24处，防渗渠道20公里	《汾河志》第四章《自然灾害》，第171页

参考文献

一　史料类

1. 正史、类书、文集、笔记、地理总志等

（汉）司马迁：《史记》，校勘本，中华书局 1997 年版。
（汉）班固：《汉书》，校勘本，中华书局 1997 年版。
（南朝·宋）范晔：《后汉书》，校勘本，中华书局 1997 年版。
（唐）房玄龄等：《晋书》，校勘本，中华书局 1997 年版。
（北齐）魏收：《魏书》，校勘本，中华书局 1997 年版。
（唐）魏征等：《隋书》，校勘本，中华书局 1997 年版。
（后晋）刘昫等：《旧唐书》，校勘本，中华书局 1997 年版。
（元）脱脱等：《宋史》，校勘本，中华书局 1997 年版。
（汉）桓谭撰，朱谦之校辑：《新辑本桓谭新论》，中华书局 2009 年版。
（汉）郑玄注，（唐）贾公彦疏：《周礼注疏》，清嘉庆刻本。
（汉）刘向编著，石光瑛校释：《新序校释》，中华书局 2001 年版。
（晋）杜预集解，（唐）孔颖达疏：《春秋左传注疏》，清文渊阁《四库全书》本。
（南朝·梁）宗懔：《荆楚岁时记》，清文渊阁《四库全书》本。
（北魏）郦道元注，杨守敬、熊会贞疏：《水经注疏》，江苏古籍出版社 1989 年版。
（北魏）贾思勰著，石声汉校释：《齐民要术今释》，中华书局 2009 年版。
（唐）杜佑：《通典》，中华书局 1988 年版。

（唐）柳宗元：《增广注释音辩唐柳先生集》，《四部丛刊》本。
（唐）徐坚：《初学记》，中华书局 1962 年版。
（唐）欧阳询：《艺文类聚》，上海古籍出版社 1965 年版。
（唐）李吉甫撰，贺次君点校：《元和郡县图志》，中华书局 1983 年版。
（唐）白居易辑：《白孔六帖》，清文渊阁《四库全书》本。
（唐）白居易：《白氏长庆集》，《四部丛刊》初编本。
（唐）杜甫撰，（宋）王洙、赵次公注：《分门集注杜工部诗》，《四部丛刊》本。
（唐）方干：《玄英集》，清文渊阁《四库全书》本。
（唐）李涪：《刊误》，清文渊阁《四库全书》本。
（唐）权德舆：《权载之文集》，《四部丛刊》本。
（宋）王溥辑：《唐会要》，清武英殿聚珍版丛书本。
（宋）李昉等编：《太平御览》，清文渊阁《四库全书》本。
（宋）李昉等编：《文苑英华》，中华书局 1966 年版。
（宋）李焘：《续资治通鉴长编》，中华书局 1992 年版。
（宋）乐史撰，王文楚等点校：《太平寰宇记》，中华书局 2007 年版。
（宋）欧阳忞撰，李勇先等校注：《舆地广记》，四川大学出版社 2003 年版。
（宋）祝穆辑：《古今事文类聚》，清文渊阁《四库全书》本。
（宋）洪兴祖补注：《楚辞补注》，凤凰出版社 2007 年版。
（宋）王安石：《周官新义》，清文渊阁《四库全书》本。
（宋）陈祥道：《五礼通考》，清文渊阁《四库全书》本。
（宋）张载：《张子全书》，上海中华书局影印四部备要本 1936 年版。
（宋）程颢、程颐撰辑：《河南程氏外书》，明弘治陈宣刻本。
（宋）罗泌：《路史》，清文渊阁《四库全书》本。
（宋）王昭禹：《周礼详解》，清文渊阁《四库全书》本。
（宋）王应麟：《玉海》，清文渊阁《四库全书》本。
（宋）王观国：《学林》，清文渊阁《四库全书》本。
（宋）许翰：《襄陵文集》，清文渊阁《四库全书》本。
（宋）叶梦得：《石林燕语》，明正德刻本。
（宋）宋敏求：《春明退朝录》，清文渊阁《四库全书》本。

（宋）宋祁：《景文集》，清武英殿聚珍版丛书本。
（宋）欧阳修：《欧阳文忠公集》，《四部丛刊》本。
（宋）蔡绦：《铁围山丛谈》，清知不足斋丛书本。
（宋）李纲：《梁溪集》，清文渊阁《四库全书》本。
（宋）周密：《癸辛杂识》，上海古籍出版社 2012 年版。
（宋）苏轼：《东坡全集》，清文渊阁《四库全书》本。
（宋）苏轼著，王十朋集注：《东坡诗集注》，《四部丛刊》本。
（宋）苏辙：《栾城后集》，《四部丛刊》本。
（宋）祖无择：《龙学文集》，清文渊阁《四库全书》本。
（宋）李洪：《芸庵类稿》，清文渊阁《四库全书》本。
（宋）俞德邻：《佩韦斋集》，清文渊阁《四库全书》本。
（宋）魏了翁：《鹤山集》，清文渊阁《四库全书》本。
（宋）刘辰翁：《须溪四景诗集》，民国宋人集本。
（元）白珽：《湛渊静语》，清文渊阁《四库全书》本。
（元）梁益：《诗传旁通》，清文渊阁《四库全书》本。
（元）马臻：《霞外诗集》，清文渊阁《四库全书》本。
（元）陶宗仪：《说郛》，清文渊阁《四库全书》本。
（元）吴当：《学言稿》，清文渊阁《四库全书》本。
（元）元好问：《遗山集》，清文渊阁《四库全书》本。
（元）张弘范：《淮阳集》，清文渊阁《四库全书》本。
（元）张可久：《张小山北曲联乐府》，清钞本。
（元）张养浩：《云庄乐府》，明成化刻本。
（明）李贤等纂修：《大明一统志》，三秦出版社 1990 年版。
（明）谢肇淛：《五杂组》，上海古籍出版社 2012 年版。
（明）何景明：《何大复先生集》，明嘉靖刻本。
（明）李昱：《草阁诗集》，清文渊阁《四库全书》本。
（明）王世贞：《弇州四部稿》，清文渊阁《四库全书》本。
（明）徐熥：《幔亭集》，清文渊阁《四库全书》本。
（明）徐应秋：《玉芝堂谈荟》，清文渊阁《四库全书》本。
（明）杨基：《眉庵集》，《四部丛刊》三编本。

（明）杨慎：《丹铅总录》，清文渊阁《四库全书》本。
（明）张萱：《疑耀》，清文渊阁《四库全书》本。
（清）方苞：《周礼集注》，清文渊阁《四库全书》本。
（清）阎若璩：《四书释地》，清文渊阁《四库全书》本。
（清）阎若璩：《潜邱札记》，清文渊阁《四库全书》本。
（清）和珅等监修：乾隆《大清一统志》，清文渊阁《四库全书》本。
（清）穆彰阿等纂修：《嘉庆重修一统志》，《续修四库全书》本。
（清）顾炎武：《左传杜解补正》，清文渊阁《四库全书》本。
（清）顾炎武撰，谭其骧、王文楚等点校：《肇域志》，上海古籍出版社2004年版。
（清）顾炎武著，黄汝成集释：《日知录集释》，上海古籍出版社2006年版。
（清）顾炎武著，黄珅等点校：《天下郡国利病书》，上海古籍出版社2012年版。
（清）顾祖禹撰，贺次君、施和金点校：《读史方舆纪要》，中华书局2005年版。
（清）李兆洛：《历代地理志韵编今释》，江苏广陵古籍刻印社1992年版。
（清）顾栋高辑：《春秋大事表》，中华书局1993年版。
（清）高士奇：《春秋地名考略》，清文渊阁《四库全书》本。
（清）程廷祚：《春秋识小录》，清文渊阁《四库全书》本。
（清）黄宗羲编：《明文海》，清文渊阁《四库全书》本。
（清）徐继畬：《松龛全集》，《山右丛书初编》第14册，山西人民出版社1986年版。
（清）张玉书等编：《御定佩文斋咏物诗选》，清文渊阁《四库全书》本。
（清）张豫章等编：《御选宋金元明四朝诗》，清文渊阁《四库全书》本。
（清）厉鹗：《樊榭山房集》，《四部丛刊》本。
（清）傅仲辰：《心孺诗选》，清树滋堂刻本。
（清）顾宗泰：《月满楼诗文选》，清嘉庆年间刻本。
（清）祁韵士撰，李广洁整理：《万里行程记》，山西人民出版社1992年版。
（清）陶澍：《陶澍全集》，岳麓书社2010年版。

2. 方志类

(明) 王道一修，李裕民等点校：万历《汾州府志》，山西人民出版社1994年版。

(清) 储大文等纂修：雍正《山西通志》，清文渊阁《四库全书》本。

(清) 王埴修，王之舟等纂，侯清柏点校：康熙《介休县志》，山西人民出版社2012年版。

(清) 王谋文纂修，侯清柏点校：乾隆《介休县志》，山西人民出版社2012年版。

(清) 徐品山、陆元鏸修，熊兆占等纂，侯清柏点校：嘉庆《介休县志》，山西人民出版社2012年版。

(清) 卢寿昌修，李敦愚纂，侯清柏点校：光绪《介休县志》，山西人民出版社2012年版。

张赓麟、黄廷槐修，董重纂，侯清柏点校：民国《介休县志》，山西人民出版社2012年版。

介休市志编纂委员会编：《介休市志》，海潮出版社1996年版。

介休市地名委员会办公室、介休市地名志编辑委员会编：《介休市地名志》，内部印行2011年版。

(清) 邓必安纂修：乾隆《孝义县志》，乾隆三十五年刻本。

孝义县地方志编纂委员会编：《孝义县志》，海潮出版社1992年版。

(清) 洪璟纂修：康熙《交城县志》，康熙四十八年刻本。

(清) 薛元钊修，张于铸纂：光绪《垣曲县志》，光绪六年刻本。

(清) 王勋祥修，王孝尊纂：光绪《清源乡志》，光绪八年刻本。

李凯朋修，耿步蟾纂：民国《灵石县志》，民国二十三年铅印本。

3. 实录、档案、碑刻等

《明实录》，"中央"研究院历史语言研究所1962年版。

《清实录》，中华书局1985年版。

《宫中档乾隆朝奏折》，台北故宫博物院1982年版。

水利电力部水管司科技司、水利水电科学研究院编：《清代黄河流域洪涝档案史料》，中华书局1993年版。

介休县政府：《关于报本县山水暴发波及县城经过情形敬请鉴核备查的代

电》，1946 年 5 月 11 日，山西省档案馆藏，档号：B13－2－185－4。
介休县政府：《关于复钧府辰感建水代电所示各节敬请鉴核备查的代电》，1946 年 6 月 7 日，山西省档案馆藏，档号：B13－2－185－5。
山西省参议员孟立信等：《关于转请善救分署尽速举办急赈并函请山西省政府建设厅查照迅速促成的公函》，1946 年 11 月 8 日，山西省档案馆藏，档号：B13－2－185－6。
山西省盐务管理局：《介休县盐民生活收入消耗比算表》，1950 年，山西省档案馆藏，档号：C28－1－7－19。
山西省盐务管理局：《榆次专区盐户典型调查·介休县》，1951 年，山西省档案馆藏，档号：C28－1－6－3。
黄竹三、冯俊杰等编著：《洪洞介休水利碑刻辑录》，中华书局 2003 年版。
张正明主编：《明清山西碑刻资料选（续一）》，山西古籍出版社 2007 年版。
杜红涛主编：《三晋石刻大全·吕梁市孝义市卷》，三晋出版社 2012 年版。

4. 近现代报刊、调查资料

《山西建设公报》1930 年第 5 期。
山西省政府：《山西省政府五月份行政报告》，1931 年 5 月。
山西省政府：《山西省政府十一月份行政报告》，1932 年 11 月。
实业部国际贸易局编：《中国实业志·山西省》，1934 年铅印本。
《监政周刊》1935 年第 127—128 期。
[美] 塔德：《晋省汾河测量工作报告》，山西省经济建设委员会 1941 年翻印，铅印本。
山西省人口普查办公室编：《山西省第二次人口普查资料·晋中专区部分》（上册），内部印行 1964 年版。
晋中地区人口普查办公室：《山西省晋中地区第三次人口普查手工汇总资料汇编》，内部印行 1983 年版。

二　地图类

参谋本部陆地测量总局编绘：《中国五万分之一地形图》，介休县域相关图幅，1919—1920 年测绘。

山西省军区测绘处编制：《山西省地图集》，内部印行 1973 年版。
谭其骧主编：《中国历史地图集》（共 8 册），地图出版社 1982、1987 年版。

三　著作类

陈芳惠：《村落地理学》，五南图书出版公司 1984 年版。
段恒：《棉（绵）上村》，未刊稿。
侯清柏、张培荣：《介子推与寒食清明节》，山西人民出版社 2009 年版。
金其铭：《农村聚落地理》，科学出版社 1988 年版。
李书吉：《张壁古堡的历史考察》，三晋出版社 2007 年版。
李宗侗：《中国古代社会新研》，中华书局 2010 年版。
孟万忠：《河湖变迁与健康评价——以汾河中游为例》，中国环境科学出版社 2012 年版。
山西省水利厅编：《汾河志》，山西人民出版社 2006 年版。
史为乐主编：《中国历史地名大辞典》，中国社会科学出版社 2005 年版。
新华通讯社国内资料组编：《中华人民共和国大事记（1949—1980）》，新华出版社 1982 年版。
游修龄主编：《中国农业通史》，中国农业出版社 2008 年版。
张杰编：《山西自然灾害史年表》，内部印行 1988 年版。
中国大百科全书总编辑委员会《水利》编辑委员会编：《中国大百科全书·水利》，中国大百科全书出版社 1992 年版。

四　论文类

安介生：《历史时期中国人口迁移若干规律的探讨》，《地理研究》2004 年第 23 卷第 5 期。
安介生：《略论先秦至北宋秦晋地域共同体的形成及其〈铰合〉机制》，《人文杂志》2010 年第 1 期。
安介生：《晋学研究之〈区位论〉》，《晋阳学刊》2010 年第 5 期。

陈泳超：《寒食节起因新探》，《晋阳学刊》1991 年第 5 期。

陈泳超：《寒食缘起：从地方性到普泛化》，《民俗研究》2008 年第 2 期。

二水：《唐代田猎用火焚林》，《史学月刊》1964 年第 10 期。

古帅等：《明清时期汾河中游洪涝灾害研究》，《干旱区资源与环境》2013 年第 27 卷第 8 期。

韩磊：《万历年间汾州升府与地方控制》，《太原理工大学学报》（社会科学版）2012 年第 5 期。

黄忠怀：《整合与分化——明永乐以后河北平原的村落形态及其演变》，复旦大学博士学位论文，2003 年。

景圣琪：《改火说与唐代寒食诗的兴盛——中国古代民俗与文学关系的个案研究》，《扬州大学学报》（人文社会科学版）2009 年第 5 期。

李晨光：《寒食节考》，《文史月刊》2003 年第 4 期。

李道和：《前人对寒食风俗的解说及其内在矛盾》，《民族艺术研究》2002 年第 5 期。

李零、唐晓峰：《汾阴后土祠的调查研究》，《九州》第四辑，商务印书馆 2007 年版。

李文娟：《寒食清明节与唐朝文化》，《安徽文学》2009 年第 6 期。

刘晓峰：《寒食与山西》，《文化研究》2007 年第 2 期。

刘杰：《寒食火禁与介子推故事关系考论》，《晋阳学刊》2012 年第 5 期。

刘再聪：《村的起源及“村”概念的泛化——立足于唐以前的考察》，《史学月刊》2006 年第 12 期。

鲁西奇、韩轲轲：《散村的形成及其演变——以江汉平原腹地的乡村聚落形态及其演变为中心》，《中国历史地理论丛》2011 年第 4 辑。

鲁西奇：《散村与集村：传统中国的乡村聚落形态及其演变》，《华中师范大学学报》（人文社会科学版）2013 年第 4 期。

罗时进：《〈寒食即事〉诗寓意辨误——兼论唐代寒食清明风俗及其文化意义》，《中州学刊》1991 年第 6 期。

庞朴：《寒食考》，《民俗研究》1990 年第 4 期。

齐大英：《民国时期山西中南部乡村聚落的规模和形态结构》，王社教主编：《黄土高原地区乡村地理研究（1368—1949）》，三秦出版社

2009 年版。

裘锡圭：《寒食与改火——介子推焚死传说研究》，《中国文化》1990 年第 1 期。

苏慧慧、查小春：《清代时期汾河中游地区洪涝灾害研究》，《干旱区资源与环境》2010 年第 24 卷第 1 期。

孙雍长：《从甲骨文看殷周时代的田猎文化》，《广州大学学报》（社会科学版）2007 年第 1 期。

田雪原：《新中国人口政策回顾与展望》，《人民日报》2009 年 12 月 4 日第 7 版。

王庆成：《晚清华北村落》，《近代史研究》2002 年第 3 期。

王庆成：《晚清华北村镇人口》，《历史研究》2002 年第 6 期。

王庆成：《晚清华北乡村：历史与规模》，《历史研究》2007 年第 2 期。

王永莉、何炳武：《汉代史籍之〈聚〉蠡测》，《历史地理》第三十辑，上海人民出版社 2014 年版。

卫聚贤：《汉汾阴后土祠遗址的发现——附发掘计画》，《东方杂志》1929 年第 26 卷第 19 号。

卫聚贤：《介子推隐地考》，《说文月刊》1940 年第 2 卷第 6—7 期。

翁敏华：《元曲里的清明节》，《文史知识》2008 年第 4 期。

吴连城：《山西介休洪山镇宋代瓷窑址介绍》，《文物参考资料》1958 年第 10 期。

谢志强、姜典航：《城乡关系演变：历史轨迹及其基本特点》，《中共中央党校学报》2011 年第 4 期。

辛德勇：《〈后汉书〉对研究西汉以前政区地理的史料价值及相关文献学问题》，《中国历史地理论丛》2012 年第 4 辑。

杨帆：《北魏汾州东迁背景探析》，《理论界》2010 年第 11 期。

杨垣国：《历史地看待新中国成立以来的人口政策》，《江西社会科学》2009 年第 1 期。

张勃：《介子推传说的演变及其文化意义》，《管子学刊》2002 年第 2 期。

张勃：《论官方与民间合力对寒食习俗的影响》，《齐鲁学刊》2004 年第 2 期。

张勃:《寒食节起源新论》,《西北民族研究》2004 年第 3 期。

张勃:《唐朝的改火》,《文史知识》2008 年第 8 期。

张勃:《唐代以前寒食节的传播与变迁——主要基于移民角度的思考》,《温州大学学报》(社会科学版)2012 年第 6 期。

张颔:《对顾炎武关于介子推考证的补说——兼谈新修地方志中的一个原则》,《晋阳学刊》1983 年第 5 期。